스마트시티, 유토피아의 시작

스마트시티, 유토피아의 시작

지은이 정동훈
펴낸이 임상진
펴낸곳 (주)넥서스

초판 1쇄 발행 2019년 8월 26일
초판 3쇄 발행 2019년 11월 27일

출판신고 1992년 4월 3일 제311-2002-2호
주소 10880 경기도 파주시 지목로 5
전화 (02)330-5500 팩스 (02)330-5555

ISBN 979-11-90032-26-1 03320

www.nexusbook.com

유튜브로 미리 보는
2025 라이프 스토리

스마트 시티, 유토피아의 시작

정동훈 지음

넥서스BIZ

2025년, 보이지 않는 기술은 내 삶을 어떻게 바꿀 것인가?

"미래는 이미 와 있다. 단지 모두에게 와 있지 않았을 뿐이다."
– 윌리엄 깁슨(William Ford Gibson)

매년 1월이면 전 세계가 들썩거리는 행사가 열립니다. 관련 분야에서 일하지 않아도 이제는 많은 사람이 알고 있는 '소비자 가전 전시회(Customer Electronics Show, CES)'입니다. 가전이라고는 하지만, 전시되는 제품이나 서비스를 보면 가전에만 머물지 않습니다. 온갖 종류의 테크놀로지를 다루는 세계 최대의 기술 전시장이 됐죠. 흥미로운 것은 CES를 주관하는 협회의 이름을 보면 기술의 혁신이 어떻게 흘러가는지 단편적으로 파악할 수 있다는 것입니다.

라디오에서 TV로, 가전에서 기술로

현재 CES는 '소비자 기술 협회(Consumer Technology Association, CTA)'에서 주관하는데, 협회가 처음 시작한 1924년에는 '라디오 제조사 협회', 1950년에는 '라디오-텔레비전 제조사 협회', 1957년에는 '가전 산업 협회'였습니다. 1995년에 이르러 처음으로 소비자라는 이름이 들어간 '소비자 가전 제조사 협회', 1999년에 '소비자 가전 협회'로 바뀐 후, 2015년에 현재와 같은 '소비자 기술 협회'가 된 것이죠.

CES를 주관하는 협회의 이름을 이렇게 구체적으로 이야기한 이유는 바로 이름 속에 두 가지 중요한 가치가 있기 때문입니다. 먼저 시대를 반영하는 대중적 혁신 기술의 흐름입니다. 처음에는 라디오로 시작해서 이후 텔레비전, 가전 그리고 기술로 변모하는 과정은 사용자 타깃 시장의 흐름이 어떻게 변모하는지 잘 보여 줍니다. 1920년대에는 라디오가 대중과 가장 가까운 혁신 기술로 존재했고, 이후 텔레비전과 가전으로 확대된 것이죠. 그러나 디지털 혁명이 발생하면서 '소비자 가전'이란 용어는 더 이상 급변하는 정보기술(IT)의 혁신을 담아내지 못할 뿐만 아니라 소비자의 생활과 밀접한 가전제품과 서비스가 주요 산업 분야와 연계해 발전한다는 판단하에, 가전(Electronics)에서 기술(Technology)로 이름이 바뀌게 됩니다.

가정에서 사용하는 전자제품이 기술로 확대됐다는 의미는 공간과 시간의 확대를 의미합니다. 이제 집이라는 공간을 넘어서 내가 머무는 어디에서든 자유롭게 기술을 활용할 수 있는 세계가 열린 것이죠. 집에서 텔레비전을 보고 가습기를 틀며, 가스레인지를 사용하는 것처럼 언제 어디서든 내가 원하는 기술을 쉽고 편하게 사용할 수 있게 됐습니다.

또한 제조사에서 소비자로 대체된 주인공의 이름은 사용자 중심주의로 패러다임의 변화를 보여 주는 대표적인 예입니다. 산업화를 통해 대량 생산이 이뤄지면서 초기에는 제조사 중심의 실용적 가치가 중시된 산업 환경이 주류일 수밖에 없었습니다. 그러나 공급이 수요를 넘는 풍요의 시장에서는 소비자는 더 이상 제조사의 철학을 따를 필요가 없어지게 됐죠. 소비자에게 수많은 제품 중에 자신이 원하는 제품을 고를 수 있는 선택권이 주어졌기 때문입니다. 이러한 이유로 사용자 중심의 감성과 가치 기반 제품이 시장에서 환영받게 됐습니다. 인간 중심과 경험 중심의 가치 기반 시장으로 변모된 것이죠.

거주민을 위한 스마트홈, 시민을 위한 스마트시티

CTA는 'CES 2019'에서 주목해야 할 기술로 이스포츠(E-Sports), 디지털 헬스케어, 인공지능, 스마트홈, 그리고 스마트시티를 꼽았습니다. 'CES 2017'에서 인공지능과 사물인터넷을 통한 스마트홈의 연결성 개념을 내세웠고, 'CES 2018'은 스마트시티로 공간을 확장했는데, 2019년에는 스마트홈, 스마트시티와 더불어 건강과 행복을 추구하는 기술로 구체화했습니다. 그렇다면 CES는 왜 스마트홈과 스마트시티를 계속 강조할까요?

'스마트'가 붙지 않으면 허전한 시대입니다. 스마트가 없으면 옛것처럼 느껴지고, 최신 기술이 적용되지 않았다는 생각이 들 정도입니다. 아이폰으로 촉발된 스마트 미디어의 확산은 디지털 시대에 전송되는 정보의 속도만큼이나 빠릅니다. 전 세계적으로 스마트폰의 확산은 역사적으로 그 어떤 테크놀로지의 확산 속도보다 빠르고, 인간의 생활 패턴을 급속도로 변화시켰습니다.

스마트폰은 손안에서 모든 세계를 만날 수 있게 했습니다. 사무실에 가지 않아도 어디에서나 일할 수 있고, TV를 보기 위해 거실에 모일 필요가 없으며, 영어 회화 수업을 들으러 학원에 갈 필요가 없습니다. 네트워크와 이동성을 무기로 스마트폰에 세상이 집약되기 시작한 것입니다.

스마트폰은 더 이상 전화기가 아닙니다. 동영상, SNS, 음악, 게임, 인터넷 등 다양한 콘텐츠를 이용하는 비중이 훨씬 큽니다. 〈뉴욕타임스〉를 비롯한 많은 매체에서 다루었듯이 테크놀로지의 발전 가운데 20세기 최고의 히트작은 단연 모바일 미디어입니다. 모바일 미디어는 인간의 생활 반경과 패턴을 바꾸는 주요한 변인으로 작용합니다. 인간은 꾸준히 움직이며 영역을 확장하고, 타인과 관계를 넓히며 사회생활을 하는데, 이러한 인간의 근본적 욕망을 충족하게 해 주는 도구이기 때문에 모바일 기기의 확산은 당연하다고 볼 수 있습니다.

인간은 본래 모바일입니다. 수렵과 채집이 생활 기반이던 시대는 말할 것도 없고, 농경사회와 산업사회 그리고 지금의 정보화사회에서도, 인간은 기본적으로 걷고 뛰며 생존과 생활을 위해 움직입니다. 그러나 다른 한편으로 테크놀로지의 발전은 인간의 활동 영역을 극히 제한적으로 만들기도 합니다. 몇 년 전 어느 텔레비전 쇼에서 방영된,

'집안에서 인터넷만으로 일주일을 지낼 수 있는가?'에 대한 실험처럼 네트워크의 발달은 방에만 있어도 인간의 기본적인 욕구 충족뿐만 아니라 사회생활도 가능하게 합니다. 인터넷으로 식사를 주문할 수도 있고, 쇼핑을 할 수도 있으며, 새로운 친구를 만날 수도 있고, 지인과의 관계를 유지할 수도 있습니다. 이러한 인간행동의 양면성은 테크놀로지가 가져온 삶의 다양한 변화 중 하나입니다.

전혀 다른 삶의 방식처럼 보이는 이 두 가지 예에서 공통점이 하나 있다면 모두 네트워크를 필연적으로 요구한다는 것입니다. 네트워크의 힘은 인간 개개인의 생활양식을 바꾸었을 뿐만 아니라 산업 전반의 생태 시스템을 바꾸었습니다. 스마트의 핵심은 네트워크입니다. 이러한 네트워크를 기반으로 인간은 스스로의 생태환경을 변화시킵니다.

이동성이 확보됐기 때문에 이제 굳이 집이든 사무실이든 한곳에 머물 필요가 없어졌습니다. 특정 장소가 아닌 어느 장소에서건 일과 여가가 가능해졌습니다. 집은 그런 점에서 많은 의미가 담긴 공간입니다. 베스트셀러 작가인 알랭 드 보통(Botton, 2008/2011)은 말합니다. "집에 돌아와 혼자 있게 되어 복도 창밖 정원 위로 어둠이 깔리는 것을 보면, 서서히 더 진정한 나, 낮 동안 옆으로 늘어진 막 뒤에서 공연이 끝나기를 기다리고 있던 나와 다시 접촉을 하게 된다." 이 이상 집의 의미를 잘 설명할 수 있을까요? 집은 나의 정체성을 만들어가는 곳이며 또한 집으로 인해 나를 찾아가는 곳입니다. 또한 그는 말합니다. "집은 공항이나 도서관일 수도 있고, 정원이나 도로변 식당일 수도 있다. (중략) 우리에게는 물리적인 집만이 아니라 심리적인 의미의 집도 필요하다. (중략) 우리에게는 마음을 바쳐 줄 피난처가 필요하다." 집은 이처럼 다양한 역할을 하게 됩니다. 물리적 공간이 갖는 의미를 넘어서게 되죠.

그런 의미에서 스마트홈을 '다양한 기술이 적용되었다'는 것만으로 정의 내리기에는 집이 가진 온전한 의미를 담아내지 못하는 것 같습니다. 스마트홈을 설명하는 수십 개의 정의가 있지만, 기술 외적인 의미를 찾아보기 힘듭니다. 침대에 누워서 조명을 끌 수 있고, 밖에서 집에 들어올 때쯤 되면 난방이 미리 켜져 있는 것과 같은 자동화가 진정으로 '똑똑한' 집을 의미하는 것일까요? 스마트시티도 마찬가지입니다. '스마트'의 의미를 효율성에 기반을 둔 도시재생에 그친다면 정작 가장 중요한 가치를 놓치게 되는 것입니다.

가장 중요한 가치는 '누구를 위한 스마트인가?' 하는 것입니다. 스마트홈은 그 집에 사는 거주민을 위한 곳이어야 하고, 스마트시티는 그 도시에 사는 시민을 위한 곳이어야 합니다. 그리고 그것은 자연과 조화로운 동시에 함께 살아가는 것이어야 합니다. 그것이 바로 인간이 가진 태생적 속성이기 때문입니다.

보이지 않는 기술이 만든 새로운 삶의 공간

스마트홈에서 시티로 공간이 확대되었기 때문에 공간을 채울 것들이 필요합니다. 무엇보다도 스마트시티를 만들기 위해 기술이 잘 갖춰져야 합니다. 먼저 모든 것을 연결하는 5G 통신 기술이 그 기반이 됩니다.

사람과 사람, 사람과 사물, 사물과 사물을 연결해야 합니다. 그리고 빠른 반응 시간과 수없이 많이 존재하는 기기에 사물인터넷 서비스를 제공할 수 있어야 합니다. 또한 기술적으로 스마트한 서비스를 제공하기 위해서 소비자는 스마트하지 않은 존재로 간주돼야 합니다. 소비자가 군이 알지 않아도, 행동하지 않아도, 알아서 해야 하기 때문이죠. 그래서 인공지능의 역할은 시간이 지날수록 더 중시될 것입니다. 'CES 2019'에서도 인공지능은 단연코 가장 주목받는 기술이었습니다. 인공지능 비서인 아마존(Amazon)의 '알렉사'와 구글의 '어시스턴트', 삼성전자의 '빅스비'와 LG전자의 '씽큐'와 같은 인공지능 플랫폼은 가전제품뿐만 아니라 모바일과 자동차 등에 탑재됨으로써 다양한 서비스를 제공하는 데 활용되고 있습니다.

도시라는 개념으로 확장된 '스마트'는 물리적 공간을 전제로 합니다. 물리적 공간이 확대됐으니 이동 수단이 중요합니다. 따라서 교통수단은 핵심이 될 수밖에 없습니다. 친환경 도시에 내연기관 자동차는 어울리지 않겠죠? 그래서 궁극적으로는 친환경 자율주행 공유자동차가 도시를 맑고 깨끗하게 하면서도 효율성을 극대화하며 시민의 이동을 도울 것입니다. 안전을 위협하는 요소, 길 위에서 보내는 헛된 시간, 비효율적인 연료 낭비 등을 제거할 수 있는 친환경 자율주행 공유자동차는 그래서 각광받는 산업이 될 것입니다.

특히 자율주행 자동차가 사용자 친화적 기기가 되기 위해서 인공지능의 적용은 필수입니다. 'CES 2018'에 공식적으로 처음 참석한 구글이 인공지능 비서인 '어시스턴트'를 적용한 '안드로이드 오토'를 소개하고, 현대자동차가 자율주행 기술 전문 기업인 '오로라(Aurora)' 와 공동 프로젝트를 수행하며, 인텔이 모빌아이 아이Q5(Mobileye EyeQ5)칩이 결합된 새로운 자율주행 차량용 플랫폼을 소개했습니다. 이는 바로 친환경, 친사용자 기반의 자율주행 자동차를 상용화시키기 위한 노력의 일환입니다. 이러한 트렌드는 'CES 2019'에도 이어졌습니다. CES에 첫선을 보인 네이버는 자율주행차량에 쓰이는 첨단 운전자 보조 시스템(Advanced Driver Assistant System, ADAS)인 '에이다스캠'과 고정밀 지도 제작을 위한 모바일 매핑 시스템인 'R1'을 선보였습니다. 여기에 더해 자율주행 기술은 이제 그 자체로만 머무는 것이 아니라, 이 기술을 활용한 부가가치를 찾기 시작했습니다. 안정적인 기술을 바탕으로 이제 상상력이 적용될 서비스 세계를 모색하기 시작한 것입니다.

인공지능 시대에도 하드웨어의 대량생산이 요구되는 제조업의 활황이 전 세계적으로 최소한 한 번은 있을 것 같은데, 그 기회가 바로 센서입니다. 사물인터넷 시대의 모든 기기는 센서가 필요합니다. 데이터를 확보하기 위해서죠. 센서는 물리적으로 변하는 양을 안정적이면서도 신뢰성 있게 검출해야 합니다. 디지털 신호로 변환해서 의미 있는 데이터로 활용할 수 있어야 하기 때문에 잡음을 최소화해야 합니다.

센서는 그 자체로도 중요하지만 데이터가 쌓여, 후에 인공지능으로 최적화할 수 있는 재료가 되므로 더욱 소중합니다. 통신과 센서를 기반으로 쌓인 데이터가 인공지능에 적용될 수 있는 환경이 된다면 이제 스마트시티의 인프라는 준비가 된 것입니다.

'스마트'는 기술이 아닌 인간

이렇게 준비된 도시에 무엇을 채울까요? 디지털 기반으로 디스플레이가 넘쳐나니 도시를 채우는 것은 콘텐츠입니다. 지금도 버스나 지하철을 타면 대부분의 사람들이 스마트폰으로 신문을 읽고, 야구 경기나 드라마를 보는데, 앞으로 콘텐츠의 중요성은 더욱 강조될 것입니다.

헤드마운트디스플레이(HMD)를 착용하고 가상현실 또는 직접 보는 것보다 더 생생한 현실을 경험할 테고, 모바일 디바이스로 '대중'을 위한 콘텐츠가 아닌 '나'를 위한 개인화된 콘텐츠가 알아서 제공될 것입니다. 로봇도 곳곳에 넘쳐날 것입니다. 반려견이 아닌 반려 로봇이 인간과 함께하며 친구이자 돌봄이의 역할을 할 것입니다. 물론 로봇 역시 데이터가 쌓이면 온전히 나를 위한 로봇이 될 것입니다.

기술을 통해 더욱 효율적으로 발전된 도시를 의미하는 스마트시티. 무엇보다도 스마트시티가 가져올 가장 큰 이점은 시민이 행복한 삶을 누릴 수 있는 환경을 제공해 준다는 것입니다. 도시를 감싸는 기술은 몰라도 됩니다. 중요한 것은 '나를 위한 것인가?' 하는 점입니다. 기술이 주인공이 아닌, 내가 기술에 맞추는 것이 아닌, 진정 인간의 삶을 풍요롭게 해줄 수 있는 기술이 무엇인지 고민해야 합니다. 미래를 그리는 영화 속에 보이는 초고층 빌딩과 빌딩 숲 사이에서 보이지 않는 인간의 삶은 우리가 바라는 세상이 아닙니다. 기술 중심 시대에 인간을 바라보는 진지한 고민이 더 필요합니다.

이 책은 2016년 이후 대한민국을 휩쓴 4차 산업혁명이란 용어를 어떻게 하면 쉽게 설명할 수 있을 것인가에 대한 고민의 결과입니다. 4차 산업혁명이라는 용어의 적절성 여부는 계속 논쟁해야 하지만, 이 용어가 내포하는 의미는 의심할 여지 없이 인류사적 문제로 다루어 져야 합니다. 2019년 다보스포럼의 키워드는 다시 '4차 산업혁명'과 '글로벌'이었습니다. 대체 4차 산업혁명은 어떤 의미가 있을까요? 이 책은 불분명한 4차 산업혁명을 설명하기 위해 우리가 사는 공간을 중심으로, 공간에 스며든 기술과 이 공간에 채워질 내용을 설명했습 니다.

대학에서 강의를 하면서, 외부 특강을 하면서 많은 사람들이 다가 오는 미래가 어떻게 변할지 궁금해하면서도 여전히 어려워한다는 것 을 느꼈습니다. 발표를 할 때 저는 유튜브(YouTube) 동영상을 틀어놓 고 이야기를 합니다. 많은 사람이 이러한 방식이 재미있으면서도 또한 이해하기도 쉽다고 하더군요. 그래서 이 같은 형식으로 책을 구성했 습니다. 글자로만 이루어진 책이 아니라, 동영상 시대에 걸맞게 유튜 브와 함께 글을 읽고 보자는 의미죠.

2007년에 귀국한 이후 〈디지털타임스〉와 〈한경비즈니스〉, 〈세계 일보〉 등의 언론사에 100여 편 이상의 칼럼을 기고하면서 대중과 소 통하고자 했습니다. 제가 혁신과 미래를 이야기하며 가장 지양하려 는 것은 미래에 대해 터무니없는 예측을 한 소설 같은 이야기입니다.

가령 2030년의 이야기나 심지어 2040년의 미래에 대한 예측과 같은 글을 말합니다. 기술의 발전은 선형적인 것이 아니어서 현재의 추세로 10년 후의 미래를 예측하는 것은 틀릴 확률이 훨씬 높습니다. 가령 인공지능 기술이 어떻게 발전하느냐에 따라 전 분야에서의 혁신은 거의 이루어지지 않을 수도 있고, 정반대로 파괴적으로 이루어질 수도 있는 것이죠.

이 책의 내용은 철저하게 현실을 기반으로 합니다. 아무리 멀게 잡아도 2025년 안에 벌어질 일을 사람 또는 사용자 관점으로 설명했습니다. 그동안 각종 지면에 기고한 글을 손보았고, 우리가 사는 공간을 생각하며 여백을 채웠습니다.

이 책은 오롯이 기술을 어려워하는, 그러나 미래를 궁금해하는 사람들을 위해 만들어졌습니다. 고등학생부터 중장년층까지 변해가는 사회상을 이해하려는 독자라면 다양한 이야기로 풀어내는 이 책을 재미있게 읽을 수 있을 것입니다.

글을 쓰면서 늘 사랑하는 두 아들 석현과 석찬을 생각합니다. 이제 중학교 3학년과 초등학교 6학년인 아이들이 향후 5년 뒤, 10년 뒤, 그리고 먼 미래에 무엇을 하며, 어떻게 살 것인가를 고민합니다. 마찬가지로 동시대를 사는 청년과 성인들도 미래에 무엇을 하며, 어떻게 살 것인가를 고민합니다. '지금까지 해 왔던 것을 앞으로도 할 수 있을 것인가?', '무엇을 어떻게 준비할 것인가?'는 늘 제가 고민하는 질문입니다.

모든 것을 가능하게 만들어 주는 아내 이승희와 두 아들 석현과 석찬에게 고맙습니다. 지금까지 그렇게 해 왔고, 앞으로도 나의 상상력과 그 결과물들은 모두 가족으로부터 출발할 것입니다.

미래는 이미 와 있습니다.
독자 여러분이 각자의 분야에서 미래를 준비하는 데 이 책이 조금이나마 도움이 되기를 바랍니다.

고맙습니다.

정동훈

차례

Part 1

내 집과 도시는 어떻게 바뀔 것인가

: 공간의 확장

01 스마트홈 입주자를 구합니다
: 삶의 가치가 반영된 똑똑한 라이프스타일

02 나는 스마트하게 산다
: 모든 것이 연결된 스마트시티

본문의 QR코드를 통해
동영상 보는 법

1. 스마트폰에 QR코드를 볼 수 있는 앱을 설치하십시오. 또는 다음이나 네이버 앱에서도 QR코드를 읽을 수 있습니다.

1-1. 네이버 앱 사용법

① 네이버 앱을 켭니다.
② 검색어 창을 터치합니다.
③ 오른쪽 하단에 있는 카메라 모양의 아이콘을 터치합니다.
④ 카메라가 켜지면 아랫 부분에 'QR/바코드'가 있는데, 이 부분을 터치합니다.
⑤ 책에 있는 QR코드를 비춥니다.

1-2. 다음 앱 사용법

① 다음 앱을 켭니다.
② 검색어 창 오른쪽에 보면 아이콘이 있습니다. 아이콘을 터치하세요.
③ 검색어 창 밑에 네 개의 아이콘이 뜨는데, 이 중 '코드검색'을 터치하세요.
④ 책에 있는 QR코드를 비춥니다.

2. 영어 동영상의 경우 동영상 창에서 '설정 ◐ 자막 ◐ 영어(자동생성됨) ◐ 자동번역 ◐ 한국어 선택'을 하면 한국어 자막을 볼 수 있습니다.

Part

1

내 집과
도시는 어떻게
바뀔 것인가

공간의 확장

01

#사물인터넷
#스마트홈
#쉐프 로봇
#무크

스마트홈 입주자를 구합니다

삶의 가치가 반영된 똑똑한 라이프스타일

집에 각종 기기와 센서가 설치된다고 해서 인간의 행복감이 그 숫자만큼 증가하는 것은 아닙니다. 또한 스마트홈이 중요한 이유는 단지 자동으로 조명이 켜지고, 에어컨이 꺼지는 것에 그치지 않습니다. 중요한 것은 '스마트홈에 사는 사람이 어떻게 활용함으로써 행복할 수 있는 것인가?'입니다. 집의 의미는 단지 '산다'라는 것에 그치지 않습니다. '어떻게 살 것인가?'의 의미가 더 크죠. 가족과 함께 행복하게 지내며, 추억을 만들고, 자아를 실현하는 공간으로서 집의 의미를 스마트홈은 만들어야 합니다. 스마트워킹, 스마트러닝 등 우리의 삶에서 중요한 행위들이 스마트하게 이루어질 수 있도록 만드는 것이 진정한 스마트홈의 의미입니다.

기술과 사용자 경험으로
꽃피는 스마트 라이프

스마트폰, 스마트TV, 스마트그리드, 스마트카 등 스마트가 붙지 않은 곳이 없습니다. 여기저기 '스마트'가 붙어 있다 보니 딱히 대단한 것 같지 않다는 생각도 듭니다. 대체 '스마트'가 뭘까요? 그 출발점은 스마트폰입니다. 전 세대의 이동전화와 차별화를 하기 위해 만든 용어가 스마트폰입니다. 전화기이지만 컴퓨터와 같은 기능이 있어 똑똑해졌다는 의미의 스마트라는 용어를 붙였죠.

'스마트'는 처음 사용된 이후 기술의 발달과 다양한 문맥에서 사용됨으로써 의미가 점차 확대됐습니다. 그래서 스마트홈을 설명하기에 앞서 '스마트'라는 용어가 무엇인지 정의를 내리는 게 좋을 듯합니다. 스마트란 '통신으로 연결(Connected)되어 있고, 센서(Sensor)에 의해 수집된 데이터기반(Data-Driven)으로 자율적(Autonomous)으로 기능하는'으로 정의할 수 있습니다. 스마트홈이라는 말을 들으면 직관적으로 무엇인지 대충 그려지지만, 이렇게 정의를 내리면 각종 기술 용어로 혼란스러울 겁니다.

'스마트'라고 말하기 위해서 반드시 필요한
기술이 있는데, 바로 통신과 센서, 그리고 인공
지능입니다. 매우 어려운 용어입니다. 그러나 걱
정하지 않아도 됩니다. 이 책에서 설명하려는 내
용이 바로 스마트화되는 공간과 이 공간을 채

인공지능이 알아
서 척척 해줄 날
이 멀지 않은 스
마트홈

우는 유무형의 미디어와 콘텐츠 그리고 이것을 가능하게 하는 기술
이기 때문입니다. 지금은 이렇게 이해하면 됩니다. 스마트는 똑똑한
것이고, 똑똑한 기술이 되기 위해서는 통신과 센서 그리고 인공지능
이 꼭 필요하다!

⏻ 홈오토메이션에서 홈오토노미로

앞에서 말한 '스마트'에 대한 정의를 바탕으로 스마트홈을 설명해
보겠습니다. 스마트홈이란 집 안에 있는 기기에 무선통신이 연결되어
있고, 집에 설치된 각종 센서가 정보를 수집한 후, 인공지능이 이를
분석해 개인화된(Personalized) 환경을 자율적으로 제공하는 것을
의미합니다. 스마트홈은 스마트기기가 집 안에 존재할 뿐만 아니라,
궁극적으로 집 자체가 스마트하게 되는 것을 의미합니다. 이를 기술
별로 분류해서 더 자세히 설명하겠습니다.

먼저 통신입니다. 독자 여러분은 집에서 와이파이나 LTE와 같은
통신 서비스를 사용하고 있을 겁니다. 그리고 블루투스를 통해 스마
트폰을 스피커에 연결하거나 TV에 연결해서 사용할 것입니다. 이것

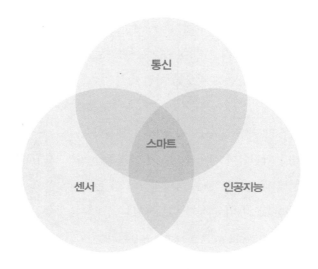

스마트 정의 개념도(그림 1)

이 모두 통신입니다. 이러한 통신 기술이 기기를 연결해 주는 것이죠. 이를 확대하면 사물인터넷(Internet of Things, IoT) 또는 만물인터넷(Internet of Everything, IoE)이 됩니다. 세상의 모든 사람과 사물을 연결했다는 뜻이죠. 디지털 세상에서 연결이란 용어는 매우 중요합니다. 데이터가 전달될 수 있기 때문입니다.

두 번째는 센서입니다. 스마트폰을 보면 앞면과 뒷면의 위쪽에 카메라 렌즈가 있습니다. 스마트폰 카메라의 원리는 빛이 카메라 렌즈를 통과해 센서로 전달되면, 이것이 전자 신호로 변환되고, 이미지 프로세서가 이 신호를 사진으로 만들어 주는 것입니다. 즉, 렌즈 자체는 센서가 아니지만, 카메라 안에 있는 이미지 센서가 빛을 어떻게 받아들이느냐에 따라 사진의 품질이 좌우됩니다. 센서는 정보를 수집하는 역할을 합니다. 그리고 이 정보를 디지털 신호로 변환시킵니다. 즉 이제부터 컴퓨터를 통해 정보를 어떤 방식으로든 활용할 수 있다는 것을 의미하죠.

스마트홈의 확산 여부는 결국 센서가 결정할 것입니다. 가전마다 센서가 있어야 연결하든 작동하든 할 테니까요. 물론 하나하나가 다 돈입니다. 매년 1조 개의 센서가 필요하다는 '1조 개의 센서 세상(Trillion Sensor World)'이라는 말이 있을 정도로 센서의 수요는 엄청납니다. 만일 가정에 있는 모든 기기를 제어할 수 있는 범용 센서가 만들어진다면, 스마트홈의 등장과 확산은 훨씬 빨라질 겁니다.

한 개의 범용 센서로 가정에 있는 모든 기기를 제어할 수 있다면? 카네기멜론대학에서 개발 중인 범용 센서

다음은 자율화(autonomy)입니다. 이 용어는 자동화(automation)와 구분 없이 쓰이기도 하는데, 의미는 전혀 다릅니다. 자동과 자율을 구분 짓는 핵심어는 판단과 행동입니다. '자동'은 인간이 사전에 입력한 프로그램대로 작동하는 것을 말합니다. 공장이나 실험실과 같은 제한된 환경에서 인간이 명령한 대로 작동하기 때문에 스스로 판단하거나 스스로 행동하는 경우는 있을 수 없습니다. 예를 들어 엑셀 프로그램에 수식을 입력하면 자동으로 우리가 원하는 값을 알려주는 식이죠.

반면, '자율'은 스스로 판단해서 행동할 수 있습니다. 자동화의 차원을 넘는 것으로 개방적이면서도 비구조화된 실제 환경에서 인공지능 알고리즘으로 수준 높은 판단을 하고 행동하는 것을 의미합니다. 따라서 스마트홈은 센서에 의해 수집된 데이터를 바탕으로 집에 살고 있는 거주자가 원하는 환경을 스스로 판단해서 제공합니다.

그러나 한 가지 짚고 넘어갈 것이 있습니다. 스마트홈을 영어로는 홈오토메이션(Home automation)이라고 합니다. 앞에서 설명한 정의에 따르면 자동화가 되겠죠. 처음에 스마트홈의 개념이 만들어졌을 때는 기기 간의 연결과 원격제어 등을 주로 고려했을 수밖에 없었습니다. 그러나 이제는 인공지능의 발달로 인해서 온도와 습도에 더해 내가 운동을 하고 집에 들어오거나 감기에 걸려 있을 경우, 내 체온을 고려해서 적절한 온도와 습도를 알아서 판단하는 기기도 나왔기 때문에 점차적으로 홈오토메이션보다는 홈오토노미가 적절하게 될 것 같습니다.

⏻ 스마트홈 허브를 위한 대격전

스마트홈 기기에서 가장 친숙한 것을 꼽으라면 역시 인공지능 스피커를 들 수 있을 것 같습니다. 인공지능 스피커를 설명하기 전에 잠시 인공지능 이야기를 하겠습니다. 시도 때도 없이 인공지능 이야기를 하니까 벌써 인공지능의 시대가 온 것 같습니다. 여기저기 인공지능이라는 단어가 많은 곳에서 사용되고 있어 전혀 새로울 것도 없이 느껴지기도 합니다. 사실을 말하자면 인공지능이 제대로 구현되는 분야는 거의 없다고 해도 과언이 아닙니다.

데이터를 말하면 무조건 빅데이터를 갖다 붙이며 마치 이전과 다른 새로운 것인 양 소개하는 것처럼 인공지능 역시 여기저기에 갖다 붙이며 마치 인공지능 시대가 온 것처럼 소개하는데, 사실 이 모든 것은 기업 마케팅의 일환이라고 봐도 무방합니다. 약간의 알고리즘을 적용한 것뿐인데도 인공지능 서비스라고 마케팅을 하는 것이죠. 인공지능 서비스가 되려면 개인의 속성을 파악해 개인화 서비스가 제공되어야 합니다. 지금 나오는 대부분의 인공지능 서비스는 매우 제한적 수준입니다. 기술이 사용자에 맞추어져야 하는데, 사용자가 기술에 맞추는 식이죠. 이러한 마케팅이 인공지능에 대한 일반인의 기대를 무너뜨릴까 염려될 정도로 여전히 빅데이터와 인공지능은 갈 길이 먼 미완성 분야입니다.

이러한 한계를 인식하고 인공지능 스피커를 살펴보겠습니다. 인공지능 스피커 하면, 아마존의 '에코(Eco)'와 구글의 '구글 홈'이 대표적입니다. 이외에도 세계 각국의 IT 회사들은 자사의 인공지능 스피커를 선보이며 사업 다각화를 꾀하고 있습니다. 우리나라에서도 네이버가 '프렌즈', 카카오는 '카카오 미니', KT는 '기가 지니', SK텔레콤은 '누구'를 통해 스마트홈 서비스 시장을 선점하고자 경쟁하고 있습니다.

편리함을 넘어 어떤 이에게는 일상에 꼭 필요한 스마트홈

그렇다면 왜 인공지능 스피커가 스마트홈의 대표적인 기기가 됐을까요? 스마트홈의 허브 역할을 어떤 기기가 맡으면 좋을지 IT와 가

전업계는 오랜 기간 동안 다양한 기기를 통해 테스트를 해왔습니다. 처음에는 TV와 컴퓨터가 대결했습니다. TV는 대부분의 가정에 있다는 점에서 그리고 컴퓨터는 복잡한 명령을 잘 따를 수 있다는 점에서 각각 장점이 있었습니다. 그러나 두 기기 모두 사용성과 가격 면에서 부적절했습니다. 그러다가 나타난 게 게임 콘솔 기기였습니다. 마이크로소프트의 엑스박스나 소니의 플레이스테이션이 홈오토메이션의 허브가 되고자 했죠. 냉장고도 도전을 했습니다. 늘 전원이 켜져 있다는 점이 최대 장점입니다. 오래 사용할 수 있다는 점도 좋고요. 그러나 역시 가격이 만만치 않습니다.

이런 점에서 스피커에는 많은 장점이 있습니다. 늘 전원이 켜져 있고, 음악을 듣는 도구로도 사용할 수 있기 때문에 10만 원대의 가격이 그렇게 비싸게 느껴지지도 않습니다. 작은 사이즈로 가격을 낮추어 방마다 놓아 둔다면 집안 어디에서도 대화하며 명령을 내릴 수 있습니다. 무엇보다도 작고 예뻐서 인테리어 소품으로도 훌륭해 갖고 싶다는 욕심이 듭니다.

스마트홈의 허브가 무엇이 될지 아직 불확실하지만, 확실한 것은 미래의 스마트홈 허브가 지금과 같은 방식은 아니라는 것입니다. 우리가 하는 가장 이상적인 커뮤니케이션은 대면 커뮤니케이션입니다. 서로 마주하며 대화를 하는 것이죠. 스마트홈 허브의 역할은 인간과 집에 있는 모든 기기를 연결하는 커뮤니케이션의 채널이 된다는 것입니다. 어떻게 하면 인간과 대화하는 듯한 경험을 줄 수 있을지 그 숙제를 푸는 기기가 스마트홈의 허브가 될 것입니다.

다양한 인공지능 스피커. 왼쪽부터 시계 방향으로 아마존, 네이버, 구글(그림 2)

⏻ 기술을 꽃피우는 것은 사용자 경험

IT 비즈니스를 선도하는 기업을 보면 심리학자, 철학자, 인류학자 등 사업 분야와 무관한 것처럼 보이는 전공자를 뽑습니다. 혁신의 상징인 1970년대 제록스 연구소부터 시작해서 마이크로소프트, IBM, HP 등 첨단 기기와 서비스 비즈니스를 하는 곳에서는 여전히 이들의 필요성을 인식하고 있습니다. 글로벌 반도체 기업인 인텔은 인류학자를 '양방향 및 경험 연구 부서(Interaction and Experience Research)'의 소장으로 임명하기도 했죠. 사용자 중심의 기기와 서비스 개발의 중요성이 강조될수록 인간 행동의 연구자가 필요합니다. 사용자가 원하는 것은 무엇이고, 어떻게 사용할 경우에 최적 경험을 할 수 있을지를 연구하는 사용자 경험 연구는 대체 가능한 풍요의 시대에 더욱 빛납니다. 엔지니어가 이끄는 기술 중심의 기기와 서비스 개발로는 사용자를 만족시킬 수 없습니다.

스마트홈도 마찬가지입니다. 스마트홈에 각종 기기와 센서가 설치된다고 해서 인간의 행복감이 그 숫자만큼 증가하는 것은 아닙니다. 또한 스마트홈이 중요한 이유는 단지 자동으로 조명이 켜지고, 에어컨이 꺼지는 것에 그치지 않습니다. 중요한 것은 '스마트홈에 사는 사람이 스마트홈을 어떻게 활용함으로써 행복할 수 있는 것인가'입니다.

집의 의미는 단지 '산다'는 것에 그치지 않습니다. '어떻게 살 것인가?'의 의미가 더 크죠. 가족과 함께 행복하게 지내며 추억을 만들고, 자아를 실현하는 공간으로서 집의 의미를 스마트홈은 만들어야 합니다. 스마트워킹, 스마트러닝 등 우리의 삶에서 중요한 행위들이 스마트하게 이루어질 수 있도록 만드는 것이 진정한 스마트홈의 의미입니다.

스마트홈은 집의 역할에 더해서 일터가 될 수도 있고, 학교가 될 수도 있습니다. 원격진료가 가능한 병원이 될 수도 있고, 극장이 될 수도 있죠. 스마트홈이 어떤 역할을 할 것인지는 순전히 기술을 활용하려는 우리의 몫입니다. 기술이 준비된 곳을 채우는 것은 우리의 상상력입

스마트홈은 인간을 행복하게 할까?

니다. 스마트홈을 만들 때 가장 중요한 것은 기술이 아닙니다. 집에서 사는 사람, 바로 거주자의 관점으로 만들어져야 한다는 것입니다. 이

것을 사용자 관점이라고 합니다. 사용자 경험(User eXperience, UX)을 통해 개인의 가치가 투영된 집이 되어야 합니다. 여러분은 어떤 집에서 살고 싶은가요? 기술은 여러분의 결정을 기다리고 있습니다.

인간은 음식 만들기에서
해방될 수 있을까?

셰프 전성시대입니다. 케이블 방송에서 하나둘 늘던 요리 프로그램은 스타 셰프를 만들어 냈고, 이제는 지상파 방송에서도 셰프가 주인공이거나 조연 역할을 하며 프로그램을 이끄는 주요한 역할을 합니다. 그만큼 요리에 대한 관심이 높아졌다는 의미겠죠.

물론 요리는 늘 인류의 관심사였습니다. 생존과 노동을 위해서 말이죠. 그러나 이제 요리의 의미가 많이 달라졌습니다. 건강한 삶과 멋진 인생을 위해서 요리는 이제 즐거운 경험이 됐습니다.

그러나 문제가 있죠. 요리를 하기 위해 너무나 많은 노력이 들어갑니다. 맛을 볼 때에는 행복하지만, 음식을 만드는 과정은 인류의 가장 오래되고 고된 노동이죠. 재료 구입부터 설거지까지 노동의 연속이기 때문에 맛있는 음식을 먹는 것으로만 생각하기에는 그 노고가 간단하지 않습니다.

요리는 노동일까요? 즐거움일까요? 인간이 요리를 한다는 것은 어떤 의미일까요? 쉐일라 르웬핵(Lewenhak, 1980/1995)이 쓴 여성 노동의 역사에서 여성 노동의 처음은 수렵과 채집이고, 새로운 기술 혁명에 의한 여성 해방의 중요한 지점이 가사 노동이라고 말한 것처럼 가사 노동, 특히 요리로부터의 해방은 인간에게 가장 큰 노동 해방이 될 것입니다.

⏻ 주방용 자동 조리 로봇 '몰리' 탄생

장하준 교수(2010)는 《그들이 말하지 않는 23가지》에서 '인터넷보다 세탁기가 세상을 더 많이 바꿨다'고 주장합니다. 세탁기와 같은 가전제품이 가져온 가사 노동 시간의 단축은 인터넷보다 경제적, 사회적 영향이 더 크다고 말합니다. 설거지, 청소, 빨래와 같은 집안일을 혁신적으로 단축한 가전제품은 가사 노동자와 같은 직업을 거의 사라지게 했고, 여성의 노동시장 진출을 촉진했기 때문이죠.

세탁기, 식기세척기, 진공청소기 등 가사에서의 해방을 얘기할 수 있는 가전제품이 많이 있지만, 정작 요리를 위한 기술의 진보는 눈에 띄지 않습니다. 빨래를 하기 위해 세탁기에 옷을 넣고 버튼을 누르거나, 그릇을 식기세척기에 넣고 설정을 하거나, 진공청소기의 버튼을 누르기만 하면 청소가 자동으로 되는 것에 비해, 요리는 모든 것이 손을 거쳐야 하는 수백 년 전의 활동과 별 차이가 없습니다.

그러나 요리 역시 버튼 하나가 해결해 줄 수 있는 세상이 머지않았습니다. 가전 회사들과 로봇 회사들이 부엌과 레스토랑의 혁명을 준비하고 있기 때문이죠. 스마트홈이 본격적으로 시작된 부엌에서의 변모를 살펴볼까요? 가장 대표적인 것이 몰리 로보틱스(Moley Robotics)와 섀도우 로보틱스(Shadow Robotics)가 개발한 주방용 자동 조리 로봇 몰리(Moley)입니다.

몰리는 2015년 4월 독일에서 개최된 하노버 메세(Hannover Messe) 산업 박람회에서 처음 선보인 이래로, 5월에는 'CES 상해'에서 최우수상을 수상했으며, 2016년 1월에는 'AI & Robotics Award'에서 파이널리스트에 오르는 등 기술력을 인정받은 제품입니다. 몰리는 크게

세계 최초 주방용 자동 조리 로봇 '몰리'

로봇과 인공지능 두 부분으로 이루어져 있는데, 129개 센서와 24개의 이음새 그리고 20개의 모터로 구성되어 있으며, 인간의 팔처럼 생긴 로봇 팔 두 개가 움직이며 요리를 합니다.

영상을 보면 알겠지만 로봇 팔의 움직임은 마치 사람의 팔처럼 정교합니다. 그 움직임이 너무나 자연스러워서 '혹시 이것이 컴퓨터 그래픽으로 만든 가짜가 아닐까?' 하는 의심이 들 정도입니다. 그릇을 옮기고, 소금이나 후추와 같은 양념통을 자유자재로 다루며, 수프를 젓고, 때로는 칼을 공중에서 한 바퀴 돌리며 야채를 썰 준비를 하는 장난기 많은 셰프처럼 행동하기도 합니다.

야채를 써는 것과 같은 재료 손질에서부터 조리 도구를 고르고 사용자가 원하는 음식에 맞는 요리를 하되, 재료 선택, 소요 시간, 칼로리 설정 등 단순히 맛뿐만이 아니라 사용자 친화적인 맞춤형 요리를 제공하니 웬만한 요리사보다 낫습니다. 또한 인공지능 기능을 통

해 레시피 라이브러리를 운용하기도 합니다. 몰리에는 2,000가지가 넘는 레시피가 있는데, 사용자들이 제작한 다양한 레시피를 공유하고, 원하는 레시피를 받아 사용할 수 있는 요리 플랫폼으로 진화하고 있습니다.

몰리는 사용자의 노동력을 최소화할 수 있게 요리 전 과정을 진행할 수도 있고, 사용자 주도의 요리를 하는 데 있어 보조 역할을 할 수도 있게 프로그래밍이 되어 있습니다. 요리사가 상황에 따라 자기 마음대로 정할 수 있는 자유도를 부여한 것입니다. 또한, 요리뿐만 아니라 자동으로 식기세척기를 사용할 수 있기 때문에 설거지까지 해결되고, 마지막으로 식기를 정리할 수도 있으니, 이 정도면 정말 부엌에

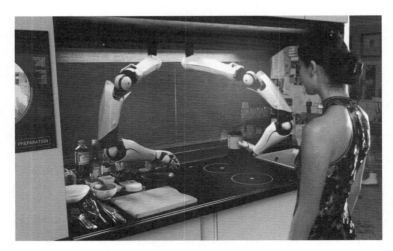

로봇 쉐프 몰리(그림 3)

서의 노동력을 획기적으로 줄일 수 있는 혁신적인 로봇이라고 할 수 있겠죠.

⏻ 레스토랑도, 배달도 로봇이 하는 세상

스파이스(Spyce)는 매사추세츠공과대학교 (MIT) 학생들이 만든 완전 자동화 레스토랑입니다. 보통 로봇 레스토랑이라고 하면 아직까지는 엔터테인먼트 성격이 짙지만, 스파이스는 현지의 신선한 재료를 이용해 저렴하고 영양가 있는 식사를 할 수 있게 해 주는 세계 최초의 완전 자동화 레스토랑을 표방합니다.

보스턴에서 개장한 로봇 식당 '스파이스'

사실 자동화 레스토랑이라는 이름으로 적지 않은 곳이 소개되고 있습니다. 그러나 대부분의 레스토랑은 부엌에서 로봇이 요리하는 게 아니라 요리된 음식을 각 테이블에 이동하는 의미의 자동화 수준으로, 이를 혁신적인 서비스로 소개하기에는 적절하지 않습니다.

그러나 스파이스는 메뉴를 주문하면 응용 프로그램을 이용해 요리를 합니다. 조리부터 식사 제공까지 모든 과정을 완전 자동화해 무인 레스토랑을 가능하게 했다는 점에서 의미가 있습니다. 냉장고와 식기세척기, 조리기기와 로봇 셰프가 하나의 기기에 담겨 있어서 요리사가 필요 없고, 프로그래밍을 통해 일관된 맛을 제공할 수 있으면서도 대용량의 조리를 빨리 진행할 수 있기 때문에 상업용 시장의 관심을 받고 있습니다.

그리고 스파이스는 열린 주방의 형식을 띄고 있어 로봇을 이용한 자동화를 고객들이 밖에서 볼 수 있게 한 것도 주요한 특징입니다. 이는 일종의 마케팅 전략이자 고객의 안심을 가져오는 사례일 수 있겠죠. 흥미로운 광경으로 많은 관심을 끌 수 있을 뿐만 아니라 조리 과정 전체를 공개함으로써 레스토랑을 방문한 고객은 자신들이 먹는 음식이 안전하게 조리된다는 것을 확인할 수 있습니다.

배달 요리는 어떨까요? 피자는 배달 요리의 대명사입니다. 한국이나 미국이나 어느 나라에서도 배달을 생각하면 피자가 떠오릅니다. 줌 피자(Zume pizza)는 스타트업의 도시인 실리콘 밸리의 마운틴 뷰(Mountain View)에서 피자를 만드는 데 로봇을 활용한 유망 기업입니다. 이 기업 역시 스타트업인데, 마이크로소프트에서 엑스박스 게임 책임자이자 후에 유명한 소셜 네트워크 게임 개발업체인 징가(Zynga)의 사장을 역임하기도 한 알렉스 가든(Alex Garden)이 공동 창업을 해서 더욱 유명세를 치렀습니다.

줌 피자의 핵심은 배달하는 차에서 피자가 구워진다는 것입니다. 보통 45분이 걸리는 배달 시간을 22분으로 줄인 것도, 갓 구운 바삭바삭한 피자를 먹을 수 있는 것도 모두 프로그래밍된 로봇 때문에 가능한 일입니다.

'줌 피자'. 로봇으로 피자를 만들다

부엌에서는 요리사와 로봇이 협업을 합니다. 먼저 요리사는 숙성한 밀가루 반죽으로 도우를 만듭니다. 그리고 페페와 존(Pepe and John)이라는 이름의 로봇은 도우를 받아 그 위에 토마토소스를 뿌리고, 다음 단계에서 로봇 마르타(Marta)가 소스를 골고루 폅니다. 요리사는 토핑을 얹을 뿐입니다. 마지막으로 로봇 브루노(Bruno)가 오븐에 피자를 넣으면 부엌에서의 일은 끝나게 됩니다.

피자는 오븐에서 일단 90초 동안만 구워집니다. 배달 음식이기 때문에 이 부분이 핵심입니다. 빈첸시오(Vincencio)라는 이름의 로봇이 피자를 배달 차에 올리면 요리사는 목적지 도착 4분 전에 피자를 3분 30초간 굽고 30초간 식힌 후 전달합니다. 여전히 사람의 손길이 미치기는 하지만, 앱으로 주문해서 배달을 받기까지 과정을 단순화하고 즉석에서 제조한 요리 같은 맛을 보장한다는 점에서 주목받는 기업이 됐습니다.

⏻ 부엌으로부터 해방은 노동의 해방

부엌에서 사용되는 제품의 디지털화도 요리의 즐거움을 더해줍니다. 스마트폰이 전화 본연의 기능을 뛰어넘어 손안의 컴퓨터 역할을 하듯이 냉장고도 어떻게 진화할지 흥미진진합니다. 최근에 소개되는 냉장고의 특징을 보면, 냉장고의 미디어화가 눈에 띕니다. 디스플레이를

부엌을 가정의 중심으로 만드는 '삼성 패밀리 허브'

장착해 부엌을 요리의 공간만이 아닌 오락과 커뮤니케이션이 겸비된 다목적 엔터테인먼트 환경으로 변모시키는 것이죠.

삼성은 디지털 커넥티드(connected)의 기능을 업그레이드한 스마

트 냉장고를 소개합니다. 사물인터넷 기능을 지향하고 있어 단순히 보관의 역할을 뛰어넘어 쇼핑과 엔터테인먼트로의 확장을 가능하게 합니다. 부엌이 단지 먹고 마시는 곳이 아닌 가족과 함께 다양한 활동을 할 수 있는 공간으로 바뀌게 됩니다.

스마트홈을 지향하는 가정에서는 LG의 스마트씽큐 허브가 매력적입니다. 앱으로 작동하는 이 제품은 냉장고에 있는 음식물의 유통기한을 알려주고, 세탁기에 있는 세탁물의 진행 상황을 알려주며, 습도와 온도를 감지해서 최적의 환경을 만들어 주고, 로봇청소기가 청소를 하

인공지능 스마트 홈 솔루션 'LG 씽큐'

는 등 가사노동에서의 해방을 위한 일체형 원격제어 시스템이라고 할

모든 것을 연결하라! 스마트홈 IoT(그림 4)

수 있습니다.

경영학자이면서 세계적인 사상가이자 미래학자인 제레미 리프킨 (Rifkin, 1995/2005)은 유명한 그의 책 《노동의 종말》에서 기술은 필연적으로 인간의 노동을 감소시키고, 이러한 경향은 대량 실업자를 발생시키며, 저임금 저소득 계층을 양산할 수밖에 없다고 우려합니다. 기술이 가져올 암울한 미래를 걱정하는 것이죠. 그러나 기술이 가져올 또 다른 그림을 그려보면 입가에 미소가 지어지기도 합니다. 조리 로봇 몰리가 가져올 가사 노동의 해방과 그 시간 동안 가족 모두가 행복하게 지내는 모습을 그려보면 기술은 필연적으로 인간의 노동을 감소시키고, 또한 인간을 더 행복하게 만들게도 합니다.

우리의 일상을 생각해 보면 식사를 위해 준비하는 시간이 결코 적지 않음을 알 수 있습니다. 당장 인간이 부엌에서 해방되기 위해서는 가족 구성원 모두의 적극적인 참여가 요구됩니다. 단지 아내나 어머니에게 맡기는 것이 아니라 우리 모두 함께 나누어서 일을 하는 것이죠. 그리고 궁극적으로 인간이 부엌에서 해방되기 위해서는 기술이 해답을 제공할 것입니다.

머지않은 미래에 새롭게 분양하는 아파트에는 음식 만드는 것부터 시작해서 설거지까지 끝낼 로봇팔이 달린 요리사가 기본 설치가 될 것입니다. 부분적으로 음식 만드는 노동력을 줄일 수 있는 기술은 조만간 하나씩 소개될 것입니다. 부엌에서의 해방은 시간과 노동의 해방을 의미합니다. 그리고 그 시간을 가족과 함께 또는 지역사회 그리고 비영리 부분에서 보내는 계기가 된다면, 리프킨이 대안으로 말한 자원봉사와 공동체 서비스와 같은 사회적 경제 창출이 이루어질 수도 있지 않을까 하는 기대도 해봅니다.

연결되어 있으면
모든 곳이 학교

2013년 9월, 한 몽골 학생의 MIT 도전기가 〈뉴욕타임스〉에 소개됐습니다. "울란바토르의 천재 소년"이란 제목으로 실린 기사에서는 과학에 관심이 많은 몽골 학생이 단 한 번도 미국에서 정규 교육 과정을 밟아 본 적이 없었음에도 불구하고 어떻게 온라인 교육만으로 MIT에 입학할 수 있었는지 소개하고 있습니다.

그는 온라인으로 진행한 대학 2학년 과목인 전자회로 수업을 신청한 전 세계 15만 명의 학생 가운데 만점을 받은 340명 중 한 명이었습니다. 이 소년은 이러한 성적을 바탕으로 MIT에 지원했고 입학 허가를 받았습니다. 대체 온라인 교육이 무엇이기에 전 세계 천재도 가기 힘들다는 MIT를 온라인 교육을 통해 갈 수 있었을까요?

인터넷은 세상에 존재하는 많은 것을 변화시켰습니다. 직장과 가정에서 행하는 우리의 일상생활에서 인터넷이 가져온 변화의 모습은 적지 않습니다. 그러나 교육 분야는 100년 전이나 지금이나 큰 변화가 없죠. 교실의 모습을 볼까요? 선생님은 분필로 칠판에 무언가를 적습니다. 그리고 수십 명의 학생은 바둑판처럼 정렬된 책상에 책과 공책 그리고 필기도구를 올려놓고 선생님의 말씀을 적습니다. 선생님이 질문하면 학생들은 손을 들고 대답합니다. 100년 전이나, 50년 전이나, 지금이나 교실에서 벌어지는 일은 크게 변하지 않았습니다. 물론 파워포인트(ppt)와 프로젝터를 통해 수업을 진행하기 때문에 기술이 적용된 수업 방식도 큰 변화라면 변화라고 할 수 있겠죠. 하지만 아침 8시까지 학교에 와야 하고 50분 수업하고 10분 쉬면서 오후까지 진행해야 하는 과정은 변하지 않았습니다. 인터넷이 가져온 변화 치고는 여전히 고루합니다.

우리의 교육 시스템은 그동안 어떤 변화가 있었을까요?

⏻ 미국을 가보지 못한 학생이 MIT를 갈 수 있었던 이유

4차 산업혁명을 이야기하고, 지능 정보화 사회를 추진하며, 디지털 트랜스포메이션(digital transformation)을 진행하고 있지만, 우리의 교육 제도는 여전히 20세기 초에 머물러 있습니다. 1, 2차 산업혁명 시기의 교육 과정은 단순하고 집중적이어야만 했습니다. 급격한 산업화가 이루어지다 보니 단기간에 정보를 가능한 한 많이 습득해야 했죠. 이때는 암기 위주의 교육이 효율적인 방식이었습니다. 그래서 영국과 미국은 100년이 넘게 걸린 산업화를 우리나라는 30년에 이룰 수 있었습니다. 성공을 하기 위해서는 교육을 받아야 한다는 철학과, 질문보다는 일방적 교육이, 토론보다는 암기가 더 효율적이었던 주입식 교육 방식이 성공을 거둔 케이스입니다.

문제는 스마트 시대에 접어든 21세기에도 여전히 동일한 교육 철학과 교육 방식이 존재한다는 것입니다. 창의성을 이야기하지만 여전히 토론 수업은 버겁습니다. 융합과 혁신을 이야기하지만 전공 간의 장벽과 학교 내에서의 수업과 커리큘럼 변화는 요원합니다. 다른 분야에 비해 교육 분야는 상대적으로 혁신적인 디지털 테크놀로지의 적용이 뒤처져 있는 것도 사실입니다.

이런 교육 분야에서도 2012년 이후 서서히 변화하는 모습이 눈에 띕니다. 바로 몽골 학생이 수강했던 온라인 공개 강좌인 '무크(Massive Open Online Course, MOOC)'인데 스마트 시대에 걸맞은 교육 시스템의 대표적인 사례입니다.

무크는 수강 인원에 제한 없이(Massive), 모든 사람이 수강할 수 있고(Open), 웹 기반으로(Online) 미리 정의된 학습 목표를 위해 구성된 강좌(Course)를 말합니다. 무크는 학습자가 수동적으로 듣기만 하던 기존의 온라인 학습 동영상과 달리 교수자와 학습자, 학습자와 학습자 간 질의응답, 토론, 퀴즈, 과제 제출 등 양방향 학습이 가능한 새로운 교육 환경을 제공합니다. 가장 중요한 특징은 시공간을 초월한다는 인터넷의 특징과 함께 전 세계 어느 대학의 어떤 과목도 선택해 들을 수 있다는 것입니다. 특히 유명 대학의 교수들이 무료로 제공하는 온라인 강의가 늘어나면서 전 세계적으로 수강생이 급증하고 있습니다.

〈뉴욕타임스〉가 "무크의 해(Year of the MOOC)"라는 기사를 쓰기도 했을 만큼 2012년 은 무크의 원년이라고 볼 수 있습니다. 전 세계 4 대 무크로 뽑히는 유다시티(Udacity), 코세라 (Coursera), 에드엑스(edX), 퓨처런 (FutureLearn) 등이 바로 2012년 설립됐죠. 미

세계 곳곳에서 제 2의 스티브 잡스 와 빌게이츠를 만 드는 무크

국에서 처음 시작된 무크는 전 세계로 확산되기 시작했습니다. 2013 년에는 중국에서 쉐탕엑스(XuetangX)가, 일본에서는 J무크(JMOOC) 가 시작됐습니다. 무크는 큰 틀에서는 유사한 방식으로 유지되고 있 지만 각기 다른 운영 정책을 통해 차별성을 갖습니다.

⏻ 무크, 이름은 같아도 특징은 제각각

먼저 2012년 2월에 가장 먼저 시작한 유다시티입니다. 유다시티 는 특히 취업과 관련된 강의를 집중적으로 다루는 것으로 유명합니 다. 주로 컴퓨터 프로그래밍 관련 수업이 많은데 특히 미국의 유명한 통신사인 AT&T와 협력해 만든 프로그램인 '나노 학위 프로그램'은 프로그래밍 수업을 집중적으로 가르쳐 자사의 신규직으로 입사할 동등한 기회를 제공하기도 합니다. 유다시티는 개설 과목이 대중적이 기보다 프로그래밍과 관련된 전문성을 필요로 하고 향후 이와 관련 된 직접적인 취업 기회를 제공할 수 있다는 점에서 차별화됩니다.

반면 가장 많은 강의 수와 학생 수, 파트너십을 보유한 코세라는 대중을 상대로 하는 강의가 많습니다. 2012년 4월에 시작한 코세라

는 스탠퍼드대, 컬럼비아대, 예일대 등의 명문 사립대와 미시간주립대, 오하이오주립대 등의 주립대, 도쿄대, 홍콩과학기술대 등과 같은 해외의 유수 대학들이 참여할 정도로 광범위합니다. IBM과 같은 많은 IT기업도 파트너로 참여하고 있습니다. 2019년 6월 기준으로 전 세계 150개가 넘는 대학과 약 2,700개의 강좌 그리고 3,500만 명이 넘는 수강생을 자랑하는 전 세계 최대 규모의 무크입니다. 한국에서도 연세대와 카이스트가 참여하고 있는데, 대부분이 공학 위주로 제공되고 있고, 일부 마케팅 과목과 외국인을 대상으로 하는 한국어 교육 과목도 함께 제공되고 있습니다.

MIT와 하버드대를 중심으로 시작된 에드엑스는 2012년 5월에 처음 선보였는데, 앞서 소개한 두 개의 무크와 달리 비영리단체입니다. 코세라와 마찬가지로 다양한 분야의 강의를 제공하고 있지만 비영리단체라는 특징 때문에 대학 교육 강화라는 특징도 있습니다. 예컨대 블렌디드 러닝(blended learning), 즉 온라인 교육과 오프라인 교육을 병행하는 시스템으로 차별화를 꾀하는 식이죠. 대학 수업에 보조 자료로 활용할 수 있는 수업을 제공함으로써 대학과의 연계를 강화하고 있습니다. 또한 일부 강의는 고교 심화학습 과정으로 고등학교를 졸업하고 대학에 들어올 학생에게 선행학습 강좌를 제공하기도 합니다. 2019년 6월 기준, 전 세계 120개가 넘는 학교와 기업이 참여해서 2,400개가 넘는 강좌가 개설돼 있고 약 2,000만 명의 수강자를 배출했습니다.

퓨처런은 2012년 12월에 유럽에서 처음 출시된 무크입니다. 2019

년 6월 기준으로, 약 700개의 강좌를 제공하고 있고 약 870만 명의 사용자가 참여하고 있습니다. 영국의 개방대(Open University)가 운영하고 있으며, 현재 160개가 넘는 대학과 기관이 참여하고 있는 퓨처런은 대학뿐만 아니라 영국박물관, 유럽우주국, 유네스코 등의 다양한 기관의 참여가 돋보입니다. 개방대가 운영한다는 장점을 살려 수업을 듣고 시험을 통과한 후 일정 비용을 지불하면 학위를 부여하는 프로그램도 운영합니다.

이밖에도 중국의 쉐탕엑스는 2019년 6월 기준으로 500개가 넘는 협력 기관과 약 1,400만 명의 사용자, 그리고 1,700개가 넘는 강좌

세계 무크 현황(그림 5)

가 개설된 중국 최초이자 최대 무크입니다. 중국의 명문 대학인 칭화대학교에 의해 설립되었으며, 기본적으로 에드엑스와 매우 유사한 체계입니다.

⏻ "2030년에는 대학 절반이 사라질 것"

이처럼 전 세계적으로 무크의 성장세는 무섭게 증가하고 있습니다. 2018년 기준으로 전 세계의 무크에 참여한 누적 학생은 약 1억 명, 참여 대학은 900개 이상 그리고 11,400개 이상의 교육과정이 개설됐습니다(Shah, 2018). 하지만 이러한 놀라운 성과에도 불구하고 한국에서는 여전히 무크에 대한 관심이 떨어집니다. 일반인은 물론이고 교수나 학생도 무크가 무엇인지 모를 정도로 잘 알려지지 않고 있는 실정이죠.

한국의 대표적인 무크는 K-MOOC로 2015년 10월에 정부 주도로 만들어졌습니다. 교육부가 사업 기획 및 총괄을 담당하고, 교육부 산하의 국가평생교육진흥원에서 사업을 위탁받아 주관하고 시행하는 형식이죠. 처음 만들어질 때만 해도 서울대와 카이스트 등 10개 국내 대학이 참여해 7개 강좌밖에 제공하지 않았지만, 2018년에는 87개의 참여 기관에 500개 강좌가 넘을 정도로 규모가 커졌습니다.

문제는 K-MOOC가 전혀 활성화되지 않고 있다는 점입니다. 대학 강좌를 온라인으로 무료 수강할 수 있도록 해서 지금까지 수강 신청자가 약 70만여 명에 이르지만, 강좌를 신청해 끝까지 이수한 사람은 10%도 되지 않습니다. 무크가 한국의 교육 제도와 방식을 바꾸며 새로운 생태계를 만들어 낼 수 있을지, 현재 이뤄지는 교육의 보조 장치로 작동할지, 아니면 제대로 정착도 못한 채 흐지부지 없어질지 예단하기는 곤란하지만, 분명한 것은 무크가 가진 의미가 단순하지 않다는 것입니다.

언제, 어디서나, 누구든, 인터넷만 연결된다면 전 세계에서 각 분야의 최고 전문가에게 수업을 받을 수 있다는 것은 고등교육의 대중화와 양질의 평생교육 제공이라는 점에서 높이 평가할 수 있습니다. 인성 교육이 필수적인 초중등 교육과는 달리, 대학과 같은 고등교육 기관

혁신적인 교육 방식을 제공하는 미네르바스쿨

은 전문성을 전달하는 것이 중요하기 때문에 이러한 교육 모델이 널리 퍼질 수 있는 것이죠. 지금까지는 전문성을 함양하기 위해서 교실이라는 특정 공간에 모여, 지식 전달자에 의한 일방적인 교육이 전해졌다면, 이제는 누구나 스마트폰과 패드, 노트북으로 네트워크를 통해 시공간을 뛰어넘는 학습이 가능해졌습니다.

구글이 선정한 세계적인 미래학자인 토머스 프레이(Thomas Frey) 다빈치연구소장은 '2030년에 대학 절반이 사라질 것'이라고 말했습니다. 전 세계에서 가장 빠른 인터넷 속도와 저렴하면서도 최신의 하드웨어를 가진 한국에서 고등교육은 50년 전과 큰 차이가 없습니다. 새로운 기술이 도입되지만 공장에서 물건을 찍어내듯 지식이 대량으로 전수되는 시스템에서는 이를 활용하려는 교육자와 사용자의 의지도 행동도 보이지 않습니다. 교육과 학습이 외딴 섬처럼 혁신의

'액티브러닝포럼'이라는 소규모 온라인 교육으로 학생의 자발적인 참여를 이끄는 미네르바스쿨
(그림 6)

가장자리에 맴돌 때, 대학은 물론 우리의 미래 역시 변방으로 쫓겨날
것입니다.

스마트홈은 '잘 차려진 기술 인프라에 어떤 내용을 담을 것인가?'
에 그 가치가 있습니다. 그리고 교육은 '담을 수 있는 콘텐츠'의 몇 안
되는 핵심 분야입니다. 프로그래밍 수업과 같은 전문성 위주의 교육
을 하는 유다시티, 평생 교육과 대중 교육을 목적으로 하는 코세라,
대학 교육과 협업하는 에드엑스 등은 스마트러닝이 다루는 범주가 얼
마나 다양한지 보여줍니다. 무크가 가져온 교육의 혁신은 스마트홈에
서 벌어질 가치 있는 많은 일 중에서도 가장 의미 있는 내용일 수 있
습니다. 단지 시작에 불과할 무크라는 교육혁신이 스마트교육을 이룰
수 있을지, 더 나아가 우리의 삶과 미래를 바꿀 수 있을지 두고 볼 일
입니다.

02

나는 스마트하게 산다

모든 것이 연결된 스마트시티

누구를 위한 '스마트'일까요? 스마트홈은 그 집에 사는 거주민을 위한 것이어야 하고, 스마트시티는 그 도시에 사는 시민을 위한 것이어야 합니다. 그리고 그것은 자연과의 조화여야 하고, 함께 살아가는 것이어야 합니다. 시민을 고려하지 않은 스마트시티는 아무 의미가 없습니다. 시민은 스마트시티에 어떤 기술이 있고, 어떻게 사용해야 할지 고민할 필요가 없습니다. 시민에게 필요한 것은 태도와 가치입니다. 나를 위해 만들어진, 그리고 만들어질 이 도시에 나의 삶을 건강하고 풍요롭게 하기 위한 삶의 태도가 필요합니다. 이는 결국 참여라는 구체적 행동으로 표출되어야 합니다.

모든 것이 연결된
스마트시티의 시작

출근하기 위해 맞춰 놓은 스마트폰 알람은 새벽에 발생한 자동차 사고를 감지하고 설정해 놓은 시간보다 20분 먼저 울린다. 집 밖으로 나서는 순간 실내조명은 꺼지고 실내 난방은 섭씨 영상 17도를 유지한다. 차가운 겨울 날씨를 고려해 자동차는 이미 시동이 걸려 있다. 인간을 위한 최적의 환경인 섭씨 영상 22도의 온도와 50%의 습도 역시 맞춰져 있다. 자동차에 타는 순간 집에서 듣던 음악이 자연스럽게 이어지고, 차를 타고 가는 동안 컴퓨터 작업을 한다. 사무실에 도착하면 자동차가 알아서 주차 공간을 찾아 주차한다.

매년 1월이면 전 세계의 관심이 미국 라스베이거스로 향합니다. 이곳을 통해 한 해의 디지털 관련 주요 키워드를 정리하고 미래의 디지털 트렌드를 예상할 수 있는 행사가 열리기 때문이죠. 1967년 뉴욕에서 처음 전시회를 개최한 이후 스테레오 기기, VCR, DVD, 3D프린터 등 당대 최신 테크놀로지를 선보이며 그간 70만 개가 넘는 제품을 소개해온 '소비자 가전 전시회(CES)' 이야기입니다. 160여 개국에서 4,400개 이상의 기업들이 2만 개가 넘는 제품을 전시하며 약 18만 명의 관람객을 끌어모은 'CES 2018'의 주제는 '스마트시티'였습니다. 앞에서 소개한 가상의 이야기처럼 스마트시티는 개인의 공간을 가정 으로부터 이동 과정 그리고 사무실까지 확대합니다. 2017년 CES에 서 인공지능과 사물인터넷을 통한 '스마트홈'의 연결성(Connectivity) 개념이 2018년에는 도시로 확장된 것입니다. 2019년 CES 역시 이러 한 흐름에서 벗어나지 않았습니다. 스마트홈과 스마트시티가 여전히 가장 중요한 키워드였습니다.

서두에 언급한 내용은 영화 속의 이야기가 아닙니다. 구글 앱과 네스트(Nest), 테슬라 자동 차만 있다면 지금 당장 누릴 수 있는 서비스입 니다. 집이라는 공간에서 내가 신경 쓰지 않아 도 원하는 것을 해주는 것이 스마트홈이라면, 스마트홈의 기능이 그대로 도시 전체로 확대된 공간이 바로 스마트시티입니다. 기본 전제는 동

모든 것이 연결된 세상, 스마트시티 는 이미 시작됐습 니다

일합니다. 정보를 수집하는 센서, 수집된 빅데이터, 정보를 처리해 주 는 인공지능이 집에서 도시로 확대된 것입니다.

⏻ 스마트홈에서 스마트시티로 확장된 공간

공간이 확대됐기 때문에 공간을 연결하는 수단의 중요성이 새롭

게 생기고, 공간 안에 있는 정보량이 많아졌습니다. 그래서였을까요? 'CES 2018'과 'CES 2019'에서 눈에 띄는 혁신 기술의 특징은 물리적 공간의 이동을 채우는 기술의 역할이었습니다. 가장 눈여겨볼 기술은 단연 자동차였죠. 공간이 확대됐다는 것은 물리적인 공간의 움직임이 전제되기 때문에 필연적으로 이동 수단이 핵심이 될 수밖에 없습니다.

스마트시티는 교통, 환경, 주거, 시설 등 일상생활에서 대두되는 문제를 해결하고자 ICT 기술과 친환경에너지를 도입하여 시민들이 쾌적하고 편리한 삶을 누릴 수 있도록 보장해 주는 도시입니다(KDI경제정보센터, 2018). 스마트시티는 ICT 기술이 근간이 되는 인프라를 바탕으로 시민이 참여하는 공동체입니다. 모든 시민이 더 나은 삶의 질을 공유하기 위해 빅데이터와 사물인터넷 등을 활용해 교통난 및 주거난, 공해와 같은 도시 문제를 해결하게 되죠.

스마트시티를 만들기 위해서 기술의 중요성은 아무리 강조해도 지나치지 않습니다. 내가 원하고 필요로 하는 것을 사용하기 위해 얼마나 많은 시간과 비용 그리고 노동력이 있어야 하는지 우리는 잘 알고 있습니다. 멀리 갈 것 없이 밤에 택시를 타는 것만 생각해도 얼마나 어려운가요? 물건을 사는 일은 또 어떻습니까? 물론 지금도 예전에 비하면 너무나 편리한 쇼핑을 하고 있지만, 아직도 많은 준비 단계는 가능한 한 줄이면 좋겠죠. 스마트시티는 바로 이러한 우리의 행동을 이해

컴퓨터 비전, 인공지능, 센서로 만든 무인 매장 아마존 고 (Amazon Go)

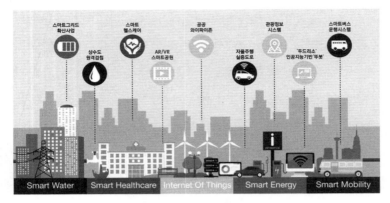

대구시에서 추진 중인 스마트시티 개념도(그림 7)

하고 대신해 주는 공간의 역할을 하게 됩니다.

기술의 적용은 앞서 설명한 스마트홈과 큰 차이가 없습니다. 집이라는 공간이 도시로 확대되었기 때문에 그 공간을 물리적으로 움직일 교통수단이 추가되었을 뿐입니다. 그리고 도시에 존재하는 다양한 산업군에 걸맞은 제각각의 기술이 추가될 뿐 기본적으로 통신과 센서 그리고 인공지능이 주요한 역할을 맡는 것은 똑같습니다.

⏻ 지능형 교통 시스템이 만드는 교통 인프라

물리적 공간이 확대됐기 때문에 무엇보다 교통의 역할이 중요해집니다. 스마트시티에서는 전자, 정보, 통신 등의 지능형 기술을 접목한 차세대 교통 시스템인 지능형 교통 시스템(Intelligent Transportation System, ITS)이 도시 전체의 도로와 교통을 통제합니다. ITS는 교통체계의 운영 및 관리를 과학화하고 자동화하여, 교통의 안정성과 효율성을 향상시킵니다.

이러한 시스템에 더불어 자동차 자체가 지능형으로 발전합니다. 바로 자율주행 자동차입니다. 자율주행을 하기 위해서 차세대 차량 통신인 V2X(Vehicle to Everything)라는 핵심 기술을 빼놓을 수 없습니다. V2X는 운전 중 신호등을 비롯한 각종 도로 인프라와 주변 차량 그리고 보행자 간의 통신을 통해 교통 정보를 교환하거나 공유하는 기술을 의미합니다. 도로 주행을 하면서 클라우드에 있는 정보를 쉴 새 없이 업데이트하며 최적의 주행 환경을 유지하는 것이죠.

그런데 V2X를 운용하기 위해서는 더욱 진보된 통신 네트워크가 필요합니다. 바로 5세대(5G) 네트워크입니다. 네트워크는 8장에서 따로 다룰 예정이지만 스마트홈과 스마트시티를 구성하는 중요한 인프라이기 때문에 간단히 소개하겠습니다. 5G는 최대 다운로드 속도가 20Gbps, 최저 다운로드 속도는 100Mbps로 현재보다 약 150배나 속도가 빠릅니다. 또한 $1km^2$ 반경 안에 있는 100만 개의 기기에 동시에 서비스를 제공할 수 있어야 하고 시속 500km의 고속열차에서도 통신이 자유로워야 합니다.

사실 이렇게 설명하면 무슨 말인지 감이 잘 안 옵니다. 왜냐하면 우리가 지금 사용하는 4세대, 즉 LTE로도 별 불편함을 못 느끼기 때문입니다. 버스에서 프로야구 경기를 생중계로 볼 때도, 지하철에서 온라인 게임을 할 때도 끊김 없이 즐길 수 있으니 5G의 필요성을 못 느낄 수도 있습니다. 그러나 문제는 앞으로 다가올 자율주행 자동차나 사물인터넷, 실감미디어 등 엄청난 양의 데이터를 실시간으로 처리하거나 수많은 기기를 연결할 때입니다. 5G는 정보량과 이동 속도, 동시 접속 기기의 숫자에서 지금과는 비교할 수 없을 정도로 발전된 통신 네트워크로, 4차 산업혁명 시대에 없어서는 안 될 인프라입니다.

V2X에서 5G의 역할은 속도와 사물인터넷 때문입니다. 주변에 있는 차량이나 보행자, 다른 기기나 인프라와 통신을 통해 정보를 교환해야 한다면 얼마나 고성능의 통신 기술이 필요할까요? 그것도 실시간으로 말이죠. 차량에 달린 센서를 통한 정보 수집과 클라우드를 통한 정보 업데이트를 위해 빠른 정보처리 속도는 필수입니다.

자율주행의 핵심 기술인 V2X

아이가 갑자기 도로로 뛰어드는 상황을 상상해 봅시다. 현재 우리가 사용하는 LTE는 지연시간이 0.04초 정도인 데 비해, 5G는 지연시간이 0.001초에 불과해서, 시속 100km로 주행 중 급브레이크를 밟으면 LTE에서는 110.8cm를 더 가는 반면, 5G에서는 불과 2.7cm만 더 갈 뿐입니다. 40배의 속도 차이가 가져오는 안전도의 차이는 사고 시 생명을 좌우하기에 충분합니다.

지금과 같은 네트워크 속도로는 응답 속도의 지연으로 무인 자동차가 주행할 수 없습니다. 5G는 빠른 통신 속도로 빠른 응답을 가능하게 하므로 완전 자율주행차의 운행을 가능하게 만드는 기반이 됩니다. 반응속도가 0.001초인 5G V2X 기술이 개발되면, 사고 대응은 물론 월 천만 대의 차량이 전송하는 주행 데이터를 실시간으로 반영해 교통 상황을 파악할 수 있는 서비스도 가능합니다. 여기에 더해 가장 크게 주목받는 인공지능 기술을 통해 더욱 효율적인 교통 인프라를 갖게 되는 것입니다. 도시의 규모로 확장된 '스마트'의 세계에서 ITS와 V2X는 물리적 공간을 이어주는 중요한 역할을 하게 됩니다. 교통사고를 예방하는 안전한 교통 시스템을 만들고, 교통소통 개선으로 혼잡한 상황을 방지하며, 에너지 소비 감소와 차량 운영의 효율화로 환경을 개선하는 데 필수적이죠. 안전하고 효율적인 교통 환경을 만드는 것은 스마트시티 건설의 출발점입니다.

스마트시티를 누비는
자율주행 공유자동차

전 세계에서 떠들썩한데 우리나라만 조용한 시장이 하나 있습니다. 바로 공유자동차 시장입니다. 젊은 층은 우버(Uber)를, 연령이 어느 정도 있으신 분들은 '나라시'를 뗀다고 하면 무슨 말인지 쉽게 알 수 있을 겁니다. 요즘은 '콜 뛰기'라고도 합니다. 택시 면허 없이 일반 자동차로 영업을 하는 것을 공유자동차라고 말합니다. 우리나라에서는 불법입니다. 여객자동차 운수사업법 81조는 사업용 자동차가 아닌 자동차로 돈을 버는 행위를 금지하고 있기 때문입니다. 그러나 전 세계에서 이러한 사업은 공유경제라는 이름으로 활발하게 진행되고 있습니다.

스마트시티는 공유경제가 꽃피는 도시가 될 것입니다. 지금도 자전거에서 집까지 공유경제는 점차 대상을 확대하고 있지만, 세계적으로 가장 활발하게 공유가 일어나는 분야는 자동차입니다. 공유자동차는 말 그대로 자동차를 공유하는 것입니다. 그런데 자동차를 공유하는 방식에도 두 종류가 있습니다. 하나는 카셰어링(car-sharing)이고 다른 하나는 라이드헤일링(ride-hailing)입니다. 같은 듯 다른 이 두 용어는 전혀 다른 비즈니스 모델과 규제 대상이기 때문에 분명히 구분을 해야 합니다.

⏻ 카셰어링과 라이드헤일링, 그리고 TaaS

먼저 카셰어링은 우리가 일반적으로 알고 있는 렌터카 서비스로 생각하면 됩니다. 다만 기존의 렌터카 서비스와의 차이점은 시간 단위로 빌릴 수 있고, 앱으로 모든 것을 해결한다는 점입니다. B2C(Business to Consumer), 즉 기업과 소비자 간 거래로 우리나라에서 2011년 시작한 그린카와 쏘카가 가장 많이 알려져 있습니다.

반면 라이드헤일링은 앞서 설명한 콜 뛰기로 이해하면 됩니다. 택시와 같은 서비스가 필요한 승객과 운전자를 연결하는 C2C(Consumer to Consumer) 서비스로, 카해일링(Car-Hailing)이라고도 합니다. 현재 우리나라에서는 서비스를 할 수 없지만 한때 우리나라에서도 서비스했던 미국의 우버를 생각하면 됩니다. 우버는 택시업체와의 갈등 때문에 불법 논란에 휩싸이며 2015년에 한국 시장에서 철수했죠.

지금은 자율주행차와 공유자동차는 별개로 발전하고 있지만, 자율주행 기능이 안정적으로 자동차에 장착되면 공유자동차는 자율주행 공유자동차라는 이름으로 재탄생하게 될 것입니다. 자율주행 공유자동차의 탄생은 자동차 산업 전체와 우리의 삶 전반에 미치는 영향력이 큰 태풍입니다. 내연기관 자동차가 전기자동차로 대체되는 것이 하드웨어 측면에서 대전환이라면, 자율주행 공유자동차는 소프트웨어 측면에서의 대전환입니다.

오랫동안 유지됐던 자동차를 소유하는 개념에서 자동차를 공유하는 개념으로 바뀌며 새롭게 등장한 용어가 TaaS(Transport as a Service, 서비스로의 수송) 또는 MaaS(Mobility as a Service, 서비스로의 이동)입니다. 비즈니스 전략가인 벤 탑슨(Ben Thompson, 2016)은 우버와 구글의 자율주행차의 예를 통해 TaaS를 네 단계로 구분하며 자율주행 공유자동차로 가는 과정을 잘 설명했습니다.

먼저 TaaS 1.0은 현재 서비스되고 있는 우버X 단계입니다. 우버X는 라이드헤일링의 가장 좋은 예입니다. 자동차를 가진 사람이 여유시간에 또는 전일제로 영업하는 것입니다. 운전사와 승객을 연결해주는 서비스죠. 자동차로 택시 영업을 한다고 생각하면 됩니다.

다음은 TaaS 1.5로 역시 현재 서비스되고 있는 우버풀(UberPOOL) 단계입니다. 우버 X에서 합승 서비스를 추가한 것입니다. 같은 방향으로 가는 승객을 태우는 대신 비용은 분담합니다. 중요한 것은 우버풀을 이용하기 위해서는 매우 정교한 지리 경로 알고리즘이 필요하다는 것입니다. 최대 두 명이 합승을 할 수 있는데, 목적지를 가기 위해서 첫 번째 탑승객과 두 번째 탑승객 모두 더 저렴하면서도 시간을 허비하지 않아야 합니다. 물론 운전사의 수입은 더 많아야 하겠죠.

세 번째 단계는 TaaS 2.0으로 운전사가 탄 자율주행 공유자동차입니다. 아직 서비스되고 있지 않습니다. 그러나 만일 서비스가 시작된다면, 이 단계부터 자동차와 교통 시스템 전반에 많은 영향력을 끼칠 수 있습니다. 아직까지 완전한 자율주행차가 아니기 때문에 TaaS 1.5에 비해서 운전자나 승객에게 큰 보상을 주지는 못하지만, 자율주행이므로 최적 주행을 할 수 있고, 운전사는 할 일이 없으며, 알고리즘은 더욱 정교해졌기 때문에 최적 경로로 운행할 수 있으므로 비용을 절감할 수 있습니다.

마지막으로 TaaS 3.0은 완전 자율주행 공유자동차 단계입니다. 운전사가 필요 없습니다. 합승을 해도 정교한 알고리즘 때문에 허비하는 시간은 늘지 않을뿐더러, 운전사가 없고, 합승을 할 수 있기 때문에 비용을 현저하게 줄일 수 있습니다.

2018년 12월 5일 세계 최초로 미국에서 상용화한 자율주행 택시

상상을 하자면 이런 식이 될 수도 있을 겁니다. 내 자율주행차를 차량 공유 서비스에 가입한 후, 내가 출근해서 일을 하는 동안은 차가 혼자서 공유를 원하는 사용자를 찾아가 합승을 시키며 택시 역할을 해서 돈을 버는 거죠. 그리고 내가 퇴근할 때가 되면 건물 앞에 와 있는 식이죠. 이렇게 되면 주차장도 많이 필요 없겠죠? 그러나 한번 더 생각해보면 완전 자율주행차를 군이 개인이 소유할 필요가 있는가에 대한 의문이 듭니다. 필요할 때마다 언제 어디서든지 적절한 비용으로 자동차를 사용할 수 있다면 군이 자동차를 소유할 필요가 있을까요?

운전자 없는 자율주행차에서 우리는 무엇을 할까요? 1960년대에 그린 미래 자동차 상상 이미지 (그림 8)

그래서 미래의 자동차는 개인의 소유가 아닌 공유제로 운영될 것으로 예측합니다. 비싸고 비효율적인 자동차를 군이 개인이 소유할 이유가 없습니다. 자율주행 공유자동차만으로도 지금 우리가 자동차를 소유한 것처럼 편하면서도 저렴하게 이동할 수 있고, 필요할 때는 카셰어링으로 대체 가능합니다. 따라서 스마트시티에서는 궁극적으로 TaaS 3.0이 적용되어 공유로 운영되는 자율주행차가 도시의 교통 효율화를 극대화할 것입니다. 공간이 확장되었으니, 그만큼 교통수단이 중요하게 될 테고, 이때 스마트시티를 물리적으로 연결하는 자동차는 자율주행 기술로 인해서 최적화된 서비스를 제공할 수 있게 되는 것이죠.

⏻ 삼성전자 공장이 하루 평균 4시간만 가동한다면?

냉정하게 평가해 보면 지금 우리가 자동차를 사용하는 방식은 참 비효율적입니다. 4~5인승임에도 운전자 한 명만 탑승할 때가 많고, 하루 평균 한두 시간만을 사용할 뿐입니다. 수천만 원이 드는 자동차 가격에 보험료, 세금, 수리비 등 부대 비용까지 고려하면 자동차를 구매해서 소유한다는 것은 현명한 선택이 아닙니다. 우리가 자동차를 소유해서 활용하는 정도는 마치 하루 24시간 3교대로 돌아가는 삼성전자 공장이 하루 4시간만 돌아가는 것으로 생각해도 될 듯합니다.

지금은 비록 자동차를 소유하지 않고 공유자동차만 사용하기에 적지 않은 불편함이 있지만, 공유자동차에 자율주행 기능이 접목되는 순간 얘기는 달라집니다. 카셰어링과 라이드헤일링을 통해 자가용 못지않게 편리한 교통수단을 활용할 수 있으면서도, 비용은 크게 줄일 수 있게 됩니다. 사용자 관점에서 이점이 매우 큽니다.

반면 자율주행 공유자동차의 시대가 오면 자동차 업계와 이와 관련된 산업은 거의 붕괴 수준에 이르게 될 것입니다. 기술적으로 완전 자율주행차의 상용화를 2025년에서 2030년 사이로 예측하는데, 이 시기가 되면 완성차의 차량 매출은 뚝 떨어지게 될 것입니다. 자동차의 미래를 예측한 보고서 중 가장 널리 알려진

운전사 없이 자율주행 자동차를 공유하는 TaaS 3.0

것이 리씽크(Rethink) X 보고서(Arbib & Seba, 2017)인데, 이 보고서가 예측하는 2030년의 TaaS, 즉 Taas 3.0의 영향력을 요약하면 다음과 같습니다.

- 전체 자동차 중 40%는 여전히 내연기관 자동차이지만, 총 운행 마일리지 중 단 5%만 차지하고 나머지 95%는 자율주행차가 주행한 거리일 것이다.
- 교통비 절감을 통해 미국 가정의 가처분소득은 1,150조 원(1조 달러)이 증가할 것이다.
- 운전 시간 단축으로 인한 생산성 향상으로 1,150조 원(1조 달러)원 상당의 GDP를 추가로 증가시킬 것이다.
- 더 적은 수의 자동차로 더 많은 거리를 주행함에 따라 미국 승용차는 2억 4,700만 대에서 4,400만 대로 감소할 것이다.
- 거의 1억 대에 달하는 기존의 차량은 그냥 버려질 것이다.
- 신차에 대한 수요가 급감해서, 매년 승용차와 트럭의 판매가 70%가량 줄 것이다.
- 자동차 딜러, 차량 공업사 및 보험 회사가 파산할 것이다.
- 석유 수요는 2020년에 하루 1억 배럴로 정점에 달하며, 2030년에는 7,000만 배럴로 급락할 것이다.
- 미국에서 채굴하는 셰일오일의 65~70%는 상업적인 가치가 없어질 것이다.
- 석유 회사, 산유국 등 석유 산업 전반에 걸친 재앙이 될 것이다.
- 에너지 수요의 80%, 배기가스 배출의 90% 이상 줄임으로써 환경이 좋아질 것이다.

⏻ 모빌리티로 변신하는 완성차 업계

스마트시티는 친환경 도시입니다. 따라서 현재의 내연기관 자동차는 스마트시티와 어울리지 않습니다. 내연기관 자동차는 필연적으로 친환경 자동차로 대체됩니다. 이에 대해서는 다음 장에서 더 자세하게 설명하겠습니다. 자동차 업계는 궁극적으로 친환경 자율주행 공유자동차로 가게 될 것입니다. 그렇다면 스마트시티에서의 자동차 산업이 어떻게 변할지 볼까요?

먼저 공유자동차 시장의 확대입니다. 한국에서는 우버가 가장 많이 알려졌지만, 전 세계적으로 많은 차량 공유 스타트업들이 운영되고 있습니다. 미국에서는 리프트(Lyft), 중국에서는 디디추싱(Didi Chuxing), 인도에서는 올라(Ola), 동남아 지역에서는 그랩(Grab)과 고젝(GO-JEK) 등이 대표적인 기업입니다. 2019년 5월 10일에 824억 달러(95조 원) 규모의 기업 공개를 한 우버는 2018년 말 기준으로 전 세계 63개국 700여 개 도시에서 390만 명의 운전자와 9,100만 명의 사용자가 있습니다. 역시 2019년 3월 29일에 약 243억 달러(28조 원) 규모의 기업 공개를 한 북미 2위 업체인 리프트는 2018년 기준으로 북미 650여 개 도시에서 140만 명의 운전자가 운행하며 2,300만 명이 이용하고 있습니다. 이밖에도 800억 달러(92조 원)로 추산되는 디디추싱과 100억 달러(11.5조 원)로 추산되는 그랩은 각각 중국과 동남아시에서 사업 영역을 확대하고 있습니다. 우리가 잘 아는 자동차 회사인 GM과 포드, 피아트 크라이슬러의 기업가치가 각각 520억 달러(60조 원), 370억 달러(42.5조), 230억 달러(26.5조) 정도 하는데, 공장은커녕 자동차 한 대 없는 공유자동차 회사는 단지 플랫폼 하나만 갖고 있음에도 불구하고 자동차 회사의 가치보다 더 큰 실정입니다.

두 번째는 완성차 업체가 공유자동차 업체로 체질을 개선합니다. 즉 제조업에서 서비스업으로 변화하는 것이죠. 도요타 자동차는 2018년 6월에 동남아시아의 최대 공유자동차 업체인 그랩에 10억 달러(1.2조 원)를 투자해 전체 지분의 10%를 매입했습니다. GM은 2016년 1월에 차량 공유 서비스인 리프트에 5억 달러(5천 7백억 원)를 투자한 후, 이어서 자사의 차량 공유 서비스인 메이븐(Maven)을 설립했습니다. 폭스바겐은 2016년에 이스라엘 업체인 겟(Gett)에 3억 달러(3,500억 원)를, 그리고 현대자동차는 그랩에 2,500만 달러(288억 원)를 투자했습니다. 모빌리티로 이동하려는 완성차 업계의 격전은 이미 시작됐습니다.

세 번째는 적과의 동침입니다. 벤츠의 자회사인 다임러AG와 BMW그룹은 2018년 3월 각각 운영 중인 공유자동차 서비스 업체인 카투고(Car2Go)와 드라이브나우(DriveNow)를 통합하고, 카셰어링 서비스, 라이드 헤일링, 주차, 전기자동차 충전 등 '온디맨드 모빌리티(on-demand mobility)' 생태계를 구성하기 위한 합작기업을 설립하기로 했습니다. 즉, 사용자는 소유하지 않고 이동수단이 필요할 때마다 언제 어디서든 빌려 쓸 수 있는 생태계를 만든다는 의미입니다. 내연기관 자동차 시장에서는 경쟁 관계에 있는 업계의 선두주자지만, 새롭게 펼쳐질 TaaS 시대에서 이들은 스타트업과 같은 도전자일 뿐입니다. 이러한 이유로 자동차 업계와 IT 업계의 협력 관계뿐만 아니라 현재의 적과도 과감히 손을 잡을 수 있는 것이죠.

온디맨드 서비스를 위해 손을 잡은 도요타(모빌리티 플랫폼)와 소프트뱅크(IoT 플랫폼)

자율주행 공유자동차 이야기는 먼 미래의 일이 아닙니다. 기술적으로 아무리 늦어도 10년 뒤면 충분히 가능합니다. 물론 기술의 발달이 이뤄진다고 해서 그것의 확산까지 선형적으로 이루어지는 것은 아닙니다. 인간의 태도, 믿음, 가치관 그리고 사회를 둘러싼 관습과 문화 등 기술 외에도 혁신물이 받아들여지기 위해 맞닥뜨리는 장벽은 많습니다. 훌륭한 기술임에도 불구하고 사회 구성원에 의해 채택되지 않은 기술은 역사적으로 너무나 많았습니다. 정책과 규제를 통해 늦춰질 수도 있고 받아들여지지 않을 수도 있습니다. 따라서 다분히 기술결정론적인 시각을 그대로 받아들일 수는 없습니다.

그럼에도 불구하고 스마트시티로의 자연스러운 전환 과정에서 TaaS 3.0이 미칠 사회적 파장은 광범위하고 강력하기에 기업과 국가는 자동차 산업의 체질을 개선하기 위해 지속적으로 노력하고 있습니다. 그러나 우리나라의 여건을 바라보면 한숨만 나옵니다. 여전히 라이드헤일링은 불법인 우리나라. 자율주행 기능 개발에는

우버, 럭시, 차차 등 모두 불법 논란으로 사업이 중단된 한국의 차량 공유 시장

무관심한 카셰어링 업체. 미국이나 유럽, 중국뿐만 아니라 동남아시아에도 뒤처지는 공유자동차 서비스 시장. 우리나라의 TaaS는 몇 단계에 있을까요?

리프킨(Rifkin, 2001/2014)은 일찌감치 소유의 종말을 예측하며, 디지털 인프라를 구축하고 이를 바탕으로 공유 체계를 준비하지 않으면 국가 간 경쟁에서 뒤처질 수밖에 없다고 말했습니다. 90년대 '산업화는 늦었지만 정보화는 앞서가자'는 슬로건이 우리나라의 정보통

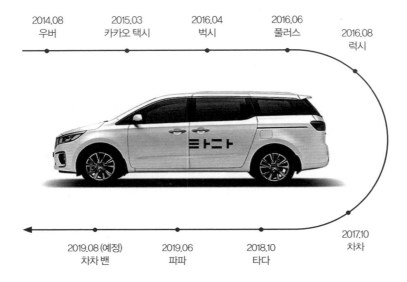

2014.08
우버

2015.03
카카오 택시

2016.04
벅시

2016.06
풀러스

2016.08
럭시

2017.10
차차

2018.10
타다

2019.06
파파

2019.08 (예정)
차차 밴

우리나라 차량공유 서비스 역사(그림 9)

신 기술을 세계 최고로 이끈 것에 비해, 공유산업은 현존하는 법과 규제 때문에 미래가 보이지 않습니다. 기존 산업을 보호하기 위한 기술 척화비(斥和碑)를 언제 거둘 것인지 사회 구성원의 결단과 제도적 보완이 필요합니다.

자연과 기술이
인간과 공존하는 공간

영화에 등장하는 미래 도시의 모습을 보면 독자 여러분께서는 어떤 생각이 떠오르나요? 하늘을 찌를 듯한 높은 빌딩 그리고 빌딩들 사이를 날아가는 자동차. 공중에 떠 있는 홀로그램(Hologram) 영상. 미래의 도시는 정말 이렇게 될까요? 만일 그렇다면, 저는 이러한 도시를 만드는 것에 대해서 한 명의 시민으로서 적극적으로 반대 의견을 낼 것입니다. 제가 생각하는 미래의 도시는 이런 것입니다.

무엇보다도 공원이 많았으면 좋겠습니다. 걷기 좋은 공간이 많기를 바랍니다. 그리고 그 안에는 동물도 함께 살았으면 좋겠습니다. 그래서 자연의 모습으로 좋은 공기와 우거진 나무, 그리고 맑은 물을 즐기며 살고 싶습니다. 우리의 아이가 그곳에서 위험에 노출되지 않으며, 안전하고 평화롭게 마음껏 뛰어놀면 좋겠습니다. 이러한 생태환경 기반으로 사회활동을 하고, 이웃과 함께 살아감으로써 자존감을 높이며, 자아실현을 이룰 수 있는 환경이 갖춰지면 좋겠습니다.

미래 도시를 이야기할 때 친환경을 이야기하는 이유는 인간의 존재 이유와 맞닿아 있기 때문입니다. 환경은 인간 존재의 근본 조건입니다. 2018년 여름의 폭염은 지구온난화의 결과이고, 지구온난화는 화석연료로 인한 이산화탄소와 아산화질소, 그리고 메탄과 염화불화탄소 때문입니다. 인간이 먹고 즐기며 일하는 동안 온실가스 배출량은 비약적으로 증가해왔고, 인간을 죽이는 위협으로 다가왔습니다.

인간의 존재 이유는 고대 그리스 시대나 2020년의 서울 등 공간과 시간을 구분할 것 없이 행복하기 위해서입니다. 행복은 이렇게 존재의 목적이기도 하지만 동시에 태생적인 본래 원인이기도 합니다. 그리고 행복은 필연적으로 나와 이웃, 지역사회 등 나를 둘러싼 공간의 영향을 받습니다. 이러한 이유로 미래 사회를 진정인간을 위한 사회로 만들기 위해서는 자연 친화적인 환경이 반드시 필요합니다.

디스플레이로 덮인 마천루가 즐비한 도시. 이것이 스마트시티의 모습일까요?

휘발유와 경유로 가는 내연기관 자동차는 점차 사라질 것이고, 전기자동차와 수소전기자동차와 같은 친환경 운송 수단은 더 빠르고 광범위하게 확산될 것입니다. 동시에 자동차의 수를 획기적으로 줄일 수 있는 자율주행 공유자동차가 운행될 것이고, 인공지능 기반이므로 교통사고는 거의 일어나지 않는 때가 올 것입니다. 자동차로 인한 공해와 사고는 이제 옛날이야기가 되는 것이죠.

자동차 보급이 많이 이루어지지 않은 국가나 도시는 아예 공유자동차를 건너뛰어 공유비행기로 넘어갈 수도 있습니다. 도로와 같은 인프라 확충에 쏟을 비용보다 더 저렴할 수 있기 때문이죠. 마치 아프리카의 많은 나라가 유선 전화를 건너뛰고 무선전화를 사용하거나, 중국이나 동남아시아에서 크레디트 카드를 건너뛰고 스마트폰 앱으로 지불하는 것처럼 말입니다. 도로가 아닌 하늘이 대안이 될 수도 있습니다. 2023년에 LA와 댈러스에서 시작할 우버에어(UberAir) 서비스는 1마일(1.6km)당 50센트로 일반 택시가 35센트인 것과 비교해 보면

공유자동차를 넘어 공유비행기를 준비하는 우버

가격도 저렴합니다. 우버에어는 특히 인도에서 관심이 많습니다. 도로 상황이 열악하기 때문이죠.

⏻ 시민의, 시민을 위한, 시민에 의한 스마트시티

그렇다면 이러한 기술을 기반으로 스마트시티는 무엇이 필요할까요? 도시의 규모를 생각해 보면 그 안에 무엇이 필요할지 상상하기 힘들 정도로 많겠죠. 그러나 무엇보다도 가장 중요한 것은 시민입니다. 스마트시티는 시민을 위한 도시입니다. 시민은 스마트시티가 존재하는 유일한 이유이자 목적입니다. 따라서 시민을 고려하지 않은 스마트시티는 아무 의미가 없습니다. 시민은 스마트시티에 어떤 기술이 있고, 어떻게

1,300명만이 사는 유령의 도시, 마스다르시티

사용해야 할지 고민할 필요가 없습니다. 시민에게 필요한 것은 태도

와 가치입니다. 스마트시티는 나의 삶을 건강하고 풍요롭게 하기 위한 삶의 태도가 필요합니다. 이는 결국 참여라는 구체적 행동으로 표출되어야 합니다.

물론 지금까지도 참여라는 이름으로 많은 것을 해왔습니다. 대표적인 것이 투표입니다. 그러나 민주주의라는 아름다운 시스템을 운영하기 위해서 감내해야 할 것이 많았습니다. 특정 투표 장소로 이동해서 투표하는 것은, 스마트폰으로 많은 일을 할 수 있는 시대에 어울리지 않는 행위입니다. 스마트시티는 블록체인(Blockchain) 기술을 통해 보안을 강화할 수 있습니다. 블록체인 기술은 사용자 사이에 발생한 정보를 중앙 서버에 보관하는 것이 아닌, 모든 사용자와 공유하고 보관하는 운영 기술로 신뢰와 투명성을 확보한 기술로 주목받고 있습

Internet Voting in Estonia

블록체인 기술 기반으로 모든 선거를 치르는 에스토니아(그림 10)

니다. 이에 따라 투표 제도에서도 블록체인 기술을 어떻게 활용할지 많은 연구와 테스트가 진행 중입니다.

스마트폰으로 투표를 할 수 있을 정도로 보안과 신뢰성이 확보된다면, 스마트시티의 많은 일들은 시민의 참여로 이루어질 수 있습니다. 직접민주주의가 실행되는 것이죠. 인류 역사상 존재하지 못했던 새로운 거버넌스가 생기는 것입니다. 스마트시티에서는 많은 일들이 온전히 시민의 손에 의해서 결정될 것입니다.

⏻ 효율성과 최적 경험 그리고 지속가능성

스마트시티를 정의하는 세 개의 핵심어는 효율성, 최적 경험, 지속가능성입니다. 스마트시티는 도시의 효율성을 극대화함으로써 도시 관리 비용을 절감시킬 수 있습니다. 예를 들면 에너지는 건물 일체형 태양광을 설치하는 방식으로 친환경 에너지를 생산합니다. 그리고 건물 안에서 사용되는 조명이나 온도 등 에너지 소비는 자동으로 제어·관리되어 낭비 요소를 최소화합니다. 실시간 모니터링을 통해 도시 전체의 에너지 생산과 소비를 중앙 관리하는 스마트그리드 방식이 활용되고, 개별 빌딩에서 광역 단위로 묶은 통합 에너지 관리 체계를 구축함으로써 도시 관리의 효율성이 향상됩니다. 또한 클라우드 플랫폼을 통해 에너지와 연계된 교통, 복지, 안전 등 다양한 행정 서비스도 함께 제공할 수 있습니다. 스마트시티는 ICT 기술을 통해 효율성을 극대화할 수 있는 것이죠.

이러한 효율성은 사용자 경험을 최적화합니다. 빅데이터를 활용한 개인화 서비스를 통해 각 개인에게 최적 서비스를 제공할 수 있는 것이죠. 예를 들어 카카오택시가 생기기 전에는 택시를 타는 가장 일반적인 방법은 거리에서 언제 올지도 모를 택시를 기다리는 것이었습니다. 허탕 치기 일쑤지만 달리 방법이 없었습니다. 하지만 카카오택시가 서비스되면서 택시 잡는 방식이 달라졌습니다. 실내에서 앱으로 택시를 호출합니다. 그리고 택시가 응답을 하면 적당히 도착할 때쯤 밖으로 나가는 거죠. 그러나 문제는 택시 운전사는 원하는 장소의 콜만 응답을 한다는 것입니다. 택시 운전사가 가고 싶은 곳만 골라서 가죠. 아직까지는 이 정도 서비스밖에 경험하지 못합니다.

그러나 스마트시티에서는 자율주행 택시가 특정 시간대에 가장 택시 수요가 많은 곳에 집중적으로 배치되면서 기다리는 시간을 줄여 줍니다. 또한 자율주행 정밀 지도를 통해 최적 경로를 찾아내서 가장 빠른 길로 갑니다. 승차 거부란 있을 수 없습니다. 가장 가까이 있는 택시가 자동으로 배차되면서 빠른 순환을 돕는 거죠. 자율주행 기술이 발달하면 일종의 합승 택시가 운행됨으로써 비용은 훨씬 많이 줄일 수 있으면서도 가는 시간은 별 차이가 없게 됩니다. 물론 계산을 위해 카드를 꺼낼 일도 없습니다. 사전 등록된 카드나 안면 인식 결제로 간편하게 지불되는 거죠.

이렇게 인간의 삶의 질을 높여줄 스마트시티지만 지속 가능성이 없다면 허상일 뿐입니다. 우리는 이미 2007년에 U-시티(U-City)라는 스마트시티와 유사한 도시를 만들려한 적이 있습니다. 2008년에 '유비쿼터스도시의 건설 등에 관한 법률'이 만들어지기도 했죠. 그러나 당시에는 하나의 유행처럼 그저 스쳐 지나갈 뿐이었습니다. 마치 앞서 소개한 '마스다르시티'처럼요. 기술과 사람도 준비가 안 된 상황에서 시민의 참여 없이 계획된 행정과 정치가 그려낸 신기루였습니다.

지속 가능한 스마트시티란 경제적, 사회적, 환경적으로 유지되어야 합니다(IEC, 2014). 먼저 도시가 돌아가려면 경제활동이 이루어져야 합니다. 물론 경제적 지속가능성에서도 주인공은 시민이 되어야 합니다. 기업이 존재하기 위해 시민이 필요한 것이 아니라, 시민의 자아실현과 지역사회의 발전을 위해 기업과 자본을 유치하는 것이 필요합니다. 다음은 사회적 지속가능성입니다. 삶의 질을 높이기 위한 기본은 안전과 복지입니다. 데이터와 지능형 기술로 위험을 사전에 방지할 수 있어야 하며, 기본 소득제와 같은 사회안전망을 통해 사회적 안정성이 유지되어야 합니다. 환경은 아무리 강조해도 지나치지 않습니다. 모든 것은 인간을 최우선으로 생각해야 하지만, 환경을 벗어난 인간의 행복이란 존재할 수 없습니다. 자연에 반하는 환경의 변화는 필연적으로 인간을 위협하기 때문입니다. 편리함과 효율성을 추구하지만, 동시에 환경적 지속가능성을 유지해야 합니다.

⏻ 세종시 연동면 5-1 생활권에서는 무슨 일이?

앞에서 소개한 모바일 투표와 에너지 효율 극대화, 자율주행 자동차 등의 예는 상상으로 만든 먼 미래의 이야기가 아닙니다. 스마트시티 국가 시범도시로 2021년 말 입주 예정인 '세종시 연동면 5-1' 생활권에서 벌어질 이야기입니다.

이렇게 도시가 생기면 우리가 놀고 즐기며 일하는 모든 행동은 데이터로 저장이 되고, 이는 인공지능이 자동으로 분석해서 우리에게 최적화된 서비스를 제공할 것입니다. 물론 우리는 언제 어디서 우리의 데이터가 수집되는지 알 수 없습니다. 알 필요도 없습니다. 그냥 알아서 되는 것일 뿐 신경을 쓸 필요가 없는 것이죠. 너무도 정확하게 개인화 서비스가 제공될 수 있기에 비효율적 과정은 생략됩니다. 스마트시티는 개인의 삶을 더욱 풍요롭게 하기 위해 디자인된 공간입니다. 어떻게 디자인될지는 아무도 모릅니다. 오직 확실한 하나는 공간의 목적이 공간을 누릴 사람을 위한 것이어야 한다는 점입니다.

도시가 스마트화된다는 의미는 삭막한 높은 빌딩숲을 전제로 하지 않습니다. 스마트시티를 만들기 위한 전제 조건은 그곳에 사는 사람을 위한 곳이어야 한다는 것입니다. 거주민을 위한 도시여야지, 그 외의 어떠한 목적도 적합하지 않습니다.

2016년 이후 미래를 이야기하며 가장 많이 듣는 용어 중 하나는 4차 산업혁명입니다. 저는 이 용어가 미래 사회를 준비하기 위해 만든 정치적 수사어 그 이상도 이하도 아니라고 생각합니다. 분명 우리 사회는 빅데이터와 인공지능을 기반으로 초연결, 초지능의 시대로 접어들며 전대미문의 시대가 열릴 것으로 예측합니다. 그러나 적어도 지금 논의되고 있는 4차 산업혁명은 정치적이며 마케팅 용어일 뿐입니다.

만일 어느 도시가 4차 산업혁명 도시로 만들기 위해 꾸며진다면 그것은 정치인의 도시이며, 특정 정책과 치적을 내세우기 위한 도시이지 그곳에서 삶을 이루는 주민들의 도시가 아닙니다. 도시는 시민을 위한 곳이어야 합니다.

그런 의미에서 지금 세종시 연동면 5-1 생활권에서 만들어지는 세종 스마트시티는 큰 관심을 끌게 합니다. 도시의 마스터플랜을 맡은 뇌과학자인 정재승 박사는 탈물질주의와 탈중앙화, 그리고 스마트 테크놀로지로 도시의 가치와 철학을 설명합니다. 일과 삶의 균형을 맞춤으로써

세종 스마트시티는 정말 시민을 위한 도시로 만들어질까?

인간 중심의 친환경 도시를 꿈꾸는 세종 스마트시티는 공유와 개방, 분산의 철학으로 탈중앙화를 지향합니다. 다양성을 존중하고, 시민이 직접 참여함으로써 정책을 결정하는 것이죠. 물론 이것을 가능하게 만드는 것은 기술입니다. 보안은 블록체인이, 데이터의 활용은 인공지능이 맡게 됩니다. 시민이 스스로 제공하는 데이터를 활용함으로써 그에 상응하는 보상책을 제시하고 또한 이를 바탕으로 한 혁신이 일어나는 것입니다. 뇌과학자의 주도하에 시범 사업으로 조성되는 세종 스마트시티가 우리가 꿈꾸는 인간 중심의 도시가 될 수 있을지 기대가 큽니다.

2

내 생활은
어떻게
바뀔 것인가

생활의 혁명

03

나는 자동차를 소유하지 않고 공유한다

친환경, 자율주행, 공유의 삼각편대

내연기관 자동차의 판매가 금지되고 전기자동차로 대체된다는 의미는 단지 자동차의 엔진이 모터로 바뀌는 것에 그치지 않습니다. 자동차 산업은 전후방 연쇄효과가 큰 대표적인 산업입니다. 고용, 생산, 수출, 투자 등 한 나라의 경제 전체에 미치는 파급효과가 큽니다. 엔진 제작 기술보다는 소프트웨어, 센서 등의 중요성이 부각될 것입니다. 이제까지 자동차 회사만이 주도했던 자동차 시장에 구글과 애플이 들어오고, 진공청소기로 유명한 다이슨과 자동차 전장 부품업체인 보쉬도 경쟁력을 가질 수 있습니다. 전기자동차가 가져올 파괴적인 미래는 사람이 운전할 필요가 없는 자율 기능과 결합해 더 강력해집니다. 자동차 내외부 전반에 연관된 생태계가 변모하는 대격동의 시대가 열릴 것입니다.

소리 없는 전기자동차의
폭발적인 질주

2025년 네덜란드와 노르웨이, 2030년 인도, 2040년 프랑스와 영국. 알 듯 모를 듯한 이들 나라의 공통점은 무엇일까요? 힌트는 볼보의 2019년 선언과 BMW의 2019년 영국 옥스퍼드 카울리 공장의 공통점도 관련이 있습니다. 정답은 내연기관 자동차의 판매 금지입니다. 2016년과 2017년에 걸쳐 이들 나라는 자국에서 더 이상 내연기관 차량을 판매할 수 없다는 법률을 통과시켰습니다.

국가적 차원에서 자동차 전체 시장에 미치는 법률과는 별개로, 특정 도시에서 특정 연료에 대한 제재는 많은 나라에서 진행 중입니다. 특히 경유 차량, 게다가 오래 운행된 경유차는 퇴출 1순위입니다. 인도의 수도 뉴델리에서는 생산된 지 10년이 넘은 경유차는 등록할 수 없고, 노르웨이의 수도 오슬로에서는 2017년부터 디젤 자동차가 일시적으로 운행 금지되고 있습니다. 서울시는 2019년부터 비상저감 조치 발령 시 2005년 이전 판매된 경유차 약 220만 대의 운행을 제한할 수 있습니다.

　내연기관 자동차는 휘발유나 경유로 주행하는 자동차를 말합니다. 내연기관 자동차가 찬밥신세가 된 이유는 환경오염의 주범이기 때문입니다. 원유로부터 증류된 석유제품은 연소할 때 환경오염을 일으키는 질소산화물과 일산화탄소, 이산화탄소, 탄화수소 등을 배출합니다. 그리고 환경오염이 심해지면 호흡기 질환이나 암을 발생시키고, 오존층을 파괴하며, 지구온난화를 일으킵니다. 영국의 한 보고서(Royal College of Physicians, 2018.03.26)에 따르면 영국에서만 대기오염으로 한 해에 약 4만 명이 사망하고, 약 600만 일 이상의 병가를 초래하며, 사회적 비용이 33조 원에 이른다고 합니다. 따라서 각 국가에서는 대기오염을 줄이기 위한 다양한 정책을 추진하는데 그중 대표적인 것이 바로 내연기관 자동차를 금지하는 것이죠.

⏻ 달릴수록 더 깨끗해지는 공기, 수소전기자동차

　그렇다면 내연기관 자동차를 대체하는 것은 무엇이 있을까요? 최근 많이 소개된 전기자동차나 수소전기자동차가 친환경이라는 이름을 단 대표적인 자동차입니다. 그런데 전기자동차라는 이름이 혼동을 주기도 합니다. 왜냐하면 전기자동차는 원래 내연기관이 없이 전기 모터와 배터리로만 운행하는 자동차를 말하지만, 실제로 통용되는 전기자동차에는 내연기관 엔진이 포함되는 자동차도 있기 때문입니다.

2014년에 세계 최초로 출범한 전기자동차 레이싱

전기자동차의 역사는 거의 200년에 가까울 정도로 오래됐습니다. 1830년대에 스코틀랜드 발명가인 앤더슨에 의해서 처음으로 재생 불가능한 배터리로 전기자동차를 만든 이래로 적지 않은 시도가 있었지만, 효율성을 비롯한 여러 문제 때문에 대량생산에는 실패했습니다. 전기자동차는 크게 세 종류로 분류됩니다. 하이브리드 자동차(Hybrid Electric Vehicle, HEV), 플러그인 하이브리드 자동차(Plug-in Hybrid Electric Vehicle, PHEV), 완전 전기자동차(Battery Electric Vehicle, BEV 또는 EV)입니다. 우리가 일반적으로 생각하는 전기자동차는 EV입니다. 말 그대로 완전하게 전기로만 운행하는 자동차인 것이죠. 그래서 EV는 모터와 배터리만 있습니다. 반면, HEV와 PHEV는 내연기관 엔진을 여전히 장착하고 있습니다. 즉, 휘발유나 경유를 넣어야 합니다. 때문에 이러한 자동차에는 모터와 배터리뿐만 아니라 엔진과 연료탱크도 필요합니다.

운동에너지를 차량 내 배터리에 충전함으로써 저속이나 정속 운행 시 모터가 작동하는 방식인 HEV는 도요타의 프리우스가 대표 선수입니다. 그러나 HEV는 지속가능성이 떨어집니다. 전기를 직접 충전할 수도 없고 내연기관의 역할이 더 크기 때문에, 엄밀하게 말해 전기자동차라고 하기 힘듭니다. 그래서 미국은 2018년부터 HEV를 전기자동차 기준에서 제외했고, 영국은 2040년부터 내연기관 차량뿐만 아니라 하이브리드 차량까지 국내 판매를 전면 금지하기로 했습니다. 대부분 국가에서는 전기자동차 정책을 시행할 때, HEV는 빼고 PHEV와 EV만을 이 범주에 포함합니다.

전기자동차의 세계적인 흐름은 플러그인 (plug-in) 방식입니다. 배터리에 직접 충전을 할 수 있는 자동차만을 전기자동차로 인정합니다. 그런 점에서 PHEV는 완전하지는 않지만 전기 자동차라고 할 수 있습니다. 오르막길이나 방전 시에만 엔진이 작동하고 대부분은 전기모터로

내연기관 자동차보다 부품을 약 37% 덜 사용하는 전기자동차

작동됩니다. 마지막으로 EV는 순전히 배터리에 저장된 전기로만 모터를 돌리는 완전한 전기자동차라고 말할 수 있습니다.

일반적으로 전기자동차를 친환경 자동차라고 간주해서 세계 각국에서 보조금을 지원하는 방식으로 전기자동차의 보급을 촉진하는데, 엄밀하게 말해서 전기자동차가 정말 친환경 자동차인지에 대해서는 논란의 여지가 있습니다. 연료 산지에서 자동차 운행(Well-to-Wheel)까지 전기자동차 운행의 전 과정에서 배출되는 대기오염물질을 고려해 본다면 전기자동차가 친환경이라는 주장이 무색해질 수 있습니다. 대표적인 예가 에너지경제연구원(김재경, 2017)의 연구 결과입니다. 이에 따르면, 전기자동차가 1km를 주행할 때 온실가스는 휘발유차의 53%, 미세먼지는 92.7% 수준을 배출하는 것으로 나타났습니다. 전기자동차 자체로는 이산화탄소나 질소 산화물과 같은 유해 물질을 발생시키지 않지만, 전기를 만들기 위해서 화석연료나 원자력 등을 사용해야 하므로 결국 자동차에서만 유해 물질이 나오지 않을 뿐 완전한 무공해 자동차로 정의할 수 없다는 주장입니다.

반면 수소전기자동차(Fuel Cell Electric Vehicle, FCEV)는 완벽한

친환경 자동차로 말하기에 손색이 없습니다. 수소전기자동차는 연료전지로 산소와 수소의 화학반응을 일으켜 전기에너지를 만들고 저장하며 이 에너지로 모터를 돌립니다. 수소를 활용해서 자동차에서 직접 전기에너지를 만들기 때문에 유해가스가 전혀 배출되지 않으며, 수소와 결합하는 산소를 깨끗하게 공급하기 위해서 고성능 필터 시스템을 사용하기 때문에 오히려 공기가 더 좋아질 정도로 완전한 친환경 자동차입니다.

⏻ 중국의 강력한 친환경 자동차 정책

앞서 여러 나라에서 법률로써 내연기관 자동차에 대한 종말을 선언하고 있지만, 다른 방식으로 또는 지역 차원으로 무공해 자동차의 보급을 촉진하는 나라도 많이 있습니다. 멕시코시티는 2025년부터, 독일의 슈투트가르트와 뒤셀도르프 그리고 뮌헨은 2030년부터 디젤자동차를 금지할 예정입니다. 이렇게 세계의 많은 나라에서 선도적으로 친환경 자동차를 도입하기 위해 적극적이지만, 2009년 이래로 자동차 생산량과 판매량 세계 1위 자리를 놓치지 않는 중국과 2위 미국을 빼고는 이야기하기가 곤란합니다.

국제에너지기구(IEA, 2019)에 따르면 PHEV와 EV만을 포함한 친환경 자동차는 2018년에 전 세계에서 약 510만 대가 팔렸는데, 이 가운데 중국에서 110만 대, 유럽에서 38만 5,000대, 미국에서 36만 1,000대가 팔렸습니다. 전기자동차 하면 미국의 테슬라가 가장 유명하지만, EV와 PHEV 판매대수의 90%는 중국 자동차 회사에서 생산

했을 정도로 비야디, 베이징자동차, 지리차, 상하이자동차 등 중국 기업의 EV 기술력은 뛰어납니다. 그리고 중국이 친환경 자동차 판매 분야에서 압도적인 이유는 내연기관 퇴출 계획을 구체적으로 밝히지는 않았지만, 그만큼 강력한 정책을 시행하기 때문입니다.

전기자동차를 육성한 세계 최고의 자동차 생산국이자 판매국인 중국

일명 크레딧제입니다. 중국은 2019년부터 PHEV와 EV만을 대상으로 하는 신에너지 자동차(New Energy Vehicle, NEV) 의무제를 시행합니다. 중국에서 자동차를 3만 대 이상 생산, 판매하거나 수입하는 업체는 NEV의 비율을 2019년 10%를 시작으로 매해 2%씩 늘려 2022년에는 16%까지 올려야 합니다. 만일 이 비율을 달성하지 못하면, 크레딧을 다른 제조사로부터 사거나 세금을 더 내야 합니다. 이러한 계획대로라면, 2025년경에는 전 세계 전기자동차 시장에서 중국이 차지하는 비율은 50%에 이를 것으로 예측됩니다.

미국은 트럼프 정부가 파리기후변화협정 탈퇴 등 오히려 친환경 정책에 역행하고 있으나 캘리포니아주는 친환경 자동차 정책을 추진하고 있습니다. 실제로 중국이 도입한 NEV 정책은 캘리포니아주에서 시행 중인 무공해차(Zero Emission Vehicle, ZEV) 정책을 거의 따라 한 것입니다. 2018년부터 연 2만 대 이상 생산 기업은 2%를 시작으로 매년 2%씩 증가해 2025년에는 16% 이상의 친환경 자동차를 생산해야 합니다. 2019년 기준으로 미국의 10개 주가 이러한 정책에 동참하고 있습니다.

반면, 우리나라는 갈 길이 멉니다. 아직까지 내연기관 자동차 판매 금지에 대한 정부 차원의 정책이 없습니다. 2017년 8월에 처음으로 2030년부터 내연기관 자동차의 판매를 전면 금지하는 법안이 발의됐을 뿐입니다. 지역 차원에서 제주도가 2030년 내연자동차 판매 중지를 목표로 움직이고 있을 뿐 다른 지방자치단체는 조용합니다. 다만 친환경 자동차에 대한 보조금 제도로 중앙정부에서 1,400만 원 그리고 지방자치단체에서 300~1,200만 원을 지원하고 있을 뿐입니다. 자동차 산업이 한국 경제에 미치는 영향력이 얼마나 큰지 생각

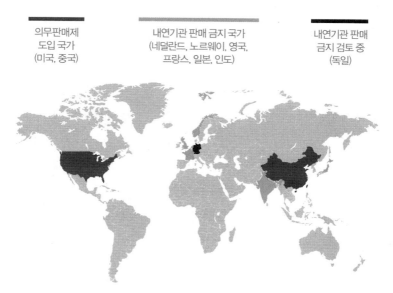

전기차 의무판매제 및 내연기관 판매 금지 국가 현황(그림 11)

해 보면 정부의 늦은 대응이 우려됩니다.

⏻ 자동차 생태계의 변화가 가져오는 산업 구조의 변화

자동차 산업은 전후방 연쇄효과(forward and backward linkage effect)가 큰 대표적인 산업입니다. 자동차를 구성하는 부품 산업에 영향을 미칠 뿐만 아니라, 물류, 석유, 조선 등의 산업에도 막대한 영향을 미치기 때문입니다. 그만큼 고용, 생산, 수출, 투자 등 한 나라의 경제 전체에 미치는 파급효과가 큽니다. 자동차 공장 하나가 문을 닫는다면, 지역경제는 초토화될 지경입니다.

2018년 5월 31일. 한국GM 군산 공장이 문을 닫았습니다. 근무 중인 정규직 직원 약 1,800명 가운데 1,180여 명이 희망 퇴직했습니다. 2017년 말 기준으로 1·2차 중소 협력 업체는 135개, 근로자는 약 1만 700여 명, 가족 등을 합하면 최소 4만 명 이상이 한국GM 군산 공장과 관련돼 있었습니다. 군산시 전체 고용 비중의 약 22%를 차지하는 공장이 문을 닫으면서 군산의 지역경제는 완전히 무너졌습니다. 자동차 산업이 국가 경제에 어떠한 영향을 미치는지 단적으로 보여 준 사례입니다.

지속 가능한 자동차 산업을 육성시키기 위해서 업계는 정부 정책과 이에 따른 시장의 흐름을 잘 파악해야 합니다. 이미 세계 주요 국가는 친환경 스마트시티를 준비하기 위한 발 빠른 조치를 취하고 있습니다. 정부 정책에 발맞춰 자동차 기업도 부지런히 움직이고 있습니다. 2017년에 자동차 회사 볼보는 2019년부터 출시하는 모든 차는 전기자동차일 것임을 선언했습니다. BMW는 2019년부터 우리나라에서도 인기가 많은 브랜드인 미니(MINI)를, 포드는 2019년~2021년 사이에 EV SUV 한 종류와 PHEV 한 종류 그리고 여섯 종류의 HEV를 생산할 계획입니다. 이미 완전 전기자동차인 볼트(Bolt EV)와 HEV 볼트(Volt)를 출시해 호평을 받은 GM은 2019년까지 두 종류의 EV와 2023년까지 20종 이상의 전기자동차를 출시하기로 했습니다. 반면 HEV 시장을 양분하는 도요타와 혼다는 세계 전기자동차의 흐름에 다소 뒤늦게 EV 생산 계획을 준비 중입니다. 다행히 현대기아차는 이러한 흐름에 발맞춰 HEV, PHEV, BEV는 물론 FCEV까지 모든 종류의 친환경 자동차를 생산할 수 있는 능력을 갖추며 2020년까지 총 31종의 모델을 소개할 예정입니다.

문제는 전기자동차로의 전환이 가져올 파급력이 생태계 전반을 흔들며 기반 자체를 재구축할 수 있다는 점입니다. 앞에서 말한 자동차 자체의 생태계 변화뿐만 아니라, 자동차를 둘러싼 생태계, 예를 들어 원유의 생산과 유통, 정유, 그리고 주유소, 정유사의 수익 구조 등에 영향을

대표적인 친환경 자동차인 전기자동차와 수소전기자동차

줄 것입니다. 엔진 제작 기술보다는 소프트웨어, 센서 등의 중요성이 부각됨에 따라 산업 구조는 물론 대학의 학과와 커리큘럼의 변화도 예측할 수 있습니다. 2차 전지의 중요성에 따라 니켈, 리튬, 망간, 코발트 등의 원자재가 원유의 자리를 차지하고, 더 가벼워져야 하는 이유로 철강의 자리를 탄소섬유와 알루미늄이 대체할 것으로 예상할 수

도 있겠죠.

내연기관 자동차와 전기자동차 이야기는 단지 자동차의 엔진이 모터로 바뀌는 것이 아닙니다. 자동차 내외부 전반에 연관된 생태계가 변모하게 되는 것이죠. 이제까지 자동차 회사만이 주도했던 자동차 시장에 구글과 애플이 들어오고, 진공청소기로 유명한 다이슨과 자동차 전장 부품 업체인 보쉬도 경쟁력을 가질 수 있습니다. 전기자동차가 가져올 파괴적인 미래는 사람이 운전할 필요가 없는 자율 기능과 결합해 더 강력해집니다.

인간은 기술에게
운전대를 넘겨줄까?

인간은 운전을 잘 못합니다. 비효율적이죠. 필요 이상으로 브레이크나 액셀을 밟아 과속과 급가속, 급감속을 반복합니다. 그래서 교통 정체가 발생합니다. 만일 신호등이 초록색으로 바뀔 때 모든 차가 동시에 출발하게 된다면 시내의 교통 정체는 얼마나 줄어들까요? 참고로 도로 교통 정체의 대부분은 교차로에서 발생합니다.

언제부터인가 자율주행 자동차에 관한 뉴스가 심심찮게 등장했습니다. 마치 영화 속의 이야기인 줄만 알았던 자율주행 자동차가 곧 등장한다는 뉴스에 적잖이 흥분이 됐었는데, 마침내 2018년 12월에 세계 최초로 자율주행 택시가 운행됐습니다. 자율주행 자동차가 운행되기 위해서는 자동차 스스로 인지하고, 판단하며, 제어하는 기술이 발달해야 합니다. 또한 자동차는 네트워크에 연결이 되어야 합니다. 궁극적으로 모든 사물에 연결이 되어 커넥티드카(Connected Car)가 될 것입니다.

디지털 환경이 가속화되면 경계는 사라질 것입니다. 디지털 트랜스포메이션 시대에 더 이상 오프라인과 온라인의 경계나 산업 간 경계는 무의미해집니다. 이러한 흐름은 자동차 산업에서 일찌감치 시작됐습니다. 인텔과 퀄컴은 칩을 통해 5G와 연계한 커넥티드카를 선보였고, 벤츠와 BMW는 커넥티드카 솔루션을 개발했습

모든 것이 연결되는 사물인터넷 시대에 세상을 이어주는 중요한 플랫폼이 될 커넥티드카

니다. SK텔레콤은 오랫동안 개발해 왔던 차량 자동 감지 시스템인 V2X 플랫폼을 선보였습니다. 또한 벤츠는 그래픽카드 제조사인 엔비디아(NVIDIA)와 함께 인포테인먼트 시스템을 만들었고, AT&T는 BMW와 함께 자율주행을 시연했습니다.

자동차는 더 이상 제조업으로 머물지 않고 정보통신기술(ICT) 전 영역에서 파괴적이고 혁신적인 기술을 도입함으로써 이동 수단에 더해 엔터테인먼트 도구나 미디어, 심지어 콘텐츠로 변모하고 있습니다.

자동차 산업을 일컬어 제조업의 꽃이라고 합니다. 약 3만여 개의 부품이 적재적소에 들어가 작동하는, 마치 오케스트라 연주와 같은 하나의 예술 작품이죠. 자동차는 기계장치의 복합물이고, 하드웨어의 조립산업입니다. 그러나 이제 이렇게 자동차를 설명하기에 한계가 있음을 앞에서 살펴보았습니다.

최근에 자동차를 얘기할 때 전장(電裝, Electronic Components) 산업이라는 용어를 많이 사용합니다. 자동차가 전장산업이 되어간다고 하죠. 전장이란 말 그대로 전자장치입니다. 제조업의 꽃이었던 자

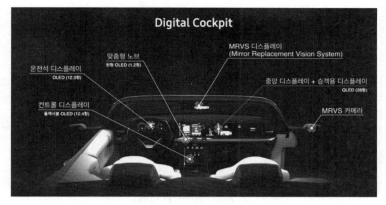

삼성이 만든 자동차 전장 '디지털 콕핏'(그림 12)

동차가 이제 전자기기가 된다는 것입니다. 자동차가 전장화되니 전자 장치를 운용할 소프트웨어가 중요하겠죠. 그래서 전장산업과 소프트 웨어산업은 함께 갈 수밖에 없습니다.

맥킨지 보고서(Burkacky, Deichmann, Doll, & Knochenhauer, 2018)에 따르면, 2010년만 해도 아무리 많아야 천만 줄 정도의 코드 를 짜야 했지만, 2016년에는 1억 5,000만 줄로 증가했다고 합니다. 현재 소프트웨어가 원가 대비 10% 정도를 차지하고 있는데, 2030년 에는 약 30%에 이를 것으로 예측합니다.

⏻ 자동차 전장산업, 무주공산의 대혈투

자동차 산업의 전장산업화의 예를 들어 보겠습니다. 2016년 11월 에 삼성전자는 미국의 전장 전문기업인 하만(Harman)을 80억 달러

(9.2조 원)에 전격 인수했습니다. 하만은 커넥티드카용 인포테인먼트(Infotainment), 텔레매틱스(Telematics, 통신을 이용한 차량 제어, 보안 등 다양한 서비스), 보안, OTA(Over The Air, 무선 소프트웨어 업데이트) 솔루션 등의 전장산업 분야 선두 기업입니다. 삼성전자가 그동안 반도체와 디스플레이 등을 중심으로 전장 사업을 펼쳐 왔는데 이번에 하만을 인수함으로써 전장산업 분야 토털 솔루션 기업으로 발돋움하는 계기가 됐습니다.

삼성전자가 전장산업 토털 솔루션 업체가 됐다는 말은 이제 삼성전자는 자동차 회사가 됐다는 의미입니다. 껍데기만 빼고 모든 것을 다 갖춘 것이죠. 껍데기, 즉 하드웨어가 중요하지 않다는 말이 아닙니다. 배터리와 모터를 만드는 하드웨어 회사 역시 자동차 산업에서 매우 중요

삼성과 하만이 만든 커넥티드카의 디지털 콕핏

한 역할을 할 것입니다. 그렇다면 현재의 자동차 산업과 비교하면 어떤 차이가 있을까요? 지금은 현대자동차와 같은 완성차 업체가 가장 중요한 역할을 하고 있는데, 전장산업으로의 자동차는 소프트웨어를 제공하는 삼성전자와 배터리를 만드는 LG화학, 모터를 만드는 테슬라 등 기존의 완성차 회사로 설명할 수 없는 새로운 환경이 열리게 된 것입니다.

예를 하나 더 들어 보겠습니다. LG전자는 2013년에 전장 사업 본부를 신설한 이래로 자동차 사업에 박차를 가해 왔습니다. 커넥티드카 핵심 부품인 텔레매틱스 컨트롤 유닛 분야에서 세계 최고의 기

술을 보유하고, 자동차 모터와 배터리에도 강점이 있는 회사라 하드웨어까지 갖추었다고 볼 수 있습니다. 2018년 3월에는 2500만 달러(288억 원)를 투자해 미국에 전기자동차 부품 공장을 설립했고, 4월에는 헤드램프 제조사인 오스트리아의 ZKW를 11억 유로(1.5조 원)에 인수했습니다.

그깟 헤드램프라고도 생각할 수 있지만, 자동차 외양에서 램프가 차지하는 역할은 매우 큽니다. 실내 인테리어와 연계했을 때 조명의 역할을 떠올려 보면 그 중요성을 이해할 수 있습니다. 마치 사람의 눈처럼 인상을 결정짓는 요소이기도 합니다. 날씨와 주변 환경에 따라 램프의 조명이 때로는 밝게 또는 어둡게 조정하는 것을 운전자가 아닌 스스로 알아서 하게끔 만드는 것은 안전 면에서도 중요하겠죠. 또한 나라마다 다른 조명에 대한 규제와 소비전력 등을 고려해 보면 만만한 작업이 아닙니다. 센서, 통신, 운용 소프트웨어와 결합하여 에너지 효율을 높이고, 사용자가 요구하는 다양한 기능을 부가한 시스템을 램프에 연동하기 위해서, 주요 완성차 회사는 반드시 헤드램프 회사와 협력을 통해 새 차를 디자인합니다.

결국 가장 중요한 것은 '누가 이러한 장치를 이용해 효율성을 극대화한 자동차를 만들 것인가'입니다. 예를 들면, 똑같은 배터리를 사용하더라도 어느 회사가 소프트웨어 최적화 작업을 통해 가장 높은 배터리 효율성을 발휘할 수 있게 만드느냐에 따라, 또는 똑같은 5G 통신을 이용하더라도 어느 회사가 더 매력적인 텔레매틱스 기능을 소개하느냐에 따라 시장의 선택을 받게 될 것입니다. 지금의 완성차 회사가 주도권을 가질지, 삼성전자와 LG전자와 같은 전자회사가 도전할지, 네이버와 바이두 같은 IT회사가 영역을 확장할지 아니면 테슬라와 니오(NIO, 蔚来) 같은 전혀 새로운 자동차 회사가 판을 뒤엎을지 향후 자동차 산업은 미궁에 빠져 있습니다. 불확실성이 가득한 시대의 자동차 산업 지형도에 어떤 영향을 미칠지 기대가 됩니다.

⏱ 2021년이면 영화를 보며 자동차를 운전할 수 있다고?

전장산업화와 소프트웨어화가 진행되면 자연스럽게 소프트웨어를 통한 운전을 생각할 수 있겠죠. 자율주행차가 등장하게 된 배경입니다. 자율주행차는 무인 자동차 또는 로보틱 자동차 등 다양한 이름으로 불립니다. 모두 운전자가 필요 없는 점을 강조한 것입니다. 무인 교통수단은 그리 새로울 것은 없습니다. 인천공항의 자기부상철도와 대구에 있는 모노레일 그리고 도쿄에 있는 유리카모메 전차 등은 모두 잘 알려진 기관사가 필요 없는 무인 교통수단입니다. 철도를 따라가는 교통수단은 무인 운송이 크게 어렵지 않습니다. 앞에서 갑자기 멈추거나, 옆에서 무작정 치고 들어오는, 운행에 영향을 주는 변인이 적기 때문이죠. 반면 자동차는 다릅니다.

운전을 하는 다양한 상황을 떠올려 볼까요? 한적한 시골길을 가기도 하고, 뻥 뚫린 고속도로를 가기도 합니다. 또한 길도 좁고 사람도 뒤엉켜 걷게 되는 홍대 앞이나 가로수길을 가기도 하죠. 모두 똑같이 운전하지만 운전의 난이도는 다릅니다. 초보 운전자는 고속도로를 주행할 때에는 큰 어려움을 못 느끼지만, 꾸불꾸불하고 좁은 골목길을 운전할 때와 평행주차를 할 경우에는 곤혹감을 느낍니다.

자율주행 기능 역시 동일한 어려움을 겪을 수 있습니다. 고속도로를 주행할 때는 복잡한 홍대의 골목길을 다닐 때보다는 덜 어려울 것입니다. 이때 적용되는 기술의 난이도에도 차이가 있겠죠. 그래서 자율주행도 자동화 기술의 정교함에 따라 분류를 했습니다.

아직 국제 표준이 정해져 있지 않지만, 자율주행 기술의 분류 등급은 미국자동차공학회(Society of Automotive Engineers, SAE)에서 정한 5단계 기준이 널리 알려져 있습니다. 목표가 자율주행이기 때문

SAE의 자율주행 기술 5단계 분류(표 1)

레벨 0	비자동화	– 자율주행 시스템이 없음 – 운전자가 차량을 완전히 제어해야 하는 단계
레벨 1	운전자 보조	– 방향·속도 제어 등 특정 기능의 자동화 – 운전자는 차의 속도와 방향을 항상 통제
레벨 2	부분 자동화	– 고속도로와 같이 정해진 조건에서 차선과 간격 유지 가능 – 운전자는 항상 주변 상황을 주시하고 적극적으로 주행에 개입
레벨 3	조건부 자동화	– 정해진 조건에서 자율주행 가능 – 운전자는 적극적으로 주행에 개입할 필요는 없지만 자율주행 한계조건에 도달하면 정해진 시간 내에 대응해야 함
레벨 4	고도 자동화	– 정해진 도로 조건의 모든 상황에서 자율주행 가능 – 그밖의 도로 조건에서는 운전자가 주행에 개입
레벨 5	완전 자동화	– 모든 주행 상황에서 운전자의 개입 불필요 – 운전자 없이 주행 가능

에 현재 우리가 운전하는 대부분의 자동차는 0단계(No Automation)입니다. 100% 인간이 운전을 해야 하죠. 그런데 어떤 차는 크루즈 컨트롤(cruise control) 기능이 있기도 합니다. 지정된 속도에 맞추면 액셀러레이터에서 발을 떼도 그 속도 그대로 진행하죠. 또는 차선이탈 경보장치도 있습니다. 달리고 있는 차선에서 벗어나면 알람이 울립니다. 사람이 운전을 하면 기술은 보조적인 기능을 하는 것이죠. 이 정도 수준이면 자율주행 1단계(Driver Assistance)입니다. 어쨌든 중요한 것은 운전은 사람이 하므로 운전자는 주행 상황을 계속 주시해야 한다는 것입니다.

2단계부터는 드디어 자율주행이라는 이름이 어울리게 됩니다. 차선을 벗어나지 않도록 스스로 앞바퀴를 좌우로 움직이기도 하고, 앞차와의 거리를 고려해서 속도를 조절하기도 합니다. 자동차 회전축과 속도를 제어할 수 있다면 2단계(Partial Automation)가 되는 것이죠. 고속도로나 큰길에서는 자율주행이 가능합니다. 현재 테슬라 오토파일럿이 2단계 자율주행에 해당합니다. SAE에 따르면 0~2단계까지는 운전사가 운전 환경을 계속 모니터해야 한다고 정의합니다.

3단계부터는 드디어 자율주행 시스템이 운전 환경을 모니터합니다. 추월이 가능하고, 교통이 혼잡할 때와 주차 등과 같은 상황에서 운전자의 도움 없이 자율주행 시스템이 스스로 운전합니다. 그래서 3단계를 조건부 자동화(Conditional Automation) 단계라고 합니다.

제한된 조건에 자율주행이 가능한 자율주행 3단계인 아우디 A8

2017년에 출시된 아우디 A8이 여기에 속합니다. 아우디 A8은 최대 시속 60km까지 스스로 주행이 가능합니다. 특정 상황에서 자율주행 시스템이 운전을 할 수 있으나, 운전자의 역할이 여전히 크기 때문에 마음 놓고 옆 사람과 대화를 한다거나 스마트폰에 집중하기에는 그리 믿음직스럽지 못합니다.

반면 4단계는 설령 문제가 발생해도 시스템이 알아서 해결합니다. 고도 자동화(High Automation) 단계입니다. 운전자의 개입을 요청하는데도 반응을 하지 않을 경우 안전하게 정차를 하는 방식으로 위험을 회피합니다. 2018년 12월에 아리조나주 피닉스에서 상용화 서비스를 시작한 구글 자율주행차 웨이모(Waymo)가 여기에 속하는 것으로 평가되고 있습니다. 이 단계에서는 복잡한 강남이나 명동, 산의 중턱을 깎아 만들어 운전하기 어렵다는 부산의 산복도로도 자율주행이 가능합니다.

가장 앞선 자율주행 4단계로 평가받는 구글 자율주행차 웨이모

마지막으로 5단계는 완전 자동화(Full Automation) 단계, 즉 완전한 자율주행차입니다. 100% 자동차가 알아서 갑니다. 따라서 운전자라는 의미보다는 탑승자라는 용어가 더 적절합니다. 우리가 머릿속에 그리는 자율주행차가 바로 이것입니다. 제일 큰 변화는 자동차의 인테리어가 더 이상 지금의 자동차 형식으로 존재하지 않을 것입니다. 차에 탄 사람은 모두 탑승객이 되니까요.

🔵 센서가 전해준 데이터, 딥러닝이 키운다

자율주행차는 센서 덩어리입니다. 카메라, 레이더(Radar), 라이다 (LiDAR), GPS 등 다양한 센서가 수십 개씩 달려 있어 자동차 주위의 온갖 정보를 수집하는 것이죠. 정보가 많으면 이를 디지털 데이터로 고스란히 쌓아둘 수 있습니다. 이것이 바로 빅데이터입니다. 빅데이터는 자동차 한 대가 아니라 온갖 차량에 의해 데이터 센터에 모이게 됩니다. 클라우드의 중요성이 강조되는 것이죠. 그래서 클라우드 (Cloud) 기반의 데이터 센터가 반드시 필요합니다. 최근에는 클라우드보다 실시간 처리에 강점이 있는 엣지 컴퓨팅(Edge Computing)이 주목받기도 합니다. 클라우드 컴퓨팅은 중앙 서버에 데이터를 모아두고 이것과 직접 소통하는 방식이라면, 엣지 컴퓨팅은 물리적으로 단말기와 중앙 서버 중간에 있어서 단말기에 더 가까이 두게 만든 컴퓨팅을 말합니다. 쉽고 간단하게 얘기하자면, 클라우드 컴퓨팅은 미국이나 싱가포르에 데이터 서버를 두고 이 서버와 소통을 한다면, 엣지 컴퓨팅은 내가 타고 있는 자동차가 지나가는 주변에 있게 되는 것이죠. 당연히 속도가 빠를 수밖에 없습니다. 바로 이러한 장점 때문에 자율주행차처럼 1,000분의 1초를 다루는 상황에서는 엣지 컴퓨팅을 선호하게 됩니다.

자율주행차가 안전하게 주행하기 위해서는 데이터 센터와 빠르고 지속적으로 통신해야 합니다. 자동차는 시속 60km 속도로 달리고 있는데 순간적으로 발생하는 사고에 대해서 신속하게 대처하려면 데이터 센터와 내가 타고 있는 자동차가 순식간에 통신을 해서 대응해야 하니까요. 마치 무의식중에 멈춰야 한다는 생각이 들어서 발로 브레이크를 밟는 것처럼 말입니다.

그러면 더 자세히 자율주행차에 들어가는 기술에 대해서 설명해 보겠습니다. 먼저 센서에 대해서 알아보죠. 센서는 우리 몸의 오감으로 생각할 수 있습니다. 눈으로 보고, 코로 냄새를 맡고, 귀로 듣는 것처럼 센서는 정보를 수집합니다. 자율주행차에서 가장 중요한 센서는 카메라, 레이더, 라이다, GPS입니다. 센서가 많이 필요한 이유는 우리 눈과 같은 역할을 하는 단일 센서가 존재하지 않기 때문입니다. 카메라는 거리와 속도를 알 수 없고, 레이더는 색과 모양을 인식할 수 없으며, 라이다는 유리를 감지할 수 없습니다. 각각의 센서는 저마다의 장단점이 있습니다.

먼저 카메라는 우리가 잘 알고 있는 동영상을 찍는 카메라를 말합니다. 카메라는 색과 모양을 인지합니다. 차선과 표지판을 인식할 수 있죠. 여러 대의 카메라가 앞과 뒤 그리고 측면 등에 설치되어 차선 이탈, 보행자 인식, 속도 표지판 인식 등의 역할을 합니다. 최근에는 우리의 두 눈과 같이 렌즈 두 개로 촬영하는 방식으로 3차원 인식을 하고, 열 화상 카메라 기능을 통해 사람이나 동물의 판별도를 높입니다. 카메라는 자율주행차에 가장 많이 사용되는 이미지 센서입니다.

다음은 레이더입니다. 레이더는 전파를 발사해 돌아오는 시간을 통해 사물과의 거리와 속도를 판별합니다. 전파를 이용하기 때문에 눈에 보이지 않는 어떠한 환경에서도 안정적으로 거리 측정을 할 수 있다는 장점이 있지만, 정지해 있거나 비금속 물질은 감지하지 못한다는 단점도 있습니다. 전후방 레이더 센서를 통해 자동차나 사람 등 근접 장애물을 인식해서 스마트 크루즈 컨트롤(SCC), 긴급제동 시스템(AEB), 사각지대 경보시스템(BSD) 등과 같은 기술에 활용됩니다.

라이다는 기본적으로 레이더와 원리가 동일합니다. 항공우주산업에 주로 쓰여 일반인에게는 잘 알려지지 않은 라이다는 자율주행차 시대의 핵심 센서가 되면서 갑자기 큰 관심을 받게 됐습니다. 탁월한 3D 매핑 기술을 통해 주행 중 사람과 자동차, 장애물 등을 인식하고 추적할 수 있는데, 보행자가 어느 방향으로 갈지, 옆으로 다가오는 자전거의 속도는 어떻게 될지 예측할 수 있기 때문에 안전성을 확보할 수 있게 됐습니다. 이러한 장점을 가진 만큼 높은 가격이 최대 약점입니다. 또한 레이더에 비해 악천후에 취약하다는 단점도 있습니다.

자율주행차는 이렇게 다양한 센서를 통해 정보를 수집합니다. 정보를 수집한 후에는 드디어 인공지능이 중요한 역할을 하게 됩니다. 특히 딥러닝(deep learning)의 개발로 자율주행차는 더욱 정밀한 주행이 가능하게 됐습니다. 인간은 무의식적으로 눈앞에 나타난 것이 트럭인지, 하늘에 떠 있는 구름인지, 그림자인지 알 수 있

2018년 2월 2일, 자율주행으로 서울-평창을 주행한 수소전기자동차

지만, 인공지능은 학습을 해야 합니다. 2016년 5월, 자율주행 중이던 테슬라 자동차가 트럭을 추돌해서 운전자가 사망한 사건이 있었습니다. 역광 상황에서 센서가 하얀색 트럭을 하늘로 인식해서 트럭과 부

덮친 것이었습니다. 운전자의 전방 주시 부주의로 인한 과실 사고로 결론이 났지만, 하늘과 트럭의 색을 구분하는 인공지능의 학습이 충분히 이뤄지지 않아 발생한 사고이기도 했습니다. 학습할 수 있는 데이터의 양이 많으면 많을수록 딥러닝은 더 강력한 알고리즘으로 발전할 것이고, 그렇게 되면 이와 같은 사고는 점차 사라질 것입니다.

마지막으로 하나만 더하자면, 스마트폰이 컴퓨터화된 것처럼 자동차 역시 컴퓨터화되고 미디어화될 것입니다. 자율주행차의 센서는 주변의 모든 정보를 수집하고, 클라우드 서버와 통신을 하며, 사전 입력된 지도의 위치 정보에 매칭시킴으로써 현재 상황을 판단합니다. 이러한 과정을 통해 자율주행차는 스스로 인지하고 판단하며 제어하는 자율 기능을 통해 더 이상 운전자가 필요 없는 자동차가 되는 것입니다. 또한 자동차 내부는 미디어가 될 것입니다. 아직은 먼 미래의 이야기겠지만, 궁극적으로 유리는 디스플레이가 되어 영상 콘텐츠가 흘러 나올 것이고, 가상현실(Virtual Reality, VR) 기기를 통해 자동차의 움직임이 게임에 반영되어 새로운 경험을 가능하게 할 것입니다. 자동차가 콘텐츠를 즐길 수 있는 미디어가 되는 것이죠. 아, 이쯤 돼서 다시 강조하자면 이렇게 새로운 경험이 가능한 이유는 역시 5G 네트워크가 있기 때문입니다.

⏻ 사람들은 자율주행차를 살까?

많은 연구에 따르면 제한된 정보를 가질 때 기대가 커지고, 기대가 커지면 실망도 크다고 합니다. 대립과정이론(Opponent-Process

Theory)에 따르면 인간은 보통 좋거나 싫거나 하는 대립된 감정을 동시에 느낍니다(Solomon & Corbit, 1974). 부모나 아내 몰래 게임을 할 때, 쾌감과 불안감을 동시에 느끼는 식이죠. 이러한 감정은 반복될수록 더 큰 감정은 약화되고, 약화된 정서가 더 강해집니다. 어떠한 대상물에 대해서 큰 기대감을 느낄 때는 실망감이 거의 인식되지 못하다가, 시간이 점차 흐르면서 그 기대가 충족되지 않으면 실망감이 더 큰 감정이 되는 식입니다.

이러한 현상은 테크놀로지에서 자주 볼 수 있습니다. 처음에는 기대감에 거금을 들여 사지만, 막상 몇 번 사용하지도 않고 금세 실망감을 느끼죠. 그래서 청소년이나 성인 남자는 부모님이나 아내에게 자주 혼이 나곤 합니다. 얼마 쓰지도 않고 금세 싫증을 낼 것에 왜 그렇게 큰돈을 들여 샀느냐고 말이죠.

이제 다시 자율주행차 이야기를 해보겠습니다. 여러분께서는 3단계 자율주행차를 구매하시겠습니까? 물론 단계가 올라가면 가격도 상대적으로 매우 비싸집니다. 많은 상황에서 자율주행이 가능하다고 하지만 조금이라도 문제가 생기면 바로 운전자가 운전을 해야 하는데, 만일 이런 상황이 반복되다 보면 실망감은 물론 위험에 대한 불안감도 커지지 않을까요?

게다가 실망스러운 이야기는 금세 퍼집니다. 이를 부정성 효과(Negativity Effect)라고 합니다(Rozin & Royzman, 2001). 맛집 검색을 하는데 별 다섯 개로 좋게 평가한 것보다 별 하나짜

길을 건너는 보행자를 인식하지 못한 우버의 자율주행차

리 부정적 평가가 눈에 확 띄는 것과 같죠. 자율주행차의 사고 소식이 한 건이라도 들려오면 민감해집니다. 우버는 2018년에 자율주행차로 인한 사망 사고가 나자 시험 운행을 중단했습니다. 만일 상용화된 자율주행 3단계 자동차에서 사고가 난다면 어떻게 될까요?

개별적인 사고가 누적되면 사회문제가 됩니다. 2018년에 있었던 BMW 자동차 화재사건이 대표적인 사례입니다. 자율주행차 운전자의 과실이든, 자율주행차의 기능상 문제이든 자율주행차의 사고가 반복된다면 이는 사회문제가 됩니다. 이때의 핵심은 어느 정도의 기술적 완성도를 사회가 수용할 것인가 하는 점입니다. 앞에서 소개한 무인철도는 돌발 상황이 거의 없습니다. 그러나 도로는 다릅니다. 게다가 보행자와 뒤섞여 가야 하는 길이 많아서 자율주행차는 사회적 수용도에 있어 문제가 클 수 있습니다.

5단계 자율주행 기술이 단번에 소개된다면 논란이 덜 될 수는 있겠지만, 문제는 앞으로 3단계와 4단계 자율주행차가 먼저 쏟아져 나올 것이라는 점입니다. GM이나 폭스바겐, 벤츠와 같은 완성차 업계에서는 3단계 자율주행차를 시장에 먼저 선보이고, 이어서 4단계 자율주행차를 소개하려는 계획인데, 구글이나 애플, 아마존 등은 바로 자율주행 4단계 또는 5단계로 건너뛰어서 가려고 합니다. 완성차 회사는 계속해서 새로운 자동차를 만들어서 내다 팔아야 하므로 단계적으로 업그레이드해서 가는 것이고, 반면 비완성차 기업의 경우는 자동차 공장이 있는 것도 아니니 비용을 최소화한 채 단번에 큰 충격을 줄 수 있는 4~5단계 자율주행차를 통해 시장 주도권을 잡으려고 하는 것이죠. 현재 가진 사업 배경과 기술력에 근거한 전략의 차이입니다.

만일 3단계 또는 4단계의 자동차 사고가 연이어 난다면 정부는 어떤 조치를 취해야 할까요? 사회문제는 물론, 국가 간의 문제가 일어날 수도 있습니다. 만일 미국이나 중국 기업의 자율주행 기능은 일찌감치 5단계까지 올라섰는데, 우리나라 기업은 여전히 4단계에 머물러 있다고 가정해 보죠. 이럴 경우 우리나라에서 자율주행차의 운행은 몇 단계까지 허락해야 할까요? 만일 4단계까지 허락한다면 그만큼 자동차 사고 확률이 높을 것이고, 반면 5단계로 하면 사고 확률은 낮지만 우리나라의 기술이 따라가지 못해서 외국 기업이 우리나라 시장을 독식할 것입니다.

첩첩산중,
자율주행차가 넘어야 할 장벽

2018년 3월 18일 일요일 밤 10시경 미국 애리조나주의 템페에서 길을 건너던 49세의 한 여성이 차에 치여 숨진 사건이 일어났습니다. 2016년 기준으로 미국에서 교통사고로 인해 한 해 동안 사망한 사람이 약 4만 명이 넘을 정도니 사실 대단할 것도 없는 사건이지만, 자율주행차가 보행자와 충돌해서 발생한 첫 번째 사망 사고란 점에서 인류 역사에 남을 사건으로 기록될 것입니다.

이러한 사고에도 불구하고 많은 연구에서 자율주행차가 차량사고 발생 건수를 크게 줄일 것이라는 예측 결과를 일관되게 보여 주고 있습니다. 구글은 자율주행차 개발에 나선 7년 동안 약 320만km를 시험 운행했지만, 17건의 경미한 사고만 발생했습니다. 게다가 자율주행차의 과실로 생긴 사고는 단 1건뿐이었습니다.

우리나라 교통안전공단의 자료에 따르면 고속도로 교통사고에서 졸음, 과속, 주시 태만 등 운전자의 잘못에 의한 원인이 87%, 그리고 미국 도로교통안전국의 자료에 따르면 치명적인 교통사고의 94%가 운전자의 실수 때문에 발생한다고 합니다. 자율주행은 운전자의 실수가 개입될 여지를 최소화함으로써 사고 발생을 줄일 것으로 예측합니다. 컨설팅 그룹인 맥킨지의 예측으로 2040년에는 2012년 기준 사고 발생 건수의 약 90% 이상 감소시킬 수 있을 것으로 그리고 미국 도로교통안전국은 2040년에는 교통사고 발생 건수가 현재의 3분의 1도 안 될 것으로 예측합니다.

자율주행차가 궁극적으로는 인간이 운전하는 것보다 훨씬 안전할 것이라는 점에 대부분 동의하지만, 현재의 자율주행차가 믿음직스럽지 못하다는 것 역시 일반적인 의견입니다. 미국 자동차협회(AAA)의 2017년 조사에 따르면, 응답자의 78%는 자율주행차를 타기가 두렵다고 했고, 보험회사인 AIG의 여론 조사에서는 응답자의 41%가 자율주행차와 도로를 공유하고 싶지 않다고 했습니다(Hutson, 2017). 그만큼 불안하다는 뜻이겠죠. 한창 진행 중인 기술이기에 너무도 당연하다고 볼 수 있지만, 자율주행차가 100% 완벽할 수 없다는 점에서 향후 자율주행차를 바라보는 일반인의 부정적인 시선을 어떻게 바꿀 수 있는가 하는 문제는 커다란 숙제입니다.

⏻ 역시 기술은 믿을 수 없어!

2017년 11월 8일 미국 라스베이거스에서 있었던 자율주행 셔틀버스의 사고 사례는 생각할 거리를 던져줍니다. 사람이 운전하는 트럭이 후진하면서 미처 자율주행 셔틀버스를 보지 못해 추돌한 사건입니다. 주차된 자율주행차에 부딪힌 것이므로 자율주행차의 문제가 아니지만, 당시 상황에서 간단히 경적만 울렸더라면 앞에 있는 트럭이 멈출 수도 있었기 때문에 아무런 조치를 취하지 않은 채 우두커니 멈춰서 있던 자율주행 셔틀버스에 대한 믿음은 땅에 떨어질 수밖에 없었습니다. 당시 자율주행 셔틀버스에 타고 있던 승객은 이러한 사고 순간을 그저 멀뚱히 바라보고만 있었습니다. 운전자

경적만 울렸어도 사고를 피할 수 있었는데… 사고 대처 능력이 부족한 자율주행 셔틀버스

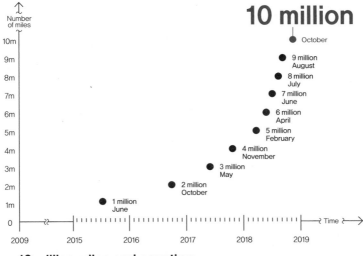

10 million miles and counting

구글 웨이모의 시뮬레이션 데이터. 2015년 6월에 100만 마일, 2018년 10월에 1,000만 마일을 달렸습니다. 1,000만 마일은 약 1,600만 킬로미터로, 서울-부산 직선 왕복 거리인 650km를 2만 4,759번 왕복한 거리입니다.(그림 13)

가 없었던 자율주행 셔틀버스의 사고는 자율주행차의 대처능력이 인간의 직관력과 순발력을 따르기에는 아직도 갈 길이 멀다는 점을 보여 준 하나의 사건이었습니다.

2016년 5월에는 미국 플로리다에서 테슬라 자동차로 자율주행을 하던 운전자가 교통사고로 사망한 사건이 있었습니다. 자동차가 흰색 트레일러를 밝은 하늘 색깔로 잘못 인식해서 발생한 사고였습니다. 또한 2018년 3월에도 유사한 사고가 있었는데 태양의 역광에 따른 센서 인식률 저하가 원인일 수도 있다는 분석이 있습니다. 이처럼 자율주행차의 사고가 있을 때마다 기업의 주식가치는 뚝뚝 떨어집니다. 3월 사고가 있고 난 뒤 테슬라 주가는 주당 300달러(34만 5,000원)에서 252달러(29만 원)로 15% 이상 떨어지기도 했죠. 시가총액으로는 약 85억 달러(9.8조 원)가 넘게 증발한 것입니다.

이것이 바로 인간이 기술을 바라보는 관점입니다. 기술에 대한 신뢰의 문제인 것이죠. 인간에 의해 발생한 사건은 헤아릴 수 없이 많아도 어쩔 수 없는 것으로 받아들이지만, 기술에 의한 사건은 단 한 건만 발생해도 과도한 해석을 하게 됩니다.

⏻ 벤담인가, 칸트인가? 공리주의와 의무론적 윤리관의 기로

자율주행차와 같은 인공지능의 윤리적 결정에 대한 여론을 수집하는 MIT의 연구

자율주행차가 기술적으로 발전하는 동안 또 한편으로 인공지능과 윤리를 연구하는 과학자들은 자율주행차가 풀어야 할 숙제가 여전히

남아 있음을 보여줍니다. 그 대표적인 사례가 2016년 6월 저명학술지인 〈사이언스〉에 게재된 〈자율주행차의 사회적 딜레마〉라는 논문 (Bonnefon, Shariff, & Rahwan, 2016)입니다. 자율주행차 사고 시 어떻게 프로그래밍되어야 하는가에 대한 질문에 대해서 인간이 가진 모순점을 들춰낸 이 논문은 상황에 따른 인간의 자기중심적 가치관을 밝혀내고 있습니다.

다음 두 개의 상황이 있습니다. 마이클 샌델의 저서 《정의란 무엇인가》에서 다루어져 유명해진 '철로를 이탈한 전차의 딜레마'입니다.

상황 1.
1. 당신은 시속 100km로 달리는 전차의 기관사입니다.
2. 갑자기 전차의 브레이크가 고장 나서 철로 위에서 일하고 있는 인부 다섯 명을 덮칠 상황입니다.
3. 전차의 경로를 비상 철로로 바꾸면 철로 위에 있는 행인 한 명이 죽습니다.

질문: 당신은 선로를 변경하겠습니까?

상황 2.
1. 당신은 전차가 달려오는 모습을 보는 행인입니다.
2. 당신 옆에 있는 덩치 큰 행인을 밀어서 기차에 부딪히게 만들면 100% 확률로 인부 다섯 명을 구할 수 있는 상황입니다. 물론 덩치 큰 행인은 죽게 되겠죠.

질문: 당신은 행인을 밀어 인부 다섯 명을 구하겠습니까?

이제 이러한 논리를 자율주행차에 적용하려고 합니다. 다음 여러

개의 상황이 있습니다. 모든 상황에 적용되는 전제가 있습니다. 자율주행차는 앞 차선의 보행자뿐만 아니라 탑승자의 존재와 대략적인 신원을 파악할 수 있습니다. 매우 드물겠지만, 자율주행차의 브레이크가 고장이 났습니다. 그래서 두 개의 선택만 가능합니다. 자율주행차가 원래 가던 길을 계속 진행하거나, 방향을 틀어서 다른 차선이나 보도로 갈 수 있습니다.

이 연구를 진행한 MIT 대학의 라완 (Iyad Rahwan) 교수의 TED 특강

상황 1.
1. 직진할 경우 여자아이 2명과 남성 1명을 칩니다.
2. 방향을 틀 경우 여성 2명과 노인 1명을 칩니다.

상황 2.
1. 직진할 경우 여성 2명과 남성 2명 그리고 여성 경영자 1명을 칩니다.
2. 방향을 틀 경우 노숙자 5명을 칩니다.

상황 3.
1. 직진할 경우 차에 탄 내 아이 1명이 사망합니다.
2. 방향을 틀 경우 길에서 노는 아이 3명이 사망합니다.

이처럼 다양한 상황이 존재할 때 여러분은 어떤 결정을 하겠습니까? 대다수 사람들은 자율주행차가 많은 생명을 구하는 방식으로 프로그래밍이 되어야 한다고 말하면서도, 동시에 나 또는 내 가족이 위험한 상황에서는 오히려 많은 사람을 희생해야 한다고 말합니다. 또한 사람들은 말합니다. 나와 내 가족이 자율주행차를 타고 있을 때 이 차가 많은 보행자를 구하기 위해 내 차를 위험에 빠트리게 프로그래밍이 된다면 이 차를 구매하지 않겠다고 말이죠. 자율주행차가 생각처럼 쉽게 상용화되지 못할 수도 있음을 보여 주는 단편적인 예입니다.

이러한 이유로 독일 정부는 2017년 8월 23일 세계 최초로 15개로 구성된 '자율주행차 윤리 가이드라인'을 발표했습니다 (Gershgorn, 2017). 핵심적인 내용 몇 개만 소개하면, '인간 생명의 보호를 항상 최우선 순위로 해야 하고, 사고를 피할 수 없을 경우 연령, 성별, 인종, 장애와 같은 생명에 대한 가치를 판단하고 선택할 수 없다' 등입니다. 앞서 MIT 연구 조사에 참여했다면, 독일 자율주행차의 윤리 가이드라인에 대해서 어떻게 생각하십니까?

'사고가 불가피할 경우, 탑승자를 살리기 위해 나와 함께 걷고 있는 반려동물이 희생되는 것이 타당한가? 어린이와 노인 중 한 명만 살려야 한다면 어떤 판단을 내려야 하는가? 어떠한 가치판단을 내리지 않고 사고를 내는 것이 타당한가?' 인간과 기계의 상호 작용이 고도화될수록 인간의 생존과 행복과 관련해 윤리적 질문에 더욱 답하기 어려워질 것입니다. 윤리적 자율 시스템을 구축하는 방법을 어떻게 찾을 것인가 하는 문제는 오늘날 인공지능 연구에 있어 가장 큰 도전 과제가 됐습니다. 기술의 진보와 혁신의 확산과 함께, 인간을 위한 기술 발전이라는 보편타당한 진리가 잊히고 있는 것은 아닌지 우려스럽습니다.

04

로봇을
때리면
내 마음도
아플까?

인간보다 더 인간다운 신인류의 등장

반려동물을 키우는 사람에게 그 동물은 가족과 다름없이 귀하고 소중합니다. 식사 시간에는 식탁 밑에서 함께 식사를 하고, 소파에서 함께 영화를 보며, 잘 때는 부부 사이에 눕습니다. 그렇다면 홀로 사는 할머니에게 소중한 말동무인 반려 로봇은 어떤 존재일까요? 할머니 옆에서 노래를 부르고, 할머니가 혼자 식사를 할 때는 옆에서 꼭꼭 씹어서 드시라고 말하는 반려 로봇. 누군가 이 반려 로봇을 때리고 괴롭힌다면 할머니의 마음은 어떨까요? 이제 로봇은 감정을 갖고 사랑을 나눌 수 있는 섹스 로봇까지 발전을 했습니다. 인간의 지능을 따라오려는 로봇이 바꿀 세상. 여러분은 준비가 되었나요?

복사기를 발로 차면
'로봇 윤리'에 어긋날까?

전 세계 모든 사람들은 어렸을 때부터 로봇의 존재를 잘 인식했습니다. 아니 인식할 수밖에 없었죠. 예나 지금이나 어린이 대상 만화 중에 로봇이 빠진 적은 없었기 때문입니다. 〈우주소년 아톰〉을 시작으로 〈철인 28호〉, 〈마징가 Z〉, 〈로보트 태권V〉 등을 거쳐 지금은 〈트랜스포머〉, 〈또봇〉, 〈헬로카봇〉까지 로봇 만화의 역사는 장구합니다.

화려하게 변신하고, 싸움에 능하면서, 심지어 인간과 교감하며 감정까지 갖는 로봇의 존재는 모든 어린이에게 꿈의 대상물이었습니다. 우리가 잘 인식하지 못하지만 로봇은 이미 많은 곳에서 사용되고 있습니다. 다만 만화에서 보듯이 우리에게 친숙한 로봇은 서비스용 로봇인 데 비해, 이미 상당 부분 도입된 로봇은 산업용 로봇이라는 차이가 있을 뿐입니다.

국제로봇연맹(International Federation of Robotics, 2018)이 발표한 세계 로봇 시장 분석을 보면, 2017년 한 해 동안 산업용 로봇은

38만 1,335대가 팔려 전년 대비 30%가 증가했다고 합니다. 2016년 세계에서 두 번째로 큰 로봇 시장이었던 우리나라는 2017년에는 약 4만 여대가 공급돼 중국과 일본에 이어 세 번째로 산업용 로봇 판매가 많았습니다. 그러나 이 수치를 노동 인구 1만 명당 기준인 밀도 기준으로 보면, 2016년 630대, 2017년 710대로, 2010년 이래로 전 세계에서 로봇 밀도가 가장 높은 국가입니다. 이처럼 로봇은 공장에서 인간을 대신해 생산성 향상과 효율성 제고를 위해 점차 그 역할이 커지고 있습니다.

우리가 이야기하는 로봇의 모습은 사실 만화와 영화에서 그린 상상물입니다. 미래에 구현 가능할 날이 오겠지만, 상용화되려면 최소한 수십 년은 걸릴 것 같습니다. 그래서 로봇이 무엇인지에 대한 정의를 분명히 하는 것이 순서일 것 같습니다.

학문적으로 보면 처음에 로봇은 산업용 로봇으로 정의됐습니다. 로봇이 처음 제작됐을 때는 비산업용 로봇을 제작할 수 있는 능력이 없었기 때문이죠. 이후 기술의 발전으로 서비스용 로봇의 정의가 새롭게 만들어졌습니다. 국제로봇연맹(International Federation of Robotics, 2016)에 따르면 산업용 로봇은 자동제어가 되

이것도 로봇일까? 알리바바의 물류 창고에서 인간을 대신한 로봇

고 프로그래밍이 가능하며 다목적인 3축 또는 그 이상의 축을 가진 자동조정장치로 그리고 비산업용 로봇은 작업이 가능한 기구, 환경을 이해하는 센서, 작업 순서를 스스로 계획하여 실행하는 능력, 인

간과의 대화 수단을 갖추고 자유롭게 동작할 수 있는 기계 시스템으로 정의됩니다.

⏻ 자유롭게 걸어다니는 인공지능 로봇

처음에 로봇은 공장에서 자동차를 만들고, 무거운 물건을 옮기는 등 인간의 노동력을 대신하는 산업용 로봇에 머물렀지만, 이제는 인간과 정서적인 측면에서 상호작용을 할 수 있는 소셜 로봇(Social Robot)으로 발전했고, 더 나아가 인간의 친구나 돌봄이 역할을 하는 반려 로봇(Companion Robot)을 개발하고 있습니다. 인류가 궁극적으로 개발하려는 로봇은 지능형 로봇(Intelligent Robot)입니다. 지능형 로봇은 인간의 통제 없이 자율적으로 감지(Sense)하고, 생각(Think)하며, 행동(Act)하는 것으로, 쉽게 말해 인공지능이 들어가 있는 로봇을 말합니다. 앞으로 우리가 로봇이라고 말할 때는 대체로 이러한 특징을 지닌 지능형 로봇으로 생각하면 좋을 것 같습니다.

지능형 로봇 모습(그림 14)

로봇이 갖는 가장 중요한 특징은 이동성과 자율성입니다. 이동성은 말 그대로 자유롭게 옮겨 다닐 수 있음을 의미합니다. 인간이 가진 고유한 특성이죠. 바로 이러한 특징 때문에 공간의 확장이 가능한 것입니다. 로봇에게 최소한 인간과 같은 이동성을 부여하기까지 많은 시간이 걸리겠지만, 가능한 한 자유롭고 거침없이 이동하게 만들어야 한다는 점에서 많은 연구가 진행되고 있습니다.

반면 자율성은 매우 복잡합니다. 자율성은 지능과 관계가 있습니다. 자연스럽게 인공지능과 연계됨을 알 수 있죠. 움직이는 기계에 인공지능 기술을 적용함으로써 '자율적인' 로봇으로 만들 수 있습니다. 그렇다면 문제가 발생하게 되죠. 어느 정도의 인공지능이 적절할까요? 만일 기술이 가능하다면, 인간과 같은 지능을 부여해도 될까요? 또는 그 이상의 지능을 로봇에게 적용할 수 있다면 그렇게 많은 자율성을 부여해도 괜찮은 걸까요?

로봇은 자율성이라는 특징 때문에 필연적으로 인공지능과 연계될 수밖에 없습니다. 모든 것을 알아서 잘하는 로봇을 기대한다면, 그만큼의 지능을 로봇에게 적용하면 됩니다. 현재 로봇이 만화에서 보던 로봇이 아닌 기계에 가깝게 보인다면, 그건 그만큼 로봇의 지능이 낮기

한국을 방문한 세계 최초 로봇 시민권자 '소피아'

때문입니다. 현재는 전적으로 인간의 기술력이 부족하기 때문이죠. 그러나 10년, 20년이 지나 로봇이 인간에 가까운 지능을 갖게 된다면 어떻게 될까요? 이런 의미에서 로봇의 자율성은 인류에게 커다란

고민을 안겨줄 것입니다.

로봇은 하드웨어는 물론 소프트웨어까지 모두 포함합니다. 따라서 우리가 로봇이라고 할 때에는 단지 겉으로 보는 로봇의 하드웨어만 얘기하는 것이 아니라, 이 로봇을 움직이게 만드는 소프트웨어를 함께 생각해야 합니다. 로봇이 무거운 물건을 옮기는 수준에 머문다면 하드웨어의 문제가 가장 중요하겠지만, 복잡한 동작을 하고, 알아서 움직이며, 대상별로 특성화된 서비스를 하기 원한다면 이건 전적으로 인공지능이라는 소프트웨어의 문제입니다. 따라서 결국 로봇의 성공 요인은 인공지능으로 귀결됩니다.

⏻ 로봇이 맞으면 내 마음이 아프다?

영상 1. 영화 〈오피스 스페이스〉

1999년 작 로맨틱 코미디 영화인 '오피스 스페이스(Office Space)'. 회사 생활에 스트레스를 받아 염증을 느끼는 남자 주인공 피터. 잔소리를 반복해 늘어놓는 상사는 꼴도 보기 싫고, 직장 동료도 짜증 나며, 사무실은 늘 답답하다. 게다가 툭하면 고장 나는 팩시밀리. '이놈의 기계마저 나를 짜증 나게 하다니….' 결국 직장 동료 두 명과 함께 퇴사하는 피터. 회사 출근 마지막 날 그들은 그동안 잦은 고장으로 짜증 나게 했던 팩시밀리 한 대를 갖고 나온다. 장면이 바뀌어 넓다란 벌판. 팩시밀리를 내동댕이치고, 마치 갱스터의 모습을 한 이들은 팩시밀리를 발로 차고, 야구 방망이로 마구 부순다. 심지어 사람의 얼굴을 치듯 팩시밀리를 주먹으로 후려치기까지 한다. 산산조각 난 팩시밀리. 그리고 그들은 그 자리를 떠난다. 통쾌한 모습으로.

영상 2. 괴롭힘 당하는 로봇들

로봇 개발로 유명한 미국의 보스턴 다이내믹스 (Boston Dynamics)는 2015년형 4족 보행 로봇인 스팟(Spot)을 공개했다. 스팟이 움직이는 모습을 담은 동영상은 2019년 6월 기준 유튜브에서 2,000만 회나 재생됐을 정도로 큰 인기를 끌고 있다. 동영상에서는 스팟이 사무실과 거리를 어슬렁거리며 걸어 다니는데, 제대로 균형을 유지하는지 테스트하기 위해서 직원들이 발로 스팟을 차거나 힘껏 밀기도 한다. 추운 겨울인데 마치 훈련을 받듯이 스팟은 언덕을 계속 오르락내리락하고, 사람과 함께 뛰기도 한다. 2016년에 소개된 인간 모형을 한 2족 보행 로봇인 아틀라스(Atlas) 동영상도 수천만 회가 재생됐을 정도로 큰 인기다. 아틀라스는 추운 겨울 산을 뒤뚱거리며 걷는데, 눈 덮인 산길이 불규칙적이라서 걷다가 곧 넘어질 것 같은 모습이다. 창고에서는 4.5kg 무게의 박스를 정리하는데, 아틀라스가 박스를 제대로 들지 못하게 직원이 방해하기도 한다. 마지막 장면에서는 아틀라스가 넘어졌을 때 제대로 일어나는지 테스트하기 위해서 커다란 막대기로 아틀라스의 등을 힘껏 밀어서 넘어뜨린다.

독자 여러분은 위의 두 영상을 보면서 어떤 생각이 들었나요? 소개한 두 영상은 기계를 괴롭히는 내용입니다. 첫 번째 영상에서는 팩시밀리를 두들겨 팼고, 두 번째 영상에서는 4족과 2족 보행 로봇을 발로 차거나 밀어 넘어뜨렸습니다.

첫 번째 영상은 어찌 보면 우리의 일상생활에서 어렵지 않게 접하는 모습입니다. 복사를 하다가 종이가 걸리면 복사기를 두드리면서 종이가 잘 나오게 시도합니다. 프린트할 때 색깔이 명확하지 않으면 프린터를 힘껏 흔들기도 합니다. 컴퓨터 모니터에 문제가 생겼을 때

제일 먼저 하는 것은 모니터를 툭툭 쳐보는 것이죠. 독자 여러분은 혹시 이렇게 기계를 두드릴 때 마치 사람을 때리는 것처럼 감정의 동요가 있을까요?

두 번째 장면은 실생활에서는 경험하기 힘들 것 같습니다. 아직 로봇이 보편적으로 상용화되지 않았기 때문입니다. 그러나 멀리 갈 것 없이, 장난감 로봇을 생각해 봐도 좋을 것 같습니다. 로봇 강아지의 예를 들어 볼까요? 소니가 만든 아이보(Aibo)를 비롯한 와우위(WowWee)

아이들의 괴롭힘을 피하는 로봇

의 칩(CHiP), 스핀 마스터(Spin Master)의 줌머(Zoomer) 그리고 우리나라 기업인 앙토가 만든 제로미는 인공지능형 로봇 강아지로 잘 알려져 있습니다.

이 로봇 강아지는 인공지능 기능을 탑재해서 사람의 말을 알아듣고 그에 맞춰 대화도 하고 움직이기도 합니다. 춤을 추기도 하고, 노래를 부르기도 하며, 쓰다듬어 주면 좋아하면서 웃기도 합니다. 그러면 앞에서 한 질문을 다시 해 볼까요? 독자 여러분은 혹시 이런 인공지능형 로봇 강아지를 누군가 때리거나 흔들면서 험하게 다룬다면 앞선 팩시밀리나 복사기의 예처럼 아무런 감정의 동요 없이, 말 그대로 기계를 다루는 것과 같은 똑같은 감정이 들까요?

⏻ 반려 로봇에게 느끼는 특별한 감정

2015년과 2016년 스팟과 아틀라스가 동영상을 통해 소개가 되었을 때 사람들은 놀라운 기능으로 환호성을 지르기도 했지만, 동시에 스팟과 아틀라스가 불쌍하다며 로봇에게 이런 잔인한 행동을 하지 말라고 주장하기도 했습니다. 로봇에게 잔인한 짓을 하지 말라는 사이트 (stoprobotabuse.com)가 만들어지기도 했고, CNN이나 〈포춘(Fortune)〉, 〈뉴요커(The New Yorker)〉 등 유수의 방송과 언론에서 이를 다루기도 했습니

로봇을 괴롭히지 말라는 웹사이트(그림 15)

다. 동물을 닮은 또는 사람처럼 서 있는 로봇에게 우리는 어떤 감정을 느끼는 걸까요?

개를 닮은 로봇을 발로 차거나, 인간의 모습을 한 로봇을 괴롭히는 것은 비윤리적일까요? 최근 로봇과 관련해서 로봇 윤리 이슈가 부각되고 있습니다. 소셜 로봇은 인간의 규범과 윤리 그리고 가치를 이해하는 로봇으로 사람의 행동에 감성적으로 반응하여 인간과 감정을 교류할 수 있습니다. 쉽게 말하면, 인간과 대화하며 자연스럽게 상호작용할 수 있는 로봇입니다.

물론 소셜 로봇이라고 해서 반드시 어떤 형상을 갖출 필요는 없습니다. 챗봇(chatbot)처럼 인터넷을 통해 사용자와 채팅을 하는 로봇

도 가능하고, 아마존의 알렉사(Alexa), 네이버의 클로바, KT의 기가 지니 그리고 SK텔레콤의 아리아와 같은 인공지능 음성인식 역시 소셜 로봇의 한 형태입니다. 인간과 상호작용을 할 수 있다면 소셜 로봇으로 간주할 수 있습니다.

문제는 형상화된 소셜 로봇의 경우 윤리의 문제가 특히 더 대두될 수 있다는 점입니다. 우리와 친숙한 모습으로 만들어질 경우 문제는 더욱 복잡합니다. 이러한 로봇은 크게 휴머노이드(Humanoid)와 안드로이드(Android)로 나눕니다.

휴머노이드는 인간의 형태를 한 로봇입니다. 인간의 신체와 유사하게 만들어 인간의 행동을 하게끔 만드는 것이죠. 앞서 예를 든 아틀라스는 우스꽝스러운 모습을 하고는 있지만, 인간의 형상을 하고 있어 휴머노이드입니다. 안드로이드는 쉽게 말해 인조인간입니다. 외모는 물론 동작이나 지능까지도 인간과 거의 같습니다. 영화에서 많이 봤지만, 실제로 그와 같이 구현하기에는 아직 많은 시간이 걸릴 것으로 예측됩니다. 그래서 지금 우리가 보는 사람 모양의 로봇은 모두 휴머노이드입니다.

휴머노이드는 종교나 철학, 예술 분야에서 얘기하는 의인관(Anthropomorphism)의 논의를 불러일으킬 수밖에 없습니다. 의인관이란 인간이 비인간적 실체에 인간의 성격이나 감정, 의도 등을 부여하는 것을 말합니다. 소셜 로봇이 인간의 모습을 하고, 인간의 행동을 따라 하며,

휴머노이드 로봇
다양한 사례

인간이 갖는 성격을 갖고, 인간처럼 생각한다면, 그 로봇은 인간처럼 받아들여질 수밖에 없습니다.

너무 어렵다면, 집에서 키우는 반려동물을 생각하면 됩니다. 집에서 키우는 강아지 몬티는 우리 가족입니다. 잘 때는 아빠와 엄마 사이에 눕습니다. 식사 시간에는 식탁 밑에서 함께 식사를 합니다. 텔레비전을 볼 때는 소파 밑에서 또는 소파 위에서 함께 앉아 있기도 합니다. 몬

할머니의 좋은 친구, 로봇 '파르미'

티는 인간처럼 생기지도 않았고, 인간의 행동을 하지도 않으며 더군다나 인간처럼 생각하지도 않지만, 넘치는 애교와 귀여움으로 사람처럼 함께 생활합니다. 아프거나 죽는다면 정말 가족과 똑같이 생각됩니다. 그렇다면, 반려 로봇이라고까지 부르는 소셜 로봇은 어떠한 의미로 다가올까요?

2016년에 수행된 맥서스 글로벌(Maxus Global)의 발표에 따르면, 남성성이나 여성성과 같은 사회문화적 성별을 가진 전체 로봇 가운데 56%가 여성형이라고 합니다. 구글 어시스턴트(Assistant), 마이크로소프트의 콘타나(Cortana), 아마존의 알렉사, 애플 시리(Siri) 등

누가 누가 잘하나? 스마트 스피커 비교

음성 비서의 목소리는 모두 여성입니다. 삼성 빅스비(bixby) 음성은 국내의 한 여성 가수가 맡기로 했다가 여성과 남성 목소리를 선택할 수 있게 했습니다. 하지만 법률봇은 100%가 남성이고 금융봇도 대

다수가 남성형인 것으로 나타났습니다(Yenireddy, 2017).

컴퓨터 음성 연구 결과에 따르면 여성의 목소리가 상대적으로 더 따듯하게 들리고, 사랑을 속삭일 때 적절하며, 남성의 목소리는 무언가를 배우는 데 더 선호된다고 합니다(Stern, 2017). 이렇게 인간에게 더욱 친숙한 커뮤니케이션을 할 수 있게 목소리 연구도 진행되고 있습니다. 휴머노이드 로봇에 인간에게 최적화된 음성 서비스까지 적용된다면 로봇의 의인화 정도는 생각보다 빨리 이루어지지 않을까요?

윤리적 논란에도
섹스 로봇 대중화가 다가온다

앞에서 로봇의 의인화에 대한 이야기를 했습니다. 이 문제가 사회적으로 일반화되기 위해서는 아직 갈 길이 멉니다. 일본의 모리 교수가 주장한 '불쾌한 골짜기(Uncanny Valley)'를 극복하는 것은 가장 큰 숙제일 것입니다(Mori, 1970). 로봇이 점점 더 사람의 모습과 흡사할수록 인간이 로봇에 대해 느끼는 호감도가 증가하다가 어느 정도에 도달하게 되면 갑자기 강한 거부감으로 바뀌게 된다는 것이 바로 불쾌한 골짜기입니다. 호감도가 증가하다가 뚝 떨어지는 그 모양을 골짜기로 표현했습니다.

이 골짜기를 벗어나는 방법은 로봇의 외모와 행동 그리고 커뮤니케이션 행태를 거의 구별이 불가능할 정도로 인간과 가깝게 만드는 수밖에 없습니다(Mathur & Reichling, 2016). 처음에는 호기심으로 호감도를 갖게 되지만 정교화되면 될수록 인간의 기대치는 높아질 수밖에 없습니다. 따라서 기대치가 일치되는 로봇이 만들어지면 호감

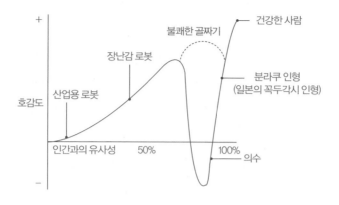

불쾌한 골짜기(그림 16)

도는 다시 증가하게 되고, 결국 인간이 인간에 대해 느끼는 감정의 수준까지 접근하게 됩니다. 의인화가 이루어지는 것이죠.

로봇은 복사기와 다를 것이 없습니다. 로봇은 생명체가 아닙니다. 그저 기계일 뿐입니다. 당연히 고통을 느끼지 못합니다. 아무런 감정이 없습니다. 그러나 그것을 보는 인간의 관점은 또 다른 문제입니다. 내가 그렇게 인식하고(perceive) 느낀다면(feel) 그것으로 충분합니다. 인간의 태도와 믿음 그리고 가치관은 사실 여부와 상관없이 형성됩니다. 그래서 개나 인간의 모습과는 전혀 다른 모습을 한 스팟과 아틀라스를 통해서도 어떤 사람은 고통을 느낄 수 있습니다. 비록 아직은 일부이지만요.

로봇을 의인화하게 되면 로봇을 함부로 대하는 것은 동물 학대보다 더 큰 사회문제가 될 수 있습니다. 동물과는 결혼을 할 수 없지만, 로봇과는 결혼은 물론 성관계도 가질 수 있기 때문입니다. 인공지능과 결합한 로봇이 대중화될수록 인간의 직업이 위협받게 된다는 것을 많이 두려워하지만, 로봇 의인화는 더 큰 사회문제를 야기할 수도 있습니다. 아직은 많이 이야기하지 않지만, 미래에 큰 고민거리가 될 것으로 생각되는 섹스 로봇에 대해서 알아볼까요?

로마 시대의 연애시로 유명한 시인 푸블리우스 오비디우스는 총 15권 분량의 250개 이야기로 구성된 방대한 분량의 대서사 시집인 《변신 이야기》를 썼습니다. 그리스 로마 신화를 다룬 이 작품 가운데 가장 유명한 제10권에는 피그말리온 이야기가 등장하는데요. 맞습니다. 교육심리학에서 교사의 기대에 따라 학생의 성적이 향상되는 실험자 효과로 많이 얘기되는 '피그말리온 효과 (Pygmalion Effect)'의 그 피그말리온입니다.

피그말리온 이야기 전부는 몰라도 어떤 내용인지 대충은 알고 있을 텐데요. 간단히 요약하면 이렇습니다. 피그말리온은 키프로스의 왕이면서도 조각가로 여성혐오증이 있었습니다. 당시 키프로스 여성들의 문란한 성생활을 증오했고, 그래서 여성을 만나기보다는 여인을 조각하는 데 몰두했습니다. 직접 상아로 아름다운 여인을 만들다가 이상형의 조각 작품을 만들게 되었고 결국 그녀를 사랑하게 됩니다. 너무나 사랑을 한 나머지 소원을 통해 조각 여인은 실제 사람으로 변하게 되었고, 둘은 아들을 낳고 행복한 가정을 이루며 살게 되었습니다. 이 이야기를 따라 가상의 이상적 존재에 탐닉하는 것을 피그말리오니즘이라고 이름 지었습니다.

⏻ 실리콘 소재, 36.5도의 인간 로봇

피그말리오니즘이 재현되고 있습니다. 섹스 로봇 이야기입니다. 우리나라에서는 포르노그래피가 불법이고, 성인용품에 대한 법적 제제가 엄격해서 딴 세상 이야기로 들릴 수 있지만, 전 세계적으로 섹스 로봇 산업은 머지않아 큰 시장을 형성할 것입니다.

섹스 로봇의 출현은 포르노그래피 시장과 직접적인 관련이 있습니다. 2014년 미국 NBC 뉴스는 전 세계 포르노그래피 시장 규모가 970억 달러, 약 110조 원에 이른다고 보도했습니다(CNBC.com, 2014). 현재는 인터넷에 연결된 컴퓨터나 모바일 기기를 이용해서 은밀하면서도 편안하게 포르노그래피를 본다면, 앞으로는 보는 것에 그치지 않고 직접 상호작용할 수 있는 자극물을 찾게 될 텐데, 그런 점에서 섹스 로봇은 매우 적절한 대상물이 될 것입니다. 단지 가격과 진짜 같은 경험을 할 수 있는지가 문제일 뿐, 이 두 개의 조건만 충족된다면 섹스 로봇은 빠르게 확산될 것입니다.

섹스 로봇이 성공하기 위해서는 무엇보다도 인간과 비슷해야 합니다. 그래서 산업용 로봇이나 청소 로봇과 같은 기능성 로봇과는 달리 고난도의 기술이 필요합니다. 최근 판매되고 있는 섹스 로봇을 보면 실리콘 소재로 피부의 질감을 표현하고, 37도의 온도를 유지함으로써 인간의 피부를 그대로 재현할 정도로 정교해졌습니다. 특히 성기 부분은 가장 심혈을 기울이는 부분입니다. 그래서 유명한 포르노그래피 스타의 성기를 그대로 모형물로 만들기도 합니다.

섹스 로봇 제작 회사로는 트루컴패니언(TrueCompanion), 리얼돌(Realdoll), 신시아아마투스(Syntheaamatus) 등이 대표적입니다. 특히 트루컴패니언은 1993년에 섹스 로봇을 처음 만들었을 정도로 섹스 로봇에 관해서 오랜 역사를 갖고 있습니다. 최근에는 리얼돌이 사실성(寫實性)에서 높은 평가를 받으며 주목을 받고 있습니다.

미국의 저명한 뉴스 프로그램인 〈ABC 나이트라인〉에서 취재한 섹스 로봇

섹스 로봇의 장점은 셀 수 없이 많습니다. 아름답고 멋질 뿐만 아니라, 내가 좋아하는 말만 하는, 소위 말하는 '내 스타일'인 로봇이 언제든지 섹스를 할 수 있게 준비되어 있습니다. 주문할 때 내가 좋아하는 피부색, 헤어스타일과 컬러, 눈과 눈썹 컬러 등 다양한 선택을 할 수도 있고, 심지어 인공지능 기술이 접목되어서 어느 정도의 대화도 가능합니다. 내가 좋아하는 말만 골라서 하고, 얼굴 표정으로 감정 표현도 할 수 있으며, 오르가즘을 느끼기(느끼는 척)도 합니다. 원하는 눈과 코, 심지어 얼굴을 바꿀 수도 있습니다. 취향에 따라 얼굴을 다르게 할 수도 있고, 인공지능으로 섹스 로봇의 목소리와 성격까지 바꿀 수 있으니 한 명이 아닌 수십 명의 파트너를 가진 셈이죠. 게다가 내가 원하기만 하면 언제든지 어떤 방식으로든 섹스를 할 수 있을 뿐만 아니라, 최근에는 인공지능 음성 인식 시스템을 탑재해 질투와 거절의 표현도 하는 등 제한적이지만 사람처럼 커뮤니케이션을 하기도 합니다.

가장 최근에 소개된 사만다(Samantha)의 경우는 일부러 섹스를 거절하는 기능을 넣기도 했습니다. 사만다의 피부에 센서를 넣어서 만일 그녀를 거칠게 대하거나 심한 충격을 준다고 판단될 때에는 움직이지 않게 설정해 놓은 것이죠. 센서의 정교함을 통해 상호작용 정도를 판단하게 하고, 이를 통해 부드럽고 자상한 터치를 유도한 것입니다.

또한 사람을 대할 때 필연적으로 고려해야 하는 다양한 커뮤니케이션 상황을 굳이 맞닥뜨릴 필요가 없다는 것은 얼마나 큰 장점일까요. 시간과 돈 그리고 공감과 같은 심리적 요인까지 포함해서 서로에게 호감을 느끼기 위해서 얼마나 많은 에너지를 소비해야 하는지 그 노력을 조금만 생각해 보면 섹스 로봇의 장점은 단번에 알아차릴 수 있습니다. 최근 일본의 청년 세대에게 불고 있는 '연애도 사치, 결혼도 사치'라고 믿고 있는 '사토리(さとり·달관) 세대'에게 섹스 로봇은 인간 배우자를 대신할, 어쩔 수 없지만 현명한 선택이 될 수도 있습니다. 우리나라에서도 혼밥족, 혼술족 등 혼자 생활하는 인구가 증가하는 추세에서 섹스 로봇은 외로움을 극복할 수 있는 좋은 대안이 될 수 있을지도 모르겠습니다.

⏻ 섹스 로봇이 가족 체계를 붕괴시킬까?

그러나 바로 이러한 장점으로 인해 섹스 로봇은 필연적으로 개인과 인류에게 커다란 사회적, 윤리적 문제를 야기할 것입니다. 섹스 로봇이 가상현실과 연계하여 진짜 같은 섹스 경험을 제공한다면 인간의 건강한 성적 행위는 사라질 수도 있습니다. 1993년에 큰 인기를 얻었던 영화 〈데몰리션 맨〉이 현실이 될 수도 있을 것 같습니다. 영화 속에 나오는 미래에서는 인간의 체액이 발생되는 섹스 행위를 비위생적인 것으로 간주하여 금지했고, 대신 뇌파를 활용한 자극을 나누는 방식인 사이버 섹스를 이상적인 것으로 묘사했습니다.

영화 〈데몰리션 맨〉의 사이버 섹스 장면

아직 현대의 기술은 그 정도까지는 아니어도 로봇이라는 대상물을 통해 성적 쾌감을 느낄 수 있을 정도의 단계까지는 왔습니다. 꼭 사람이 아니어도, 아니 진짜 사람이 아니기 때문에 내가 원하는 로봇으로 더 큰 쾌감을 얻을 수 있습니다. 이러한 문제 때문에 네덜란드의 로봇공학연구소는 이미 2017년에 35쪽에 걸친 보고서를 통해 섹스로봇이 사회에 미치는 영향력이 매우 크다는 점을 7개의 대주제를 통해 분석하며 규제의 필요성을 제시하기도 했습니다(Sharkey, van Wynsberghe, Robbins, & Hancock, 2017). 섹스로봇으로 인해 연애를 하지 않고, 결혼을 하지 않으며, 가족 체계가 붕괴되고, 자녀를 갖지 않는 시대가 온다면 인류는 어떻게 될까요?

인공지능과 로봇이 만나 '진짜' 같은 경험을 제공합니다

섹스 로봇이 음지에서 단지 소수의 사용자를 대상으로 할 것이라는 생각은 편견입니다. 이미 몇몇 기업은 중국에 섹스 로봇을 대량 생산할 수 있는 공장을 완공해서 글로벌 마켓을 선점하려는 발 빠른 움직

남성 섹스 로봇 존과 여성 섹스 로봇 쉴라(그림 17)

임을 보이고 있습니다. 광저우의 한 공장에서는 매년 3,000개를, 그리고 다롄의 한 공장에서는 연 5,000개의 섹스 로봇을 생산하기 시작했습니다.

또한 섹스 로봇이 새로운 성매매 시장을 만들기도 합니다. 스페인과 영국, 프랑스, 독일 등에서는 시간당 10만 원을 내고 로봇과 성행위를 할 수 있는 사업이 지속적으로 확산되고 있습니다. 캐나다 토론토에 위치한 섹스토이 회사 킨키스돌스(KinkySdollS)는 인공지능을 강화한 섹스 로봇을 앞세워, 2018년 캐나다 토론토에 1호 성매매 업소를 냈고, 2020년까지 미국 전역에 10개 지점을 열 계획입니다. 예를 들어, 엠마(Emma)는 학습을 통해 사용자와의 커뮤니케이션이 가능한데, 질투와 거절의 표현도 하고, 다양한 종류의 신음 소리로 사람처럼 커뮤니케이션을 하기도 합니다. 170cm의 키에 41kg, 그리고 DD 사이즈의 가슴을 갖고 있는 그녀는 실리콘 재질의 피부를 갖고 있지만, 36.5도의 체온을 유지할 수 있는 온열 시스템을 장착하고 있어 따듯하고 부드러운 느낌을 줍니다. 눈의 움직임은 물론, 윙크와 웃음까지 지으며 파트너와 사랑을 할 수 있는 감정 전달 기능이 있어, 충분히 학습이 될 경우 어느 정도의 개인적인 커뮤니케이션이 가능하다고 회사 측은 이야기 합니다. 만일 우리나라에서 섹스 로봇과 성행위를 하는 사업이 시작된다면 법적으로 어떤 처벌을 가할 수 있을까요? 이것을 성매매로 인정해서 성매매특별법으로 처벌할 수 있을까요? 아니면 이에 대한 새로운 법률을 만들어야 할까요?

이러한 현상에도 불구하고 여전히 수백만 원에서 천만 원대에 이르는 가격은 대중화의 가장 큰 장벽으로 남습니다. 아직은 인간처럼 자연스럽지 않다는 점도 사용자에게 긍정적인 태도를 형성하지 못하게 만드는 단점으로 지적됩니다. 처음에는 호기심으로 섹스 로봇을 긍정적으로 평가하지만, 로봇이 인간과 유사해짐에 따라 로봇에 대한 평가가 엄격해지는 문제도 있습니다. 상당한 기술 진보가 이루어진 일정 시점에서 부정적 평가를 내리기 때문이죠. '불쾌한 골짜기'에 빠지는 것입니다. 이를 극복하기 위해서는 최대한 인간과 비슷해야 합니다. 이 골짜기에서 머무는 시간이 길어지게 되면 될수록 그만큼 섹스 로봇 시장의 확대는 요원합니다.

아직은 섹스 로봇이 4차 산업 분야에서 주요 화두로 다루어지지 않지만, 머지않아 많은 사람의 관심을 끌게 될 이유는 사회구조의 변화 때문입니다. 결혼을 하지 않는 1인 가구가 증가하고, 섹스 로봇의 가격이 떨어지며, 인간과의 유사성이 증가하면 섹스 로봇의 수요자도 자연스럽게 증가할 것입니다.

섹스 로봇까지는 아니어도 현재 섹스를 더 실감 나게 즐길 수 있는 방법은 많이 있습니다. 눈에는 가상현실 기기인 '오큘러스 리프트(Oculus Rift)' 헤드마운트디스플레이(Head-Mounted Display, HMD)를 쓰고, 귀에는 가상현실용 오디오시스템인 '투빅이어스(Two Big Ears)'를 꽂은 후, 노빈트(Novint)사의 팔콘(Falcon)이라는 촉각기구(haptic device)를 연결시켜, 텐가(Tenga)의 자위기구를 착용한다면, 인간과의 육체적 관계보다 오히려 더 큰 만족감을 느낄 수 있습니다. 가상현실을 통해 마치 실재와 같은 시각적 경험을 하고, 다양한 액세서리를 통해 오감을 자극하는 풍부한 경험으로 상호작용하면서 몰입이 가능하기 때문입니다. 이러한 이유로 성인용 가상현실 시장을 2025년에 10억 달러(약 1.2조 원) 규모로 커질 것으로 예측합니다(Market Research Engine, 2018.11).

2013년 미국에서 개봉된 영화 〈그녀(Her)〉는 2025년을 배경으로 사람과 운영체제(Operating System, OS)의 정신적 사랑을 다루고 있습니다. 영화에서 그려지는 2025년에는 OS가 인공지능을 기반으로 사용자와 교감할 수 있게끔 스스로 진화했습니다. 이제 현실에서 로봇과 이러한 사랑을 할 날이 머지않을 것입니다. 게다가 육체적 사랑도 가능하니 로봇 배우자에 대한 친밀도는 인간의 그것에 견주어 봐도 큰 차이가 없게 될 것입니다. 섹스 로봇을 음란물이나 웃어넘길 수 있는 오락기기로 치부하기에는 그 중요성이 너무 큽니다. 섹스 로봇으로 인한 사회적 우려가 서서히 나올 것이고, 이에 대한 진지한 사회적 논의가 조만간 이루어질 것입니다.

로봇, 내 일자리를 빼앗은 대신 세금을 내라

'인공지능과 로봇이 인간의 일자리를 뺏을 것인가?'에 대한 논쟁이 한창입니다. 보스턴 컨설팅 그룹은 2025년까지 인공지능이 전 세계 일자리의 25%를 대체한다고 말하고, 옥스퍼드 대학의 보고서에서는 현재 미국 내 직업의 47%, 영국의 35%가 2030년까지 사라진다고 예측했습니다(Wakefield, 2015.09.14). 포레스터 연구소는 2027년까지 미국에서만 2,470만 개의 일자리가 사라지고, 새롭게 1,490만 개의 일자리가 생겨서 결국 980만 개의 일자리가 줄 것으로 예측했고(Forrester, 2017.04.03), 4차 산업혁명이란 용어를 유행시킨 세계경제포럼(World Economic Forum, 2016)은 2020년까지 전 세계에서 일자리 710만 개가 사라지고 200만 개가 새로 생겨서 총 510만 개의 일자리가 줄어들 것이라고 말합니다. 매년 선보이는 미래 직업 예측 보고서는 인공지능과 로봇이 인간의 일자리를 빼앗을 것이라며 공통되게 부정적인 미래를 그립니다. 이러한 여러 미래 보고서는 우리를 우울하게 합니다.

⏻ 빌 게이츠가 던진 새로운 화두

이런 이유에서일까요? 마이크로소프트의 창업자 빌 게이츠(Bill Gates)는 2017년 2월에 진행했던 인터뷰를 통해서 인간을 대체하는 로봇을 사용할 경우 로봇 사용자에게 소득세 수준의 세금을 부과해야 한다고 주장했습니다. 빌 게이츠 외에도 미국의 상원의원인 버니 샌더스(Bernie Sanders)와 영국 노동당의 당수 제레미 코빈(Jeremy Corbyn) 등도 로봇세 도입을 주장하는데, 이들이 주장하는 로봇세의 근거는 로봇 자동화로 인해 급격하게 사라질 일자리를 유지하기 위해, 그리고 직장을 잃은 노동자들을 지원하기 위해 세금을 거둬 이들을 지원하는 프로그램을 만들어야 한다는 것입니다.

로봇세 도입에 대한 논의를 시작한 미국 샌프란시스코시

로봇세의 정당성을 이해하기 위해서는 로봇의 존재 가치에 대한 논의가 선행되어야 합니다. 그렇지 않으면, 이제까지 소위 3차 산업혁명 시대에 존재해 왔던 공장 자동화의 경우 왜 세금을 부과하지 않았는가에 대한 논쟁부터 시작해야 하기 때문입니다. 대량생산을 가능하게 만들었던 포디즘(Fordism)과 컴퓨터를 이용한 생산 자동화를 통해 효율성을 극대화한 생산설비체계를 갖춘 시스템에 대해서는 세금을 부과하지 않고, 로봇에게만 세금을 부과한다는 주장을 한다면 이전과는 어떤 차별점이 있는가에 대한 논의가 필요한 것이죠.

2017년 1월과 2월은 로봇과 관련한 인류 역사에 의미 있는 달로 기록될 것입니다. 2017년 1월 12일, EU 법제사법위원회는 로봇에게 '전자 인간(Electronic Persons)'이라는 법적 지위를 부여하는 '로봇 시민법(European Civil Law Rules on Robotics)'을 찬성 17표, 반대 2 표 그리고 기권 2표로 제정·결의했습니다. 로봇시민법의 의미는 고도로 정교한 자동화 기능을 갖춘 로봇은 '전자 인간'으로서의 권리와 의무를 동시에 부여한다는 것을 의미합니다. 즉, 로봇이 자율권 (Autonomy)을 가진 경우 의사 결정에 대한 책임을 로봇 자신이 져야 한다는 것입니다. 이제는 로봇에게 자율권이 내재하기만 한다면, 인간과 마찬가지로 권리는 물론 책임을 진다는 점에서 로봇과 인간과의 관계에 신기원을 연 것이죠.

로봇시민법 내용(표 2)

법적 지위	정교한 자동화 기능을 갖춘 로봇은 '전자 인간'으로서의 권리와 의무를 가짐
주요 원칙	아시모프의 법칙(Asimov's Three Laws of Robotics)을 따름 1. 로봇은 인간에게 해를 입혀서는 안 됨 2. 1원칙에 위배되지 않는 한 로봇은 인간의 명령에 복종해야 함 3. 1원칙과 2원칙에 위배되지 않는 한 로봇은 자신을 보호해야 함
권고 내용	로봇 공학의 사회적, 환경적 그리고 인체 건강에 미치는 영향에 대해 누가 책임질 것인지 규제하고, 법적, 윤리적 기준에 따라 운영되는 것 등을 포함한 자발적인 윤리적 행동 강령 예: 로봇 제작자가 비상사태 시 로봇을 끌 수 있도록 '동작 정지(kill)' 스위치를 포함할 것

'로봇시민법'의 제정과 더불어 자발적인 윤리적 행동 강령도 함께 제안했습니다. 로봇 공학의 사회적, 환경적 그리고 인체 건강에 미치는 영향에 대해 누가 책임질 것인지를 규제하고, 법적, 윤리적 기준에 따라 운영되는 것 등이 이에 포함됩니다. 예를 들어, 이 강령에서는 로봇 제작자가 비상사태 시 로봇을 끌 수 있도록 '동작 정지(kill)' 스위치를 포함하는 것을 권고하고 있습니다. 로봇을 만들 때 제작자가 지켜야 할 윤리강령은 로봇의 제작 원칙이라는 주제로 오랫동안 논의되어 왔습니다. EU 법제사법위원회에서도 제안한 로봇의 윤리 행동 강령은 이미 1950년에 아이작 아시모프가 쓴 《아이, 로봇(I, Robot)》이란 책에 기인한 아시모프의 법칙(Asimov's Three Laws of Robotics)을 그대로 가져온 결과입니다.

이제까지 로봇의 제작 원칙으로 가장 보편적으로 받아들여진 아시모프의 법칙은 로봇에 관한 세 가지 법칙을 말하고 있습니다. 이 법칙은 지금도 그대로 통용될 정도로 명확한 로봇의 원칙을 밝히고 있죠. 첫 번째 원칙은 '로봇은 인간에게 해를 입혀서는 안 된다. 인간이 해를 입는 것을 모른 척해서도 안 된다'입니다. 이는 로봇의 존재 이유가 인간을 위한 것이라는 대원칙을 천명한 것입니다.

인공지능 로봇의 윤리 강령은 지켜질 수 있을까요? 러시아의 군사용 로봇 '효도르(FEDOR)'

이러한 대원칙 때문에 앞으로 로봇이 개발되는 데 있어 인간을 위협하지 못할 것이라는 낙관적 관점을 갖게 되는 것입니다. 그리고 두 번째 원칙은 '1원칙에 위배되지 않는 한 로봇은 인간의 명령에 복종해야 한다'는 것입니다. 인간에게 해를 입히지 않고, 인간이 위험한 상황에 빠지지 않는 상황에서 로봇은 무조건 인간의 명령에 복종해야 함을 의미합니다. 비록 로봇이 자율적 존재로 만들어진다고 하더라도, 인간에 의해 종속되어 있음을 정의한 것이죠.

마지막으로 세 번째 원칙은 '1원칙과 2원칙에 위배되지 않는 한 로봇은 자신을 보호해야 한다'입니다. 로봇은 자율권을 가진 '전자 인간'으로 존재하기에 자신의 생명과 안위를 보호해야 함을 밝히는 것입니다.

⏻ 로봇 해악 방지, 인공지능의 윤리와 가치

미국에서는 인공지능을 연구하는 전문가들의 모임에서 인공지능이 가져올 위험을 피하고 인류 공영의 발전을 위한 노력을 전개하고 있습니다. 가장 유명한 것은 2017년 1월 6일 미국 캘리포니아의 아실로마에서 열린 인공지능 컨퍼런스에서 '아실로마 인공지능 원칙(Asilomar AI Principles)'을 천명한 것입니다.

이 원칙은 인공지능이 미래에 모든 사람의 삶을 개선하는 데 사용될 수 있도록, 인류에게 이로운 방향으로 인공지능을 발전시키기 위한 일종의 가이드라인이라고 볼 수 있습니다. 5개의 연구 이슈와 13개의 윤리와 가치, 그리고 5개의 장기적 이슈 등 총 23개 원칙을 공표한 '아실로마 인공지능 원칙'은 알파고를 만들어 유명해진 데미스 하사비스를 비롯해서 약 1,200명의 인공지능 및 로봇 연구자, 스티븐 호킹, 일론 머스크 등 2,300명이 넘는 전문가들이 서명함으로써 그 영향력을 엿볼 수 있습니다.

23개의 내용을 살펴보면, 이 원칙이 무엇을 지향하는지 분명히 알 수 있습니다. 먼저 연구 목표를 살펴보면, 인공지능 연구의 목표는 방향성이 없는 지능을 개발하는 것이 아니라 인간에게 유용하고 이로운 혜택을 주는 지능을 개발해야 한다고 명시함으로써 인간을 위한 인공지능임을 밝히고 있습니다. 또한 인공지능 개발에 있어 인공지능 연구자와 정책 입안자 그리고 개발자 간의 건전한 교류와 협력, 신뢰, 안전 등의 관계를 설정함으로써 인공지능 발전을 위한 건설적인 연구 문화를 지향하고 있습니다.

두 번째로 윤리와 가치 부분을 살펴보면, 인공지능을 개발하는 과정에서 발생하는 인간 가치 침해나 개인 정보 보호, 자유에 대한 침해 등에 대한 책임 있는 행동과 가치를 준수하고자 하는 노력이 담겨 있습니다. 또한 인공지능이 일부의 이익을 가져오기 위한 기술이 아니라 인류 공동 번영을 위한 기술로써 인공지능에 의해 만들어진 경제적 번영은 널리 공유되어야 한다는 점을 명시하고 있습니다. 마지막으로, 장기적 이슈는 인공지능이 가져올 인류에 대한 위협을 방지하고 인류의 공동선을 추구하기 위한 구체적 실천 방안을 담고 있습니다. 가령, 인공지능은 한 국가나 조직이 아닌 모든 인류의 이익을 위해 개발되어야 하고, 엄격한 안전 및 통제 조치를 받아야 한다는 식이죠.

이와 같은 원칙들은 궁극적으로 인공지능과 로봇이 가져오는 해악을 방지하기 위한 최소한의 원칙이며 기술 발전에 따른 인간의 고뇌를 담은 매우 기본적인 원칙입니다. 그러나 이러한 원칙이 정말 지켜질 수 있을까 의심이 듭니다. 우리는 이미 많은 영화와 책에서 살상용 로봇을 봤습니다. 대표적인 영화로 〈터미네이터〉를 들 수 있겠죠. 인공지능과 로봇의 능력은 인간의 상상력을 초월할 정도로 발전할 수 있습니다. 그렇기 때문에 인간이 이성적이고 합리적으로 이러한 원칙을 지켜질 수 있도록 인공지능과 로봇을 통제해야만 합니다.

그러나 이미 현실에서 살상용 로봇의 위협이 존재하고 있습니다. 예를 들어 2016년 7월 미국 텍사스주 댈러스 경찰이 로봇을 투입해 경찰 저격범을 사살한 사건은 커다란 윤리 논쟁을 일으켰습니다. 당시 사용한 로봇은 자율성을 가진 로봇이 아니라 인간이 원격 조정을 해서 특정 지점까지 보낸 후 폭탄을 터트리는 '폭탄 로봇'이었습니다. 비록 원격조정 방식을 취했다고 하더라도, 로봇을 이용한 민간인 살상은 로봇 사용에 관한 윤리적 논쟁을 불러일으켰습니다. 미국은 이미 해외 전쟁터에서 오랫동안 로봇을 전투에 투입해서 사용해 왔지만, 미국 내에서 로봇을 살상용으로 사용한 것은 처음이었기 때문에 그 파급력은 더 컸습니다.

또 다른 예로는 다르파(DARPA)로 잘 알려진 미국방위고등연구계획국(Defense Advanced Research Projects Agency)의 로봇에 대한 관심입니다. 다르파는 군사적 용도로 사용하기 위한 로봇 연구를 위해 2010년 이후

2015년 개최된 '다르파 로보틱스 챌린지' 결승전

2018년까지 약 30억 달러(3.5조 원)의 예산을 지출했습니다(Webb, 2018.02.19). 2012년부터 2015년까지 개최한 '다르파 로보틱스 챌린 지'는 한 예일 수 있습니다. 우승 상금 200만 달러(23억 원)를 포함해 350만 달러(40억 원)의 상금이 걸려 있는 이 국제 로봇 대회는 육체적 기술, 민첩성, 지각력 그리고 인지능력을 시험함으로써 인간이 처리할 수 없는 과업을 로봇이 대신하게 한다는 명목으로 대회를 진행했습니다. 이밖에도 미국 국방부는 전투 병력에게 도움을 주기 위한 지상용 로봇을 개발하기 위해 2018년에만 7억 달러(8,000억 원)의 예산을 사용했습니다(Klein, 2018.08.14).

다르파의 로봇 연구가 당장에 살상용 로봇으로 전환되지는 않겠지만, 미국 국방부의 연구와 개발 부문을 담당하는 부처가 살상용으로 사용되지 않을 로봇 연구만 할 것인지는 알 수 없습니다. 또한 국방부가 진행하는 로봇 개발이 평화적인 목적으로만 사용될 것인가 하는 의문 또한 늘 제기되고 있습니다. 로봇은 인간을 위해서 존재한다는 명제가 어떤 인간, 특정 국가와 민족, 또는 특정 계급을 위할 수 있는 논리로 사용될 개연성이 있기 때문에 '아시모프의 원칙'과 '아실로마 인공지능 원칙'은 늘 불안합니다.

로봇세 도입 부결, 기술혁신에 방해

다시 로봇세로 돌아가 보겠습니다. 로봇에게 '전자 인간'이라는 법적 지위를 부여하는 '로봇시민법'이 통과된 지 한 달 후인 2017년 2월 17일, 유럽 의회에서는 로봇세 도입에 대한 결의안 투표가 있었습니다. 로봇이 시민의 역할을 하게 됐으니, 시민이 갖는 주요한 의무인 세금 문제를 다루는 것은 당연한 논리적 귀결일 것입니다.

　로봇의 도입에 의한 노동시장의 변화를 예측하고 이에 따른 문제를 예방하기 위한 시도인 로봇세 도입 결의안 투표는 인류 노동시장의 한 획을 긋는 중대한 일임이 틀림없습니다. 그러나 투표 결과는 반대 396표, 찬성 123표, 그리고 기권 85표로 로봇세 도입을 부결시켰습니다. 2017년 1월과 2월의 상황을 정리하면, 로봇에게 '전자 인간'이라는 권리와 책임을 부여했지만, 막상 로봇세 도입은 부결함으로써 로봇이 인간과 같은 책임은 갖지 않는다고 결론 내린 것입니다.

　로봇세 도입이 부결된 이유에는 이러한 세금 제도가 혁신에 방해된다는 점이 가장 결정적이었습니다. 인공지능과 로봇 개발로 인해 인

로봇세 찬반 논쟁 비교(표 3)

로봇세 찬성	– 급격하게 진행되는 자동화가 발생시킬 실직 사태의 속도를 늦추고 실작자를 지원하기 위한 재원을 마련하기 위해 필요 – 로봇 도입으로 현재 산업을 붕괴시키는 경우 사회적 대혼란이 발생되기 때문에, 대체될 노동자에 대한 지원제도가 보장돼야 로봇 도입이 빠르게 촉진 가능함 – 수많은 인력이 로봇으로 대체될 경우 로봇세를 거둬서 실작자 재교육이나 지원에 써야 함
로봇세 반대	– 아직 본격화되지도 않은 산업에 부과되는 세금은 혁신에 방해물 – 가격 왜곡으로 인한 사중손실(dead weight loss)이 생겨 사회후생의 감소 – 로봇을 도입해 생산성 증가시킨 후, 사후적으로 일자리를 잃은 사람들에게 보상 가능 – 어떤 로봇에게 세금을 매기는가? 협업 로봇처럼 보완하는 경우에도 세금을?

류 역사상 전대미문의 새로운 기회가 만들어질 수 있음에도 세금 제도로 인해 발전의 방해물이 생기면 안 된다는 논리입니다. 또한 완전경쟁시장에서 세금, 관세부과 등 정부의 개입으로 발생하는 사회적 손실로 사회 후생이 감소한다는 문제 제기와 로봇을 도입해 생산성이 증가하면 이후 일자리를 잃은 사람들에게 보상할 수 있음에도 불구하고 너무 성급한 정책적 판단이라는 비판에 더 무게가 실린 셈이 된 것입니다.

EU 의회에 제출된 '로봇시민법'의 내용이 담긴 보고서에는 로봇과 인공지능이 다양한 산업을 자동화함으로써 사실상 무제한적인 번영을 이끌어낼 수도 있지만, 이는 고용에 중요한 영향을 미칠 것이라는 점을 지적하고 있습니다. 고용과 관련된 문제점을 해결하기 위해서 다양한 논의가 진행되겠지만, 로봇세는 그 중심에 있습니다.

앞서 소개했다시피, 2017년 기준 우리나라 노동자 1만 명당 산업용 로봇의 숫자는 710대로 세계 로봇 밀도 순위 1위입니다. 세계 평균이 85대이니 우리나라 제조업에서 얼마나 로봇을 많이 도입했는지 한눈에 알 수 있습니다. 또한 이러한 산업용 로봇에 더해 앞으로 우리의 일상

로봇으로 대체될 직업이 무엇인지 확인할 수 있는 사이트

생활 곳곳에 파고들 로봇의 쓰임새는 적용 분야가 무궁무진할 뿐만 아니라 효율성 면에서도 인간을 압도할 수 있습니다. 로봇의 확산으로 제조업에서는 실업이 가속화되고, 미래의 고용은 더욱 심각해질 텐데 우리나라에서는 로봇세 논쟁이 이루어지고 있지 않습니다.

로봇세 논쟁은 미래 사회에서 복잡하게 논의될 주요 이슈를 담고 있습니다. 급격하게 발전되는 인공지능이 발생시킬 실직 사태를 어떻게 준비할 것인가는 복지 차원의 문제가 아닌 생존의 문제로 인식해야 합니다. 기본소득 보장과 노동자 재훈련, 기술 발전 속도의 완급 조절과 실직자를 지원하기 위한 재원 마련 등의 논의는 사회적 합의를 위한 첫 번째 출발점이 될 것입니다. 미래를 준비하기 위해 정부와 기업 그리고 시민이 참여하는 상생 방안의 마련이 필요합니다.

미래는 어떤 콘텐츠를 선택할 것인가

생활을 채우는 콘텐츠

05

언제 어디서나 콘텐츠를 골라드립니다

기술 혁신으로 인한 콘텐츠와 미디어의 변화

넷플릭스 때문에 스트리밍 서비스가 널리 알려졌습니다. 컴퓨터나 스마트폰에 저장을 하지 않고도 실시간으로 끊김 없이 다양한 모바일 기기에서 영상을 볼 수 있다는 것은 꽤나 매력적입니다. 그러나 수천 편이나 되는 영상 중에 내가 좋아하는 것을 어떻게 찾을 수 있을까요? 내가 좋아하는 영상을 알아서 보여 주기 위해서는 데이터 분석이 필요합니다. 이를 통해 큐레이션 서비스가 가능합니다. 또한 UX 서비스의 개선은 필수적입니다. 다층적이며 다원적인 사용자 행동을 분석해서, 사용자의 취향에 꼭 맞는 콘텐츠를 추천하는 데이터 기반 개인화 콘텐츠 서비스가 제공될 때에야 비로소 스마트미디어 시대에 걸맞게 됩니다.

데이터에 기반을 둔
미디어 생태계의 변화

미디어는 생태계를 이루고 있습니다. 이 생태계는 크게 네 개의 산업으로 분류합니다. 콘텐츠(Content), 플랫폼(Platform), 네트워크(Network), 디바이스(Device)가 그 주인공입니다. 이를 줄여서 C-P-N-D라고 합니다. 그 어느 것 하나 중요하지 않은 것이 없지만, 가장 핵심적인 것은 역시 콘텐츠입니다. 다른 세 개의 존재 이유는 결국 사용자가 콘텐츠를 소비하기 위해 존재하기 때문입니다.

프로야구 플레이오프 경기를 본다고 생각해 보죠. 이때 야구 경기가 바로 콘텐츠입니다. 그런데 우리는 이 경기를 바로 P, N, D가 있기 때문에 볼 수 있습니다. 지상파 방송이나 네이버TV 또는 카카오TV를 통해서입니다. 이것이 플랫폼입니다. 그러면 이런 서비스만 있으면 끝인가요? 아닙니다. 지상파 방송을 보기 위해서는 안테나가 있어야 하고, 유료 채널인 케이블 방송 또는 IPTV에 가입해야 합니다. 이때 전파나 케이블, 인터넷을 네트워크라고 합니다. KT, LG유플러스, SK텔레콤 등이 네트워크 회사입니다. 마지막으로 이 콘텐츠를 볼 수 있는 TV나 스마트폰이 필요하겠죠. 이것이 디바이스입니다. 삼성전자나 LG전자, 애플이나 샤오미가 이에 속합니다.

미디어 생태계는 늘 활발히 움직입니다. 기술의 변화가 급격하게 이루어지고 있고, 미디어의 소비 양식이 변화하기 때문이죠. 기술의 발전은 융합을 가져오면서 동시에 해체를 가속합니다. 디지털 융합으로 인한 인터랙티비티(interactivity)의 특징은 시청자를 사용자로 만듭니다. 단순히 보는 것에 그치는 것이 아니라, 직접 작동시키죠. 텔레비전으로 시청하던 콘텐츠는 이제 포털 또는 소셜미디어에서 소비되어 분화되고 있으며, 다플랫폼화되고 있습니다.

플랫폼의 외연은 확장되고 심도는 깊어지며 시간과 장소의 장벽은 허물어집니다. 가전은 물론 전통적인 의미의 미디어와는 연관이 없었던 기기 분야까지 디지털 디스플레이화가 빠르게 진행되고 있습니다. 냉장고에서 동영상을 보거나 화상채팅을 하고, 식탁에서 동영상으로 주문을 하며, 자동차 유리는 거대한 스크린으로 변화하고 있습니다. 전통적인 경계가 흐려지는 것을 넘어 사라지고 있습니다.

미래의 디스플레이

⏻ 짧고, 재밌고, 내 맘대로 볼 수 있는 콘텐츠

미디어 생태계의 변화는 미디어 소비자의 행동을 변화시킵니다. 그렇다고 기술결정론을 의미하는 것은 아닙니다. 기술의 진보가 사회 추동의 근본 요인이고, 복잡한 사회체계를 이끄는 결정요인은 아니라는 것입니다. 인텔에서 인간 행동과 기술에 관한 연구를 하는 연구소(Interaction and Experience Research)의 소장이었던 벨(Genevieve Bell) 박사는 기술이 인간을 변화시키는 것이 아니라, 인간이 기술에 의해 변화되는 것을 '선택한다'라고 말합니다. 즉, 쉴 새 없이 쏟아지는 새로운 기술 중 인간은 자신에게 적합한 기술을 선택하고, 인간이 만들어갈 환경에 맞는 기술만이 살아남는다는 것이죠. 저 역시 전적으로 그 의견에 동의합니다.

미디어 소비자의 행동을 이해하기 위해서는 인간이 가진 기본적인 속성을 이해해야 합니다. 인간은 본성적으로 모바일입니다. 수렵과 채집을 생활 기반으로 했던 시대는 말할 것도 없고, 농경 사회와 산업 사회, 그리고 지금의 정보화 사회에서도 거주의 의미만 달라졌을 뿐, 인간은 기본적으로 걷고 뛰며 생존을 위해 그리고 생활을 위해 움직입니다.

소셜(Social)은 어떤가요? 우리는 늘 함께했습니다. 가족과 이웃과 지역사회와 함께했죠. 기술은 이러한 인간의 기본적인 속성을 충족시키는 역할을 합니다. 결국 이러한 인간의 속성을 이해하는 기술만이 살아남는 것이며, 이러한 환경이 유행이 되고 문화가 되는 것입니다. 이런 의미에서 스낵컬처는 디지털과 모바일에 최적화된 문화입

니다. 배가 출출할 때 간단히 먹는 스낵처럼, 스낵컬처(Snack Culture)
는 짧고, 재미있고, 단순하면서도, 작은 디스플
레이에 최적화된 콘텐츠를 향유하는 문화를 말
합니다. 그리고 디지털 모바일 시대에는 이러한
문화가 디지털 기술과 인간의 필요를 절묘하게
일치시키죠. 스낵컬처에 대한 구체적인 이야기
는 다음 장에서 다루겠습니다.

대표적인 스낵컬
처 사이트 딩고
스튜디오

    디지털 기술은 지난 10여 년 동안 인터넷 기술을 활용한 다양
한 서비스를 시도했습니다. 스트리밍(Streaming) 서비스, 주문형(On
Demand) 서비스, 인터랙티브(Interactive) 서비스, 데이터 기반 사용
자 추천 서비스 등을 통해 방송 서비스를 변모시켜 왔죠. 그 결과 영
상 산업은 혁신적인 디지털 기술의 전시장으로 변모했고, 이에 따라
영상이 갖는 의미는 단순히 보고 즐기는 것을 넘어서 혁신 경험을 가
능하게 만드는 산업으로 성장했습니다.

⏻ 아직 갈 길 먼 개인화 콘텐츠 서비스

    디지털 영상 콘텐츠와 관련된 시청 행태의 핵심은 스트리밍과 큐
레이션(curation) 서비스입니다. 이 두 가지 특징은 앞으로도 계속될
것입니다. 스트리밍은 이미 우리가 익숙하게 사용하고 있습니다. 유튜
브나 아프리카TV 등 동영상을 저장하지 않고 플레이 버튼만 누르면
시청할 수 있는 것을 말하니까요.

    그런데 스트리밍 서비스가 생각처럼 그렇게 단순하지 않습니다.

넷플릭스와 디즈니의 대격돌. 누가 사용자에게 최적 경험을 더 제공할까요?(그림 18)

스트리밍 서비스가 온전히 사용자의 선택에 의해서 골라보는 재미를 강조하지만, 이럴 경우 사용자는 수많은 옵션 중에서 자신이 가장 원하는 것이 무엇인지 선택해야 하는 어려움에 직면하게 됩니다. 매일 먹는 점심식사 메뉴를 고르기가 얼마나 어려운가요? 한식, 중식, 분식과 같이 식사 종류를 고르는 것부터 선택이 시작됩니다. 중국집에 가면 이젠 메뉴 선택의 고민이 시작됩니다. 자장면을 먹을지, 짬뽕을 먹을지 말입니다.

선택이 요구되지만, 결정은 늘 어렵습니다. 따라서 스트리밍 서비스는 언제 어디서나 원하는 영상을 볼 수 있다는 특징을 넘어, 이제는 사용자 최적 경험이라는 중대한 요구에 직면합니다. 사용자 최적 경험은 디지털 시대의 핵심 가치가 될 것입니다. 특정 환경에서 특정 콘텐츠를 사용할 때 사용자가 가장 큰 만족감을 얻을 수 있는 요인이 무엇인지 찾아내는 기업만이 살아남을 것입니다.

경험의 과정이 즐거워야 하는데, 선택이 다양할수록 그만큼 고민의 폭이 넓어지게 됩니다. 그래서 자연스럽게 큐레이션 서비스의 중요성이 부각됩니다. 그렇다면 큐레이션 서비스를 하기 위해서 필요한 것은 무엇일까요? 바로 데이터입니다.

대표적인 비디오 스트리밍 큐레이션 서비스 '왓챠'

스트리밍 서비스를 통해 사용자가 최적 경험을 하기 위해서 데이터의 활용은 필수적입니다. 스트리밍 서비스가 단지 인터넷 프로토콜을 통해 원하는 방송을 본다는 관점에만 머문다면 이는 90년의 주문형 비디오(Video on Demand: VOD) 수준입니다. 스트리밍 서비스는 어마어마한 양의 데이터 분석과 연관되어 있습니다. 이를 통해 시청자에게 꼭 맞는 동영상을 제공할 수 있고, 이는 최고의 경험을 제공할 수 있는 시발점이 됩니다. 연장선상에서 사용자 경험을 증진하기 위한 사용자 경험 서비스의 개선은 필수적입니다. 특히 모바일과 같은 작은 크기의 디스플레이에서 구현 방식을 어떻게 최적화시킬 것인가는 핵심 가치가 될 것입니다.

이러한 서비스를 가장 잘 구현하는 곳을 하나만 꼽으라면 저는 유튜브를 선택하겠습니다. 2018년 기준으로 유튜브는 전 세계 91개국에서 매달 19억 명이 로그인을 하며 50억 개의 비디오 영상을 보는, 구글 다음으로 가장 큰 검색 엔진입니다. 1분마다 300시간 분량의 고선명(High Definition) 비디오를 포함해서 400시간 분량의 비디오가 업로드되고 있으며, 현재 약 13억 개의 비디오가 저장되어 있는 것으로 알려졌죠.

유튜브의 성공 원인은 추천 알고리즘입니다. 내 취향을 잘 분석해서 내가 좋아할 만한 콘텐츠만 추천해 주기 때문에 계속해서 유튜브에 머물게 됩니다. 사용자가 좋아하는 영상이 제공될 수 있는 이유는 인공지능을 활용한 추천 서비스 때문입니다. 유튜브 동영상의 70%를 인공지능이 추천하는 것으로 알려져 있는데, 이로 인해 동영상 하나를 보고 나면 또 다른 눈길을 끄는 동영상이 연이어 나와, 계속해서 영상을 보게 되는 식이죠. 이 추천 서비스 기술은 구글 브레인 팀이 개발한 텐서플로우(TensorFlow)라는 오픈소스 라이브러리에 의해 만들어졌는데, 유튜브 모델은 약 10억 개의 매개 변수(parameters)를 배우고 수천 억 개의 예제로 훈련하며 개발됐습니다.

유튜브 추천 시스템은 크게 두 개의 신경망으로 구성됩니다. 먼저 추천을 하기 위해 수백만 개의 비디오에서 고른 수백 개의 후보 비디오 군(Candidate Generation)을 만들고, 이 수백 개의 후보 군에서 10여 개의 비디오를 순위(Ranking)를 매겨 제시합니다. 먼저 수백 개의 영상을 고르는 단계에서는 크게 사용자의 특성과 비디오의 특성이 정의되는데, 이 단계의 학습 과정에서는 사용자가 비디오를 끝까지 본 경우를 좋은 사례로 그리고 스킵을 했을 경우를 부정적인 사례로 훈련시킵니다. 비디오의 특성 분석도 중요합니다. 무엇보다도 시간에 대한 훈련이 가장 중요합니다. 상대적으로 오래전에 업로드된 동영상이 많이 노출되기 때문에 비디오의 나이를 설정해서 오래된 아이템이 더 자주 추천되는 것을 방지하는 식이죠.

순위를 매기는 단계는 더욱 복잡합니다. 수백 개의 특성을 분석하는데 무엇보다도 가장 중요하게 평가되는 것은 사용자의 과거 사용 경험입니다. 사용자가 이 채널에서 몇 개의 동영상을 보았는지, 이 주제에 대한 동영상을 마지막으로 본 시간은 언제인지 등을 분석합니다. 물론 동영상 역시 정교화됩니다. 그간 추천되었는데도 불구하고 시청되지 않은 동영상은 순위를 뒤로 밀고, 감상 시간이 길어질수록 가중치를 더 부여하기도 합니다.

결국 추천 시스템의 장점은 내가 좋아하는 콘텐츠에 지속적으로 노출됨으로써 '알아서 다 해 주는' 편리함을 누릴 수 있다는 것입니다. 아직까지 충분히 만족할 만한 결과가 지속적이면서도 안정적으로 제시되지 못하기 때문에, 이러한 기술 발전은 진행형입니다. 고객

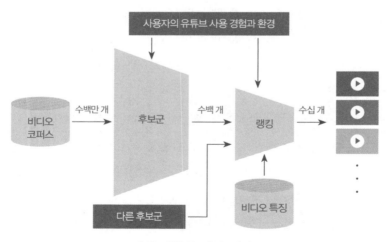

유튜브 추천 알고리즘(그림 19)

162

의 사용자 경험을 최적화하기 위해서 사용자의 행동 패턴을 읽어야 하는데, 데이터를 분석한 후 이를 알고리즘 모델링하는 것이 아직 정확하지 않습니다. 사용자 행동은 다층적이며 다원적이기 때문에 어렵습니다. 빅데이터를 분석하고 예측 가능한 알고리즘을 만들어 사용자의 취향에 꼭 맞는 영화와 프로그램 등을 추천하는 데이터 기반 개인화 콘텐츠 서비스가 제공되는 세상이 오기까지 아직 많은 시간이 필요할 것 같습니다.

잘 키운 캐릭터 하나,
열 기업 안 부럽다

4차 산업혁명의 시기에도 콘텐츠는 가장 중요한 산업으로 빛날 것입니다. 모든 것이 연결되고 스마트해진다고 하더라도 결국 인간을 즐겁게 만드는 것은 콘텐츠입니다. 콘텐츠에는 수많은 종류가 존재합니다. 가장 친근한 콘텐츠는 방송 영상 콘텐츠일 것입니다. 음악과 영화도 빠지지 않겠죠. 만화는 2017년 기준으로 1조 원 시장으로 커졌으니 웹툰의 인기가 얼마나 많은지 알 수 있습니다. 게임은 특히 젊은층에게 압도적인 사랑을 받고 있죠.

게임의 인기를 게임이 아닌 게임 방송으로 설명해 볼까요. 일반인들에게는 낯설지만, 게이머라면 모르는 사람이 없는 '트위치(Twitch)'라는 1인 게임 방송이 있습니다. 전 세계적인 인기를 끌고 있는데, 최근 어떤 게임이 인기가 있고 앞으로 어떤 게임이 인기가 있을지 예측하려면

2014년 아마존에 9.7억 달러(1.1조 원)에 인수된 게임 방송 '트위치'

'트위치'를 보면 알 수 있을 정도로 게임 실시간 동영상 스트리밍 서비스의 강자입니다. 2018년 기준으로, 하루 평균 220만 명이 방송을 하고, 1,500만 명이 95분을 시청하는 게임 전문 라이브 스트리밍 플랫폼으로 성장한 '트위치'는 2018년 한 해 동안 5,600억 분에 달하는 영상이 시청됨으로써 세계 제1의 게임 동영상 스트리밍 서비스 사이트가 됐습니다(Mansoor, 2019.02.27).

한국에서도 인기가 많아서, 2016년 월 사용자 30여만 명에서 2년이 지난 2018년에는 90여만 명으로 3배가 증가했을 정도입니다(김위수, 2019.02.06). 직접 게임을 하는 것이 아니라 게임하는 것을 시청하는 '게임 방송' 콘텐츠는 10대에서 30대까지의 세대에게 주류 미디어가 됐다고 해도 과언이 아닐 정도로 모바일 디지털 환경이 만든 새로운 영역입니다.

콘텐츠 분야에서 방송과 영화처럼 스테디셀러가 있기도 하고, 게임 방송처럼 급성장하는 뉴 셀러가 있기도 하지만, 콘텐츠 비즈니스에서 만고불변의 성공 원칙은 캐릭터입니다. 캐릭터 라이선스의 비즈니스 규모는 상상을 초월합니다. 라이센싱 인터내셔널(2018.05.22)에 따르면, 2018년 한 해에만 엔터테인먼트, 캐릭터, 의류, 스포츠, 기업 브랜드, 예술 등의 분야에서 라이선스 제품 판매로만 전 세계에서 총 2,716억 달러(312조 원)의 매출을 달성했다고 합니다.

이를 자세히 살펴보면, 전 세계 모든 어린이가 사랑하는 캐릭터인 미키 마우스와 도널드 덕, 곰돌이 푸를 비롯해서 세계에서 가장 성공한 히어로물인 마블 시리즈와 스타워즈의 판권을 소유한 월트 디즈니가 한 해 동안 530억 달러(61조 원)에 달하는 매출을 올려 압도적인 세계 제1의 콘텐츠 왕국임을 재확인했습니다(License Global, 2018).

캐릭터의 대표 주자를 생각하면 역시 미키 마우스가 떠오릅니다. 1928년에 만들어진 미키 마우스는 매년 월트 디즈니에 약 6조 원의 수익을 가져다줍니다. 우리나라의 대표 캐릭터인 뽀로로는 약 1조 원의 상표 가치가 있고, 뽀로로의 부가가치 시장은 약 5조 원으로 예측합니다(안지영, 2014). 일본의 유명 캐릭터인 포켓몬도 매년 1조 7,000억 원을 벌어 줍니다(Lamoreux, 2014.07.13).

이처럼 라이선싱 캐릭터에 지식 재산권이라는 배타적 지위를 부여함으로써 부가 수익을 창출합니다. 지식 재산권을 통해 캐릭터를

2017년 기준 캐릭터 라이선스 매출액 순위(표 4)

랭킹	회사	2017년 총 수익
1	월트 디즈니(The Walt Disney Company)	530억 달러
2	메레디스 코퍼레이션(Meredith Corporation)	232억 달러
3	PHV 코퍼레이션(PHV Corp.)	180억 달러
4	유니버설 브랜드 디벨롭먼트(Universal Brand Development)	73억 달러
5	하스브로(Hasbro)	71억 달러
6	아이코닉스 브랜드 그룹(Iconix Brand Group)	70억 달러
7	워너브러더스 커슈머 프로덕트(Warner bros. Consumer Products)	70억 달러
8	메이저리그 베이스볼(MLB)	55억 달러
9	니켈로디언(Nickelodeon)	55억 달러
10	어쌘틱 브랜드 그룹(Authentic Brands Group)	53억 달러

이용한 다양한 비즈니스를 함으로써 저작권자의 권리를 보호하고, 캐릭터를 활용한 콘텐츠 비즈니스를 확대하는 것이죠.

그렇다면 디지털 시대의 캐릭터 라이선스는 어떻게 진행될까요? 한마디로 '확장, 연계, 기술'로 요약할 수 있습니다. 이러한 특징을 지닌 사례를 찾아보면 대표적으로 국내 메신저 서비스 업체인 라인과 카카오를 들 수 있습니다.

🕐 아직도 전화가 편하다면 당신은 아저씨, 아줌마

대학에서 학생들과 함께한 지 20년이 되다 보니, 시대의 흐름에 따라 학생들이 변화하는 모습을 발견합니다. 예를 들면, 텔레비전 시청과 전화 그리고 이메일 사용이 현저하게 줄었다는 것입니다. 학생들에게 "어른께 연락할 때는 전화로 공손히 말씀드려라"라고 말하는 것은 "종이 신문을 읽어라"와 같은 옛말일 수 있습니다. 학생들은 대부분 카카오톡이나 소셜미디어를 통해 커뮤니케이션하는 것을 선호합니다. 그러다 보니 비즈니스에서도 이에 특화한 서비스가 발전하고 있습니다.

대표적인 예가 '라인 프렌즈'와 '카카오 프렌즈'입니다. 이들 회사는 각각 라인과 카카오톡이라는 메신저 서비스에서 사용할 수 있는 이모티콘 캐릭터를 만들다가, 캐릭터의 인기를 바탕으로 캐릭터를 활용한 다양한 제품을 만드는 회사로 발전했습니다. 네이버에서 분사한 라인 프렌즈는 2015년 매출액 341억 원에서 2018년 1,973억 원으로 다섯 배 이상 뛰었고, 카카오 프렌즈는 2015년 103억 원에서

2018년 976억 원으로 9배 이상 뛰었습니다(강경주, 2019.02.28).

2018년 말 기준 카카오톡에서 이용자들이 매달 주고받는 이모티콘 수는 약 22억 개입니다. 이는 2012년 월평균 4억 건에 비해 약 5배 이상 증가한 수치입니다. 이모티콘 판매 초기인 2012년만 해도 280만 명에 그쳤던 누적 구매자 수는 2018년 약 2,000만 명으로 늘었습니다. 당시 480종 수준이던 이모티콘 상품은 그동안 6,500여 종으로 증가했습니다.

디지털 콘텐츠 매출액도 성장세이지만 오프라인에서의 인기도 만만치 않습니다. 2019년 6월 말 기준으로 네이버는 국내 주요 백화점과 번화가에 20개의 라인 프렌즈 오프라인 매장을 운영하고 있습니다. 국내뿐만 아니라 해외에서도 인기가 대단합니다. 중국, 일본, 대만, 홍콩, 태국, 미국 등의 나라에서 20개의 매장을 여는 등 라인 프렌즈의 캐릭터 상품의 인기는 전 세계로 향하고 있습니다. 카카오 프렌즈 역시 국내에만 25개의 오프라인 매장을 운영하고 있고 앞으로 이를 계속 확장할 계획입니다.

저는 지난 2018년에 방문한 '콘텐츠 도쿄 2018' 박람회를 잊을 수가 없습니다. 라이선스 엑스포로 유명한 이 박람회에는 1,540개의 업체가 전시를 했는데, 이 가운데 가장 큰 부스를 차지한 곳이 네이버의 '라인'이었습니다. 세계 3위의 라이선스 강국인 일본에서도 한국 업체의 인기는 최고였는데, 캐릭터 라이선스 전시장에 들어서는 순간

눈앞에 보이는 것은 라인 캐릭터를 상징하는 커다란 '브라운'이었습니다. 손님을 맞이하는 '브라운' 옆에는 많은 사람들이 줄을 서고 있었고, '브라운'과 사진을 찍으려면 최소 5분 이상 기다려야 할 정도로 전시회 내내 인기를 독차지했습니다. 어떻게 이렇게 놀라운 성장이 가능했을까요?

⏻ 비대면 커뮤니케이션의 한계를 극복하라

메신저 서비스 업체가 이렇게 캐릭터 사업에서 승승장구할 수 있는 것은 메신저에서 제공하는 캐릭터를 활용한 커뮤니케이션이 가져다주는 친밀감과 이에 따른 제품과 브랜드에 대한 애착과 충성도의 결과로 설명할 수 있습니다.

카카오톡과 같은 메신저 서비스가 가진 커뮤니케이션의 특징을 컴퓨터 매개 커뮤니케이션(Computer-Mediated Communication: CMC)이라고 합니다. 말 그대로 컴퓨터를 통한 모든 커뮤니케이션을 의미합니다. 여기에서 말하는 컴퓨터의 의미를 단지 집 책상 위에 있는 컴퓨터에 한정시킬 필요는 없습니다. 오래전에 컴퓨터가 소개되고 인터넷을 통한 영향력이 너무나 커졌을 즈음에 지은 이름이니까요. 직접 만나서 하는 대면 커뮤니케이션이 아닌, 기술의 발전으로 가능하게 된, 스마트폰이나 비디오 컨퍼런스 등 기기를 통한 모든 비대면 커뮤니케이션을 CMC라고 해도 큰 무리는 없습니다.

CMC 이론에 따르면 가상공간에서 문자를 기반으로 한 커뮤니케이션은 비언어적 또는 물리적 단서의 부재로 대인 관계 형성과 발전에 부적합하다고 합니다. 똑같은 말을 한다고 하더라도 글로만 전할 때와 얼굴을 보고 전할 때, 의미가 다르게 전달될 수 있다는 것입니다. 글로만 전달할 경우에는 글 외에 해석할 수 있는 정보가 없으니, 정보의 양이 많은 대면 커뮤니케이션과는 당연히 다르겠죠. 만나서 얘기할 때는 청각뿐만 아니라 시각과 후각, 촉각 등 인간의 다양한 감각을 활용하는데, 메신저에서는 단지 글자만 전달할 수 있으니까요.

예를 들면 배우자나 연인에게 "사랑해"라는 표현을 했습니다. 얼굴을 마주 보며 "사랑해"라는 말을 할 때는 "사랑해" 외의 의미로 해석될 신호가 많이 있습니다. 목소리가 떨리는지, 얼굴이 찌푸려 있는지, 눈은 다른 곳을 보고 있는지, 딴짓하며 "사랑해"라고 말한다면 곧이곧대로 듣지는 않을 것입니다.

그러나 카카오톡으로 "사랑해"라는 글을 보낼 때, 받는 사람은 그 의미를 '사랑해' 외의 의미로 해석할 여지가 없습니다. 그 말 외에는 다르게 해석할 정보가 없으니 '사랑해'라고 쓴 사람의 본래 의도를 알 수가 없습니다. 장난으로 썼는지, 진심으로 썼는지, 카페에 있는 다른 이성을 보면서 쓴 것인지, 정말 사랑해서 쓴 것인지 알 수가 없습니다. 그만큼 해석할 정보가 전적으로 글자에 한정되기 때문입니다.

카카오톡은 문자 기반 메신저이기 때문에 글자 외에는 해석할 정보가 없습니다. 그래서 이러한 단순하면서도 직설적인 글자만의 한계를 극복하기 위해서 이모티콘을 사용하기 시작한 것이죠. "사랑해"라는 글자와 함께 하트 모양의 이모티콘을 보내고, "미안해"와 함께 "ㅠㅠ"라는 눈물 흘리는 글자를 함께 보내는 식이죠. 그리고 이러한 이모티콘은 캐릭터로 진화하며 비대면 커뮤니케이션이 갖는 한계를 극복하고자 했습니다.

메신저 서비스 회사인 네이버와 카카오는 바로 이러한 점을 잘 파악했습니다. 전 세계로 국경 없이 유통되는 비즈니스 플랫폼 환경에서 '라인 프렌즈'와 '카카오 프렌즈'는 온라인에 그치지 않고, 모바일 콘텐츠를 통해 오프라인까지 진출했습니다.

방탄소년단과 라인 프렌즈의 콜라보레이션으로 탄생된 BT21

캐릭터 산업은 지속적이며 확장성이 큽니다. 카카오톡에서 인기인 라이언은 인형, 스티커, 게임, 담요 등 제품의 장르를 가리지 않고 영역을 확장합니다. 그리고 그 인기는 쉽사리 사라질 것 같지는 않습니다. 예쁘고 귀여우니까 사용하게 되고, 자주 보니 친밀해지며, 그러는 사이에 부지불식간 캐릭터에 대한 충성도가 커집니다.

⏻ 인공지능과 실감미디어의 새 주인공

캐릭터 산업이 단지 특정 영역에만 머무는 것은 아닙니다. 디지털 시대가 됨에 따라서 디지털 캐릭터에 대한 관심이 커지고, 이제는 실감미디어와 인공지능 분야에서도 주인공으로 자리매김하고 있습니다. 캐릭터 라이선스는 단순히 온라인 또는 오프라인 공간에 머무르는 것이 아니라 새로운 기술 개발에 따른 시장성을 좌우하는 핵심 역할을 하고 있습니다. 홀로그램으로 공연하는 사이버 가수인 하츠네 미쿠가 좋은 예입니다.

하츠네 미쿠는 2007년에 야마하가 만든 음성 합성 소프트웨어인 보컬로이드입니다. 이후 캐릭터로 만들어져 게임, 만화, 소설 등 다양한 콘텐츠에서 사용되고 있습니다. 158cm의 키에 42kg인 그녀는 영원한 열여섯 살로 존재합니다. 무엇보다 하츠네 미쿠가 전 세계적으로 알려진 계기는 2010년 일본에서 열린 홀로그램 공연 때문입니다.

사이버 가수인 하츠네 미쿠는 최신 홀로그램 디스플레이 기술을 총동원해 마치 실제 공연처럼 홀로그램 공연을 했습니다. 영상을 보시면 미쿠는 스크린에서 춤을 추고 노래를 부르며 공연합니다. 홀로그램 영상의 주인공이 바로 미쿠이고, 밴드의 라이브 연주에 맞추어, 소프트웨어로 만든 보컬로이드 목소리로 공연을 합니다.

보컬로이드 하츠네 미쿠의 2018 콘서트

일본의 주요 대도시에서 콘서트를 열었을 뿐만 아니라, 대만과 중국 등 아시아 국가는 물론이고, 미국과 캐나다, 멕시코, 독일 등의 국가를 돌며 홀로그램 공연을 했습니다. 대부분의 공연장에서 입장권이 완전히 매진될 정도로 큰 인기를 끌었습니다.

유튜브 영상을 보면 수천 명의 관객이 홀로그램 가수에 열광하며 노래를 따라 부르고 있습니다. 이게 무슨 일일까 싶기도 하지만, 어찌 보면 별로 이상할 것도 없을 것 같습니다. 개인적인 얘기를 해보면, 저는 중·고등학교 시절에 김홍신의 장편소설 《인간시장》의 주인공인 장총찬에게 깊게 빠진 적이 있습니다. 장총찬의 활약상이 너무 멋있어서 장면 장면에 묘사된 그의 모습을 따라 하며 살기도 했습니다. 그래서 당시 라디오 프로그램에 장총찬과 듣고 싶다며 음악을 신청하기도 했죠. 소설 속 주인공이었지만, 저에게는 좋은 친구였으며, 롤모델이었습니다. 아날로그 시대의 장총찬이, 디지털의 하츠네 미쿠라고 생각하면 되지 않을까요? 게다가 귀여운 미쿠의 외모에 더해, 그녀의 노래까지 마음에 든다면 좋아하지 않을 이유가 없지 않을까요? 어차피 아이돌은 환상을 채워줄 대상일 테니까요.

2019년 6월 기준으로 미쿠의 페이스북 팔로워 숫자가 240만 명을 넘었고, 유튜브 구독자는 76만 명이 넘는 세계적 스타가 됐습니다. 그녀는 기술 발전을 통해 보컬로이드가 캐릭터로 그리고 캐릭터가 사람처럼 진화한 대표적인 사례입니다.

여기에서 멈추지 않습니다. 미쿠와 함께 하는 제휴 프로모션이 점점 많아지고 있습니다. 2011년에 도요타의 스테디셀러인 코롤라 자동차 광고에 출연했을 뿐만 아니라, 2018년에는 넥슨의 인기 온라인 액션게임인 '던전앤파이터'와 가이아모바일코리아의 모바일 게임인 '영원한 7일의 도시'와 콜라보를 진행했습니다. 심지어 샤오미는 '미 6X' 하츠네 미쿠 스페셜 에디션을 판매할 정도입니다.

아주 매력적인 제품을 통해 향후 인공지능 스피커 또는 인공지능 비서의 미래를 예측해 보고자 합니다. 2017년 초 네이버의 일본 자회사인 라인은 '게이트박스 (Gatebox)'를 인수했습니다. 이 회사는 동일한 이름의 홀로그램 홈 로봇을 만드는 회사입니다. 게이트박스는 인공지능 비서로, 홀로그램 캐릭

홀로그램 홈 로봇
게이트박스

터를 통한 서비스를 합니다. 인공지능 비서로 채용(?)된 주인공은 새롭게 개발된 아즈마 히카리라는 캐릭터입니다.

이후 캐릭터 라인업을 확대해 앞서 소개한 보컬로이드 하츠네 미쿠와 일본에서만 500만 부 이상 판매된 만화《내 여동생이 이렇게 귀여울 리가 없어》의 주인공인 아라가키 아야세를 인공지능 비서로 채용했습니다. 인공지능 기반의 홀로그램 홈 로봇을 만드는 데 유명 캐릭터를 사용한 것은 커뮤니케이션을 이해한 현명한 비즈니스 전략입니다.

이미 한국에도 카카오와 네이버는 물론 KT와 SK텔레콤 등 통신사까지 인공지능 스피커라는 이름으로 유사한 제품을 소개하고 있습니다. 이들 스피커가 추구하는 목적은 동일하지만, 디자인은 큰 특징이 있습니다. 어떤 제품은 말 그대로 스피커 모양을 하고 있고, 어떤

중국에서도 버추얼 아이돌의 인기가 대단합니다. 버추얼 아이돌 스타 뤄톈이(Luo Tianyi)의 KFC 광고(그림 20)

제품은 앞서 소개한 '라인 프렌즈'와 '카카오 프렌즈'의 유명한 캐릭터를 활용했습니다. 그렇다면 미래의 인공지능 스피커의 모습은 어떤 식으로 발전할까요?

커뮤니케이션은 인터랙티브합니다. 즉, 나와 커뮤니케이션하는 상대방이 누구냐에 따라 달라지기 마련입니다. 집에서 또는 내 스마트폰에서 나를 도와주는 인공지능 비서를 고를 수 있다면 여러분은 누구를 선택하시겠습니까? 결국 내가 가장 이야기하고 싶은 대상이 아닐까요? 그래서 그 대상은 아내일 수도 있고, 자식일 수도 있으며, 집에서 키우는 예쁜 강아지나 고양이일 수도 있습니다. 아이돌을 좋아한다면, 아이돌 스타를 비서로 둘 수도 있겠죠. 그래서 아침에 알람소리 대신 좋아하는 연예인의 목소리로 "일어나세요. 사랑하는 나의 주인님"으로 훈련시킬 수도 있습니다. 게이트박스의 장점이 바로 이것입니다. 내가 원하는 캐릭터를 내 비서로 삼고, 나와 커뮤니케이션을 하도록 하는 것이죠.

캐릭터 라이선스 비즈니스는 전통적으로 산업의 다각화를 통한 원 소스 멀티 유스(One Source Multi Use)와 멀티 플랫폼(Multi-Platform) 전략을 극대화합니다. 캐릭터가 가진 인기를 바탕으로 타 산업으로 어떻게 확장하고 연계하며 지속적으로 소개되는 새로운 기술과 접목할 수 있을지 기대가 큽니다. 4차 산업혁명 시대에도 밝게 빛날 캐릭터 산업의 미래가 어떻게 진행될지 흥미진진합니다.

영화관의 미래를 알려면 한국 극장에 가라

미국에서 대형 쇼핑몰이 서서히 저무는 시장이라면 한국은 여전히 활황입니다. 복합 쇼핑몰이라는 이름으로 백화점을 포함해 대형마트와 식당 그리고 극장까지 한곳에서 모든 것을 해결할 수 있는 복합 문화 공간이 여전히 속속 생기고 있는 것으로 봐서 당분간은 그 성장세가 지속될 것 같습니다.

복합 쇼핑몰은 쇼핑은 기본이고 문화생활까지 즐길 수 있는 말 그대로 '원스톱 라이프스타일'을 구현할 수 있는 공간을 말합니다. 여기에는 소매 시설과 식음료 시설 그리고 엔터테인먼트가 고루 발전해 있지만 쇼핑몰로 이끄는 주요 동력은 역시 먹고 즐길 수 있는 음식과 오락입니다.

한국의 쇼핑몰에서 즐길 수 있는 대표적인 엔터테인먼트로는 역시 극장을 꼽을 수 있겠죠. 2018년 한 해 동안 약 2억 2,000만 명의 관객에 1조 8,000억 원이 넘는 매출을 이룬 극장(영화정책연구원,

2019). 이제 극장은 단순히 깜깜한 공간에서 커다란 스크린을 통해 영화를 보는 곳으로 정의하기 곤란할 정도로 다양한 몰입형 기술을 적용한 공간으로 변모하고 있습니다.

🔘 아이맥스 등 복합 문화 공간의 변신

특히 한국의 극장은 영화 〈슈렉〉과 〈쿵푸팬더〉의 제작자인 제프리 카젠버그 드림웍스 애니메이션 최고경영자(CEO)가 "영화관의 미래를 알려면 한국의 극장에 가라"고 했을 정도로 압도적인 기술력으로 혁신적인 경험을 제공하고 있습니다.

요즘 극장에서 경험할 수 있는 몰입형 기술을 소개하면 먼저 '아이맥스(IMAX)'를 들 수 있습니다. 캐나다의 아이맥스란 업체에서 만든 극장 시설인 아이맥스의 가장 큰 장점은 역시 커다란 스크린이죠. 아이맥스의 스크린은 평면이 아닌 특수 곡선 형태로 설계된 '커브 스크린'으로 만들어져 관객의 시야 범위를 최대한 넓히는 효과가 있습니다.

3D IMAX용 카메라와 촬영 장면

인간의 눈으로 볼 수 있는 시각적 영역을 시야각이라고 합니다. 인간은 수평으로 최대 180도, 수직으로 최대 100도의 시야각을 갖는데, 연구 결과에 따르면 눈에 꽉 찰수록 그만큼 몰입감이 높다고 합니다(원광연·박재희. 2001). 이런 면에서 아이맥스는 몰입을 가능하게 만드는 넓은 시야각을 제공한다고 볼 수 있겠죠. 일반 상영관의 시야각이 54도인 데 비해, 아이맥스관의 시야각은 평균 70도로 그만큼

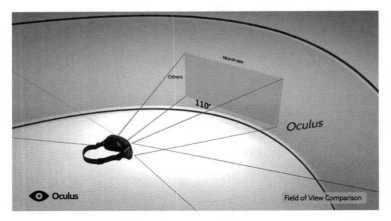

오큘러스 리프트 HMD의 시야각(그림 21)

더 몰입감을 느낄 수 있게 됩니다. 참고로 HMD는 다른 정보에 시선을 빼앗기지 않고 온전히 영상에 몰입하도록 눈을 가리니 가장 큰 몰입감을 줍니다. 그래서 가상현실이 앞으로 큰 인기를 얻을 것으로 예측하는 것이죠.

중요한 것은 스크린이 크다는 의미가 영상을 무작정 크게 늘인다는 의미가 아니라는 것입니다. 아이맥스는 자체 개발한 고해상도 카메라와 아이맥스 디지털 리마스터링 기술인 DMR(Digital Media Remastering)을 통해 매 프레임의 수백여 가지 세부 사항을 개선해 자연의 색을 그대로 구현합니다.

영화 제작자와 협력해 영화 전체를 리터칭함으로써 제작자가 의도한 내용 그대로 이미지를 재현하고 이를 통해 관객은 영상에 더욱 빠져들게 되는 것이죠. 일반 영화관이 한 개의 프로젝터로 출력하는

데 비해 아이맥스는 두 개의 프로젝터로 기존의 색조 대비 약 40% 그리고 밝기는 60%가 더 보강된 영상을 제공하니 당연히 보는 즐거움이 클 수밖에 없습니다.

또한 여기서 놓치면 안 되는 중요한 사실이 있습니다. 몰입감은 단지 눈으로만 충족되지 않는다는 것입니다. 아이맥스는 일반 스피커 대비 열 배의 사운드를 낼 수 있는 고출력 스피커를 통해 영화관 전체에 균일한 음량을 전하기 때문에 어느 자리에든 최상의 음향을 제공합니다. 소위 말하는 빵빵한 음향이 몰입을 극대화하는 것이죠.

최근에는 아이맥스 레이저관이라고 해서 가로 31m, 세로 22.4m의 멀티플렉스 사상 최대 크기 스크린과 고해상도 레이저 영사기가 도입된 특별관이 한국에 설치됐습니다. 음향 면에서도 기존의 6채널 오디오 시스템에 천장 4채널, 벽면 2채널 등 6채널을 추가한 12채널의 사운드를 제공하며 눈과 귀를 호강시킵니다.

말 그대로 눈에 꽉 차는 영상과 귀청을 울리는 빵빵한 음향 효과를 전해 주는 아이맥스는 심장이 두근거릴 정도로 웅장함을 가져다줍니다. 아이맥스 극장이 그 비싼 가격에도 왜 인기가 많은지 알 수 있을 듯합니다.

⏻ 후각적 자극까지 몰입 극대화

아이맥스가 눈과 귀를 자극한다면 4D 영화관은 온몸으로 느낄 수 있는 새로운 경험을 제공합니다. 재미있는 것은 3D 영화가 학계나 업계에서 모두 통용되는 용어인 데 반해, 4D는 마케팅 용어로 사용되는 불분명한 의미를 지닌 단어라는 것입니다.

원래 의미로는 3D 영화에 더해 물리적 경험을 할 수 있다는 점에서 4D라는 용어를 사용했지만 최근에는 2D 영상에서도 물리적인 경험을 제공한다면 이를 모두 4D라고 말합니다. 보고 듣는 것에 더해 몸으로 체험할 수 있다는 점에서, 일반적으로 가만히 앉아서 감상하는 영화와는 큰 차이가 있죠.

4D 영화관에서는 영화 장면에 따라 의자가 움직이거나 물이 튀고 바람이 불며 안개가 끼는 효과를 제공함으로써 몰입감을 느낄 수 있습니다. 이런 4D 효과를 제공하기 위해서는 영화가 완성되고 극장에 상영되기 전에 전문 편집자들의 작업을 거치게 됩니다.

4DX 극장 설치
과정과 작동 방식

이들은 영화의 스토리텔링 과정에 적절히 어울리도록 4D 효과를 가장 극대화할 수 있는 장면을 선정해 어떤 효과를 넣을지 결정합니다. 그리고 이렇게 기획된 효과들이 실제 구현될 수 있도록 4D 장비에 기술을 적용하고 그 후 영상과 효과가 정확히 일치하는지 테스트 과정을 진행합니다.

혹시 독자 여러분은 인간의 오감 중에서 극장에서 가장 구현하기 힘든 감각이 무엇인지 아시나요? 오감 중에서 미각은 인간이 의도적으로 입에 넣지 않는 이상 불가능한 감각이므로 시각, 청각, 촉각, 후각만 포함하도록 하죠. 이 중에서 어떤 감각이 극장 같은 실감미디어 공간에서 구현하기 힘든 감각일까요?

정답은 후각입니다. 그동안 후각을 자극하는 향은 4D 효과에서 구현하기 가장 어려운 분야였습니다. 향을 뿜어내기는 쉽지만, 이를 없애기가 쉽지 않았기 때문이죠. 즉 꽃밭을 걷고 있는 장면에서 꽃향기를 내는 것과 이어서 고기 냄새를 내는 것은 어렵지 않지만, 꽃향기를 없애야 고기 냄새가 더 정확하게 날 텐데 꽃향기를 없애기가 어려웠다는 의미입니다. 하지만 최근에는 향을 발산한 후 바로 공기를 쏘는 방식으로 향을 없앱니다. 영화를 보는 도중 갑자기 바람이 앞에서 뒤로 '획' 하고 부는 경우가 있다면, 이게 바로 향기를 없애려는 시도라는 것을 알 수 있습니다.

최근에는 획기적인 아이디어로 큰 비용을 들이지 않고도 높은 몰입감을 제공할 수 있는 영화관이 등장했는데, '스크린X(ScreenX)'가 그 주인공입니다. CGV와 카이스트가 공동으로 개발한 '다면(多面) 상영 시스템'인 스크린X는 정면과 좌우 벽면까지 확대해 3면을 스크린으로 활용할 수 있는 장점이 있습니다.

문제는 3면을 스크린으로 활용하기 위해서는 시나리오와 촬영, 그리고 편집 등 제작 과정에서 깊게 관여해야 한다는 점입니다. 가장 이상적인 것은 기획 단계에서부터 3면 스크린을 고려하는 것이지만 생각만큼 쉬운 일은 아닙니다. 국내 영화는 그나마 가능한 이야기지만, 해

3면을 활용할 수 있다는 장점을 가진 스크린X

외 영화는 현실적으로 거의 불가능하죠. 우리 사업자가 할리우드 제작자에게 영향력을 끼칠 만한 힘이 없기 때문입니다.

스크린X 제작 과정. CG 편집을 통해 양쪽 면에 새로운 영상이 펼쳐집니다.(그림 22)

그래서 몇몇 해외 영화는 영화 제작사의 동의를 얻은 후 전면 영상을 합성이나 컴퓨터 그래픽 작업을 통해 인위적으로 늘리는 작업을 하는 방식을 취합니다. 참고로 2017년에 개봉한 국내 영화인 〈군함도〉와 2018년에 개봉한 〈염력〉과 〈곤지암〉 등은 제작 단계부터 3면 스크린을 고려해 촬영했습니다.

스크린X는 상영관당 평균 10대의 프로젝터가 설치돼, 3면 270도에 영상을 쏘는 방식입니다. 스크린이 확장되다 보니, 단순히 3면으로 영상을 늘리는 것만으로는 관객이 만족할 리는 없겠죠. 스크린이 넓어진 만큼 감독은 당연히 새로운 영상 문법을 고려해야 합니다. 기존에는 90도에 담았던 영상을 270도까지 확장했기 때문에, 담아야 할 영상의 내용과 동선 등 스토리 라인을 더욱 세밀하게 고려해야 합니다. 2019년 2월 기준으로, 스크린X는 미국, 중국, 태국, 인도네시아, 베트남, 터키, 일본 등 전 세계 18개국에 200개 스크린에 설치되어 있고, 2020년까지 약 천 개의 스크린에 적용할 계획입니다.

⏻ 최신 홀로그램 기술 적용한 공연장

극장의 개념을 영화관뿐만 아니라 라이브 극장으로 조금 더 확대해 보면 앞으로는 홀로그램 공연이 가장 기대됩니다. 학문적으로 정의하자면 더 정확한 용어는 유사 홀로그램이며, 현재 홀로그램이라고 말하는 엔터테인먼트는 대부분 유사 홀로그램입니다. 홀로그램은 완전한 깊이 정보와 높은 해상도를 갖는 3차원 영상을 구현해야 하는데 이를 공연장에서 구현하려면 현재의 기술로는 어림도 없습니다. 아무리 짧게 잡아도 10년 이상은 걸릴 것 같습니다.

사전 제작 영상과 라이브 공연이 잘 어울릴 수 있다는 점에서 관객의 큰 호응을 얻는 홀로그램 공연은 앞서 설명한 일본의 사이버 가수 하츠네 미쿠의 공연이 대표적입니다. 우리나라에서도 싸이와 빅뱅, 2NE1 등이 참여하는 성대한 홀로그램 공연이 2014년에 열렸습니다. 이는 과학기술정보통신부와 KT가 93억 원을 지원한 홀로그램 공연장인 '케이라이브(Klive)'가 만들어졌기에 가능한 행사였습니다. 1,653m² 규모의 홀로그램 콘서트홀에서 펼쳐진 이들의 공연은 화려한 댄스 퍼포먼스와 270도 뷰의 미디어 파사드가 어우러져 더욱 큰 즐거움을 줬습니다. 이밖에도 최초의 홀로그램 극장인 에버랜드를 비롯한 송도, 상암, 제주 등 곳곳에 홀로그램 극장이 만들어지고 있으며, 한류 체험 명소로 자리매김하고 있습니다.

홀로그램 공연의 장점은 앞서 가상의 보컬로이드였던 하츠네 미쿠나, 싸이와 같이 살아 있는 가수의 공연뿐만 아니라, 이미 사망한 연예인의 공연도 가능하다는 점입니다. 2014년 5월에 있었던 빌보드 뮤직 어워즈에서 마이클 잭슨이 공연을 한 것이나, 2016년 6월에 있었던 김광석 콘서트는 모두 홀로그래피 기술을 활용하여 감동을 전해준 예입니다.

1927년 최초의 유성영화가 극장에서 개봉된 이후 극장은 많은 변화와 발전을 거듭했습니다. 극장의 전성기 시절과 TV와 VCR 보급에 따른 경쟁, 개인 미디어의 확산과 HMD의 등장에 따른 플랫폼 경쟁은 극장의 미래를 갸우뚱하게 만듭니다. 만 원 이상 돈을 내면서 특정 시간에

2017년 12월, 홀로그램으로 환생한 고 신해철의 공연

맞춰 지하철을 타고 극장까지 가서 콘텐츠를 소비한다는 것은 매우 비효율적이면서도 귀찮은 과정이기 때문입니다.

이러한 위기 속에서 극장의 다양한 변화는 우리를 즐겁게 합니다. 가상현실 기술과 콘텐츠 제작 수준이 더 발전해서 조만간 극장에서

도 가상현실을 통해 더욱 실감 나는 영상을 볼 수 있을 것입니다. 팝콘과 음료수와 함께 오감을 즐길 수 있는 몰입감 높은 콘텐츠를 제공함으로써 극장이 추억과 미래가 공존할 수 있는 공간이 되기를 기대합니다.

06

#UHD 방송
#OTT
#360도 동영상
#스낵컬처

인공지능이 시나리오를 쓸 수 있을까?

스낵컬처와 무인 제작 시대

방송 영상 시장은 새로운 기술의 격전장입니다. 시청자에게 접근할 수 있는 경로가 다양해진 탓에 무한 경쟁 중이죠. UHD방송은 초고화질의 생생한 화면으로 높은 몰입감을 제공합니다. OTT는 사용자의 선택에 따라 내용의 진행과 결말이 달라지는 인터랙티브 쇼를 선보이고, 360도 동영상은 이전에 경험하지 못한 새로운 시각의 영상을 보여줍니다. 웹콘텐츠는 모바일 기기를 통해 콘텐츠를 소비하기 때문에 가장 많이 사랑받는 분야입니다. 무엇보다도 영상 시장은 인공지능으로 진화하는 중입니다. 대본을 쓰기도 하고, 영상을 촬영하고 편집하며, 시청자를 분석하기도 합니다. 이 모든 것은 바로 여러분 개인을 위한 것입니다.

초고화질에서 인공지능까지
방송의 진화

앞에서 '스마트'해지는 사회에서 벌어질 콘텐츠의 미래를 살펴봤습니다. 그렇다면 우리에게 가장 친숙한 매스미디어의 미래는 어떻게 될까요? 앞에서는 빅데이터를 기반으로 한 개인에게 특화된 콘텐츠 서비스가 제공될 것이라고 했는데, 그렇다면 대중을 타깃으로 하는 매스미디어는 사라지는 걸까요?

추측건대 매스미디어는 앞으로도 지속될 것이고, 여전히 주요한 미디어로 존재할 것입니다. 그러나 그 영향력은 현저하게 줄어들 것이고, 노장년층이 주요한 시청자층으로 남게 되어 프로그램은 노화될 수밖에 없을 것입니다. 또한 포기할 수 없는 공영성으로 인해 무겁고, 진중하며, 엄격한 콘텐츠 제작 기준은 태생적으로 디지털에 익숙한 디지털 네이티브(Digital Native) 세대에게는 어울리지 않는 등 어려움이 첩첩산중입니다. 쌓여 있는 콘텐츠를 제대로 활용하지 못하는 게으름도 스마트한 플랫폼 시대와는 어울리지 않습니다. 사용자 분석을 통한 콘텐츠의 힘을 확장하지 못하기 때문에 필연적으로 현재와 같은 방식으로는 살아남기 힘들 것입니다.

그렇다면, 기술의 발달로 인한 제작의 변화는 어떻게 이루어질까요? 방송과 영상의 발달은 기술의 발전과 함께합니다. 영상 콘텐츠의 스토리텔링은 필연적으로 기술의 영향을 받을 수밖에 없습니다. 디지털 기술의 영향력은 각본에서, 제작, 유통, 그리고 시청 행태까지 전 영역에 적용되고, 디지털 기술의 발전은 방송 영상 시장의 전체를 바꾼다고 해도 과언이 아닙니다.

방송 영상 시장은 단순한 콘텐츠라는 이름을 넘어 인공지능으로 진화하는 중입니다. 방송 영상 산업은 시청자가 원하는 것이 무엇인지 이해하고, 이를 바탕으로 콘텐츠를 만들며, 최적 유통 경로를 통해 전달될 수 있도록 제작 및 마케팅 계획을 수립합니다. 이러한 과정에서 비용을 절감하고, 이익을 극대화할 수 있는 비즈니스 모델을 만드는데, 핵심은 사용자 중심의 콘텐츠 제작과 유통 전략입니다.

이제는 빅데이터를 통한 시청자 분석을 넘어서 인공지능을 통해 각본을 쓰고, 영상을 촬영하고 편집하며, 유통에 대한 만족도 평가를 실시하면서 기존의 콘텐츠 전략과는 차원이 다른 시도를 하고 있습니다. 간단한 예가 웹툰과 웹드라마로 대표되는 웹콘텐츠입니다. 웹콘텐

인공지능이 촬영, 편집, 송출까지 하는 스포츠 중계

츠는 모바일 시대의 새로운 콘텐츠로 인기를 얻고 있습니다. 특히 젊은층에게요. 더욱더 시장 확대를 꾀하고 있는 OTT(Over The Top, 온

이스라엘 스타트업인 픽셀롯(Pixellot)은 경기장 가운데에 카메라를 설치하고, 인공지능에 의해 프로그래밍이 된 방식에 따라 공을 위주로 촬영을 한 후, 영상을 클라우드 서버에 보내 스트리밍 서비스를 합니다.(그림 23)

라인 동영상 서비스) 업계는 음성인식 기능과 인터랙티비티 기능의 강화를 통해 혁신적인 서비스를 소개하고 있으며, 360도 동영상은 스포츠 중계를 필두로 그 영향력을 더욱 확대해가고 있습니다. 알파고로 익숙한 인공지능은 영상 시장까지 진출해서 제작자와 시청자 모두의 이익을 극대화하는 중입니다.

⏻ 제각각인 방송사의 차세대 방송 전략

일반인에게 가장 익숙한 영상은 역시 TV 방송일 것입니다. TV 방송이라는 용어는 단순한 것 같지만 그 안에는 정말 다양한 분류가 가능할 정도로 복잡한 용어입니다. 가장 단순하게 말해서 TV를 켜면 나오는 방송은 모두 TV 방송이겠죠. 그런데 1995년에 우리나라에서

RESEARCH

HOME   RESEARCH AREAS ⌄   BUSINESS AREAS ⌄   ARTICLES   EVENTS & UPDATES   JOBS   🔍

Machine Learning   **Recommendations**   **Experimentation & Causal Inference**   **Analytics**

ML and Experimentation Platform   **Video Encoding & Quality**

넷플릭스 연구소는 데이터와 인공지능을 활용한 실험과 분석을 통해 사용자 최적 경험을 제공합니다.(그림 24)

케이블 방송이 시작된 이래로 TV에서는 KBS, MBC, SBS, EBS와 같은 지상파 방송과 케이블 TV, IPTV, 위성방송 등 다양한 사업자가 방송을 쏟아내게 됩니다.

　시청자의 입장에서 이러한 분류는 전혀 중요하지 않을 수 있습니다. 우리는 그저 재미있는 방송을 가능한 저렴하고 편리하게 보면 그만이기 때문이죠. 그러나 방송 영역은 법과 제도가 매우 엄격하게 적용되는 분야입니다. 우리는 잘 인식하지 못하지만, 엄격한 규제 때문에 방송의 내용과 형식이 채널에 따라 다르게 적용되기도 합니다.

　예를 들어 볼까요? 언제부터인가 KBS에서 방송하는 〈개그콘서트〉가 재미가 없어졌다고 하며 tvN의 〈코미디빅리그〉를 시청한다는 사람이 많아졌습니다. 왜 그럴까요? 단지 KBS 개그맨이 실력이 없어서일까요? 물론 그럴 수도 있습니다. 그러나 같은 개그 프로그램임에도 KBS 방송에서 쓸 수 없는 말과 내용을 tvN에서는 자유롭게 쓸 수 있다는 사실을 아는 사람은 많지 않습니다. tvN은 규제가 상대적으로 약해 개그 소재가 다양하고, 더 자유로울 수 있습니다. 상식적으로 생각해 봐도 내용의 제약이 있을 경우보다 없을 경우 자신의 아이디어를 자유롭고 창의적으로 만들 개연성이 더 크겠죠. KBS는 지상파 방송국이기 때문에 케이블 방송사보다 엄격한 법적 규제를 받습니다. 그래서 방송 내용이 매우 보수적이면서도 조심스럽습니다.

이렇게 TV 방송이라고는 하지만 그 안에는 많은 사업자가 있기 때문에 이들 사업자가 어떠한 기술을 바탕으로 새로운 서비스를 할 것인지는 제각각일 수밖에 없습니다. 가령 지상파 방송사는 UHD(Ultra High Definition, 4K, 초고화질) 방송을 차세대 방송으로 전략적으로 준비하고 있고, 케이블 방송은 넷플릭스와 유튜브를 볼 수 있는 OTT 서비스를 함께 제공합니다. 또한 IPTV는 한 화면에서 프로야구 4개 경기나 홈쇼핑 4개 채널을 동시에 시청할 수 있거나, 인공지능 음성 검색을 할 수도 있습니다.

골프 경기에서 보고 싶은 선수만 보기, 지난 홀 다시 보기, 원하는 선수의 스윙만 보기 등 새로운 서비스를 제공하는 LG유플러스

⏻ 지상파 UHD 방송은 성공할 수 있을까

다양한 서비스가 예측되는 TV의 미래를 이야기하기 위해 먼저 UHD 방송을 이야기할까 합니다. 지상파 방송은 UHD 본 방송을 시작으로 대중에게 멀어져 가는 역사적 유물로서 레거시 미디어(legacy media)의 생존을 모색 중입니다. 2017년 5월 31일에 세계

최초로 우리나라는 지상파 UHD 본 방송을 시작했습니다. 지상파 UHD 방송은 수도권 지역부터 본 방송이 시작되어 주요 광역시 및 강원권까지 완료됐습니다. 그리고 2021년까지 전국 시·군 지역까지 단계적으로 확대될 예정입니다.

해상도가 3,840×2,160으로, 약 800만 화소에 이르는 UHD는 HD보다 해상도와 화소가 4배 높은 고화질입니다. 생생한 화면으로 높은 몰입감을 이끌 수 있기 때문에 지상파 방송 시청자의 만족도를 높이기 위한 가장 진일보한 기술이라고 볼 수가 있죠. 그러나 본 방송 시작 전부터 제기되었던 우려처럼 당장 UHD 지상파 방송을 볼 수 있는 가구는 극소수라는 한계가 있습니다.

해외에서는 UHD보다는 4K라는 표현을 일반적으로 사용합니다. 미국에서는 2017년 2월에 폭스 스포츠(Fox Sports)가 위성TV인 DirecTV의 4K 전용 채널에서 4K 방송을 시작했는데, 미국에서 가장 인기가 많은 스포츠인 미식축구, 농구, 야구, 축구, 레이싱 경기 등을 주로 방송하고 있습니다. DirecTV는 현재 3개의 4K 전용 채널을 운영하는데, 채널 104번에서는 다큐멘터리를, 105번에서는 4K PPV(Pay Per View, 유료 시청) 영화를, 그리고 106번에서는 각종 이벤트 등을 방송합니다. 고화질 방송에 가장 적절한 장르를 스포츠와 영화, 그리고 다큐멘터리로 선정한 것입니다.

콘텐츠의 양이 많아질수록 고품질 방송이 나올 수 있습니다. 따라서 UHD 방송 콘텐츠가 많이 만들어질 수 있는 환경이 만들어지지 않는 한, UHD 방송의 미래는 여전히 불투명할 것입니다. UHD

TV의 확산과 UHD 방송 콘텐츠의 양. 이 둘 가운데 무엇이 선행되어야 할지 고민이지만, 어느 하나라도 부족하다면 UHD 방송 역시 3D TV 방송 산업의 전철을 밟을 가능성이 높을 것입니다.

또한 HD 방송과 UHD 방송을 동시에 볼 경우에는 UHD 방송이 얼마나 월등한지 금방 판단할 수 있지만, 그렇지 않을 경우에는 딱히 UHD 방송의 필요성을 느끼기 힘들다는 것도 문제입니다. HD 방송도 충분히 우수한 품질의 영상미를 제공하기 때문이죠. 시청자들의 UHD 방송에 대한 긍정적 태도를 이끌어내지 않는 이상, 지상파 UHD 방송의 성공을 기대하기는 힘들 것 같습니다.

4차 산업혁명을 이야기하고, 디지털 트랜스포메이션을 준비하는 시대에 지상파 방송은 여전히 본방 사수를 외치고, 매스 타깃(mass target)을 고려하며, 공공성을 강조합니다. 게다가 정해진 편성표에 따라, 일방향 서비스만 제공하죠. 새로운 영상 시장은 빅데이터를 통한 시청자 분석을 통해, 사용자가 좋아하는 영상 콘텐츠를, 인공지능의 힘을 빌어 제작하고, 시청자가 아닌 사용자 개념으로 파악하여 언제 어디서나 어떤 기기를 통해서든, 시간과 공간의 제약에 구애받지 않는 능동형 시청 행태가 가능한 서비스를 제공하려고 합니다. 자, 그러면 영상 산업 분야에서 새롭게 제공되는 서비스는 무엇이 있는지 알아보겠습니다.

전통 미디어의 사망,
시작된 OTT 전쟁

전 세계적으로 OTT 서비스의 인기가 심상치 않습니다. 전 세계 OTT의 대표주자는 넷플릭스입니다. 넷플릭스의 규모를 살펴보면 (Statista, 2019), 2018년 말 기준으로 매출은 158억 달러(18조 원), 가입자 수는 190개국에서 1억 5,000만 명, 오리지널 콘텐츠 제작에 130억 달러(15조 원)를 투입하고 있습니다. 넷플릭스의 확장세가 워낙 거세다 보니까, 미국의 주류 방송사 역시 OTT 서비스를 2019년과 2020년부터 시작합니다. 21세기폭스를 인수한 디즈니와 타임워너를 인수한 AT&T는 2019년부터, 유럽의 스카이(Sky plc)를 인수한 컴캐스트의 NBC유니버설은 2020년부터 스트리밍 서비스를 시작합니다. 유튜브와 넷플릭스로 양분된 OTT 시장은 2019년을 기점으로 레거시 미디어가 참여한 글로벌 OTT 전쟁으로 확장됐습니다.

OTT의 뜻부터 알아볼까요? OTT는 Ovr-the-Top의 약자로, Top은 TV에 연결되는 셋톱박스를 의미합니다. 초기에는 셋톱박스 기반 인터넷 동영상 서비스로 정의되었지만, 현재는 셋톱박스 없이도 TV나 PC, 핸드폰과 같은 단말기를 통해서 방송 및 통신 사업자들이 제공하는 동영상을 비롯한 부가서비스 등을 총칭합니다. 쉽게 말해 OTT 서비스는 인터넷을 통해 볼 수 있는 영상 제공 서비스를 말합니다. OTT 서비스는 영상 콘텐츠를 다운로드하거나 스트리밍 서비스를 제공하는 것으로, OTT 동영상 콘텐츠 시장은 콘텐츠 제작자와 방송 사업자는 물론 통신 사업자의 수익에도 큰 영향을 미치는 미래형 영상 비즈니스 모델로 자리를 잡고 있습니다.

OTT 서비스는 이제 더는 낯설지 않습니다. 유튜브가 대표적인 예입니다. 무료 서비스로 언제 어디서나 어떤 기기를 통해서라도, 5초짜리 광고만 본다면 고품질 콘텐츠를 사용할 수 있습니다. 우리나라도 지상파 방송을 볼 수 있는 푹(Pooq), CJ E&M에서 운영해서 tvN과 OCN, M.net 등의 방송을 볼 수 있는 티빙(TVING)과 SK브로드

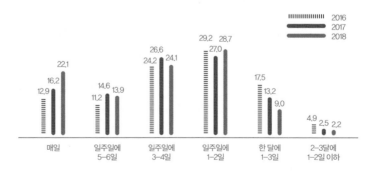

KISDI에서 조사한 OTT 이용 빈도. 매일 보는 사용자가 22%에 이르고, 매년 큰 폭으로 늘고 있다.(그림 25)

밴드가 운영하는 옥수수(Oksusu), 한국의 넷플릭스라고 불리는 왓챠플레이 등 많은 사업자가 있습니다. OTT의 성장세는 지상파 방송을 충분히 위협할 정도인데, 정보통신정책연구원의 연구 조사에 따르면 2017년 조사 대상자의 36%에서 2018년 43%로 7% 포인트가 증가할 정도로 OTT 서비스의 이용자가 증가했고, 매일 보는 사람도 22%를 넘는 것으로 조사될 정도로 가파르게 증가하고 있습니다(이선희, 2019).

⏻ 이야기를 내 마음대로, 인터랙티브 스토리텔링 콘텐츠

OTT 서비스의 가장 강력한 경쟁력은 역시 모바일입니다. 모바일 기기를 통해 시공간의 제약 없이 다양한 장르의 방송 영상 콘텐츠를 즐길 수 있다는 점은 여타 영상 플랫폼과 비교했을 때, 가장 큰 장점이라고 할 수 있습니다. 이를 통해 기존 방송 서비스를 대체하거나 또는 최소한 보완함으로써 시장 확대를 꾀할 수 있게 됩니다.

앞서 얘기한 스마트홈과 스마트시티와 같이 공간의 확장이 이루어지는 환경에서 모바일 서비스는 큰 장점이 됩니다. 여전히 거실이나 특정 공간에 가서 TV를 보는 사람도 많이 있지만, 특히 젊은 층의 경우는 TV 앞에 있을 시간도 없을뿐더러, 이제 필요성을 느끼지 못할 지경입니다. 내가 시공간을 좌우할 수 있다는 것. 이것이 바로 스마트시티가 갖는 특징이니까요.

사업자의 입장에서는 지역의 한계를 뛰어넘을 수 있기 때문에 글로벌 유통의 확대를 꾀할 수 있다는 장점도 갖습니다. 한류의 영향

마치 생각만으로
큐브를 맞추려는 것 같아서

〈블랙미러: 밴더스내치〉의 인터랙티브 스토리 라인. 넷플릭스 CEO 리드 헤이스팅스는 2019년 1월에 넷플릭스의 경쟁자는 슈팅게임인 '포트나이트'라고 말했습니다. 게임을 경쟁자로 삼은 만큼 넷플릭스는 인터랙티브 기능을 가속화하지 않을까요?(그림 26)

으로 K-팝에 이어 K-드라마까지 전 세계로 확대되는 콘텐츠의 힘을 OTT 서비스가 가속할 수 있는 것이죠.

OTT 서비스의 또 다른 장점은 인터넷 프로토콜 기반의 서비스이기 때문에 인터넷이 가진 장점을 그대로 서비스에 녹여낼 수 있다는 것입니다. 대표적인 것이 인터랙티비티, 즉 상호작용성입니다. 최근 넷플릭스는 상호작용성을 극대화한 서비스를 소개했는데, 바로 사용자의 선택에 따라 내용의 진행과 결말이 달라지는 인터랙티브 쇼입니다.

2017년에 선보인 〈장화 신은 고양이(Puss in Book: Trapped in an Epic Tal)〉와 〈버디썬더스트럭(Buddy Thunderstruck)〉은 어린이 시청자를 겨냥해서 드림웍스 애니메이션과 함께 만들었습니다. 〈장화 신은 고양이〉의 경우, 시청자는 영상을 보면서 총 열세 번의 선택을 통해 완전히 다른 두 개의 결말을 볼 수 있게 만들었고, 〈버디썬더스트럭'〉 총 일곱 번의 선택으로 네 개의 완전히 다른 결말을 볼 수 있게 제작되었습니다. 2019년 시작과 함께 넷플릭스는 〈블랙미러: 밴더스내치(Black Mirror: Bandersnatch)〉라는 성인용 인터랙티브 영화를 선보이며, 전 세계에서 큰 인기를 끌었습니다. 총 다섯 개의 다른 결말을 선택할 수 있는 이 영화를 모두 보려면 총 5시간이 걸리는 것으로 알려져 있습니다. 그렇다면 왜 이러한 시도가 중요할까요?

넷플릭스가 제공하는 인터랙티브 프로그램〈블랙미러: 밴더스내치〉

　동일한 제목에서 다수의 스토리텔링을 갖는 콘텐츠는 이미 비디오 게임에서 적지 않게 소개되었습니다. 게이머의 선택으로 다양한 진행 과정을 통해 여러 개의 결말을 갖는 형태의 게임은 낯설지 않죠. 그러나 방송 영상 시장에서 과정과 결과를 선택할 수 있는 시도는 매우 드뭅니다. 거의 없죠. 무엇보다도 많은 제작비와 제작 기간이 큰 걸림돌이기 때문입니다. 그렇기 때문에 시청자가 선택할 수 있는 인터랙티브 스토리텔링 콘텐츠가 OTT 서비스의 비즈니스 모델로 당장 채택될 것 같지는 않습니다.

　넷플릭스의 경우만 하더라도, 이 서비스가 세계 시장에 당장 제공되는 것이 아니고, 게다가 모든 기기에서 이 서비스를 즐길 수 있는 것도 아닙니다. 가장 큰 문제점은 시청자가 선택해야 하기 때문에 시나리오에 따라 그만큼 많은 제작 비용이 들고, 제작 기간이 더 길어질 수 있다는 것입니다. 또한, 한 편의 작품을 다양하게 만드는 것보다,

그 비용으로 다양한 작품을 만드는 것이 더 낫다고 판단할 수도 있죠.

그러나 넷플릭스의 지위와 세계적 영향력에 비추어 보면, 이러한 시도가 단순히 하나의 기념비적 역사를 남기는 것으로 그칠 것 같지는 않습니다. 이러한 시도가 재시청률를 높일 수 있고, 이에 따라 고객 충성도를 높일 수 있으며, 사용자 몰입도를 더욱 높이는 효과가 있다면 이야기는 달라지기 때문입니다.

일방향 콘텐츠를 제공하는 다른 플랫폼이나 OTT 서비스와의 차별화를 통해 자사의 서비스를 계속 사용하게 하고, 이러한 서비스를 통해 어린이 시청자가 긍정적 태도를 형성해 플랫폼의 지속적 이용을 가능하게 하는 원동력이 될 수 있다는 점에서 시장의 확대를 꾀할 수도 있을 것입니다. 이러한 이유로 향후 OTT 사업자의 인터랙티브 스토리텔링 서비스는 양적인 면에서도 질적인 면에서도 증가할 것으로 예상됩니다.

아마존 소유의 게임 전용 인터넷 개인방송 서비스인 '트위치'도 특정 에피소드의 내용에 만족하지 못하는 사용자가 많을 경우 사용자 피드백을 반영해 에피소드의 내용을 바꾸는 일종의 소셜TV를 추진한다고 밝힌 것처럼, 인터랙티비티 서비스는 다양한 방식으로 소개될 것입니다.

⏻ 새로운 스토리텔링이 요구되는 360도 동영상

가상현실 방송이라는 용어가 방송가에서는 심심찮게 등장하고 있습니다. 아마 이 책을 읽고 있는 독자 중에서도 가상현실 방송을 직접 본 사람도 있을 겁니다. 그러나 여러분이 본 가상현실 방송이 진짜 가상현실 방송인지 그 여부는 따져봐야 할 것 같습니다. 왜냐하면 가상현실 방송이라고 말하는 대부분의 영상은 현실을 촬영한 영상, 즉, 가상이 아닌 진짜 현실을 찍은 영상인 '진짜 현실 방송'이기 때문이죠. 다만, 기존의 영상이 평면이었다면, 이 영상은 360도로 촬영했다는 차이가 있을 뿐입니다.

그러나 스마트폰에서 360도 동영상을 제공하는 앱을 살펴보면, 국내에서는 대표적으로 MBC가 'MBC VR', 해외에서는 〈뉴욕타임스〉의 'NYT VR', 디스커버리의 'Discovery VR' 등 많은 앱이 있는데, 이들은 360도 동영상을 제공하지만 'VR'이라는 용어를 사용하고 있습니다. 360도 동영상을 만드는 영상 제작사와 영상 플랫폼, 360도 카메라를 판매하는 기업 그리고 언론사와 방송사에서도 360도 동영상을 가상현실이라고 얘기하며 사용자를 헷갈리게 합니다.

360도 동영상이란 말 그대로 한 대 또는 다수의 동영상 카메라를 이용하여 360도 파노라마 촬영을 한 영상을 말합니다. 일반적인 영상과의 유일한 차이점은 기존에는 카메라 한 대로 전면부만 촬영했다면, 360도 동영상은 말 그대로 360도를 촬영한 영상이라는 점뿐입니다. 결론적으로 360도 동영상은 가상현실이 아닙니다.

그러나 사용자에게 이러한 구분은 무의미할 듯합니다. 360도 동영상이 가져다주는 생생하면서도 이전에 경험해 보지 못한 새로운 감동이 가상의 즐거움을 주기 때문일까요? 현재 방송 영상 시장에서 가상현실이라는 표현은 360도 동영상과 컴퓨터그래픽으로 만든 가상의 것을 모두 포함합니다. 다만 이 책에서는 가상현실을 따로 다루기 때문에 360도 동영상으로 구분해서 사용하겠습니다.

비록 360도 동영상이 가상현실은 아니지만, 360도를 모두 영상에 담는다는 점에서 기존의 영상 제작 과정과는 큰 차이점이 있습니다. 360도로 영상이 제공되기 때문에 이론적으로 말하면 사용자는 자신이 원하는 장면을 선택해서 볼 수 있습니다. 그러나 이런 방식은 작가가 원하는 스토리 라인대로 진행되기 힘들기 때문에, 영상 속에서 스토리 라인을 따를 수 있는 단서를 계속 배치하는 식으로 사용자를 끌고 가야 합니다.

재미있는 것은 저자가 실험을 하는 중에 우연히 발견한 결과, HMD 착용자의 행동 패턴이 일반적인 예상과는 다르다는 점입니다. 처음 기기를 착용한 후에는 좌우로 움직이기도 하고 앞으로 나가기도 하지만, 콘텐츠에 집중할수록 움직임이 둔해지고 원하는 한 장면에 고정돼 앞만 보는 행동을 유지합니다. 이러한 사용자의 행동 패턴을 고려해보면 360도를 고려해 전체 스토리를 전개하는 것보다는 가끔 360도에 걸맞은 장면을 제시해 주고 대부분의 시간은 한 장면으로 진행할 수 있게 스토리 라인을 전개하는 방식이 더 적절할 수 있습니다. 제작 비용도 줄이면서 제작자가 원하는 스토리텔링을 전달할 수 있기 때문이죠.

영상을 만드는 이야기가 나왔으니 360도 동

360도 동영상 제작방법을 강의하는 유튜브

영상을 만들 때 발생하는 재미있는 에피소드 한 가지를 소개할까 합니다. 360도 드라마를 제작할 때 가장 힘든 점이 무엇일까요? 영상을 촬영하는 장면을 상상해 보면 쉽게 그려질 것 같습니다. 예, 그렇습니다. 바로 제작진들이 보이지 않게 찍어야 한다는 것입니다. 기존에는 모든 제작진이 카메라 뒤편에 서서 소리만 안 내는 것으로 충분했지만, 이제는 카메라맨, 조명팀, 음향팀, 연출, 조연출 등 모두 보이지 않는 곳에 숨어야 합니다. '레디 고'를 외치면 숨어 있다가, '컷'을 외치면 우르르 나와서 메이크업 아티스트는 배우의 얼굴을 다시 고쳐 주고, 코디네이터는 옷매무새를 가다듬는 행동을 테이크(Take)마다 해야 합니다. 얼마나 많은 시간과 노력이 필요할지 상상이 되나요?

360도 동영상이 시청자에게 처음에는 신기한 느낌을 줄 수는 있지만, 2D 영상을 촬영한 것처럼 단순히 360도 동영상을 제공하는 것만으로는 사용자를 붙잡기 힘듭니다. 피로감을 느끼기도 쉽고요. 결국 '왜 360도 동영상을 봐야 하는가'를 설득해야 합니다. 360도 동영상에 걸맞은 스토리텔링 기반 영상 문법이 매력적으로 다가올 때만이 사용자는 360도 동영상을 즐길 수 있을 것입니다.

⏻ 아직은 스포츠가 대세인 360도 동영상

HMD의 보급이 늘어가며 360도 방송 역시 더욱 적극적으로 제작되고 있습니다. 아직 국내에서는 360도 동영상이 산업적인 차원에서 큰 관심을 끌지 못하는 듯하지만, 해외의 경우 360도 동영상 제작업체인 전트(Jaunt)나 넥스트VR(NextVR) 등 점차 많은 기업들이 미디어 기업과 손을 잡고 대규모 투자금 확보를 통해 스포츠, 게임, 라이브 공연 등의 콘텐츠를 제작하고 있습니다.

스포츠는 현장에서 벌어지는 생생한 경기의 흐름을 전달하기 위해 360도 동영상을 적용할 수 있는 가장 좋은 분야 중 하나입니다. 미국의 넥스트VR은 스포츠 분야의 가상현실 콘텐츠 제작업체로 가장 앞서 있는데, 폭스스포츠(Fox Sports)와의 파트너십을 통해 NBA의 농구 경기와 미식축구 경기, 내스카(Nascar)의 자동차 경주 등을 360도 동영상으로 생중계하고 있고, 컴캐스트(Comcast)와 타임워너(Time Warner)가 포함된 투자자로부터 수천만 불이 넘는 투자를 받으며 많은 콘텐츠를 제작하고 있습니다.

대표적인 예가 미국 대학 농구의 토너먼트 경기 중계방송입니다. 먼저 미국 대학 농구에 대해 잠시 설명을 해야겠습니다. 미국에서는 매년 봄마다 '3월의 광란(March Madness)'이라는 토너먼트 경기를 하는데, 이 게임의 인기가 상상을 초월합니다. 단 67경기 토너먼트를 중계

인텔이 제작하는 미국 대학(NCAA) 농구 대회 360도 동영상

하기 위한 중계권 가격이 2018년에는 8억 5,700만 달러(약 9,300억 원), 2019년에는 8억 7,900만 달러(약 9,600억 원)일 정도입니다. 참고로 우리나라에서 가장 인기가 많은 프로야구 KBO의 중계권 수익은 2017년 기준 약 540억 원으로 추산됩니다.

이러한 경기를 중계하기 위해 2016년 이후부터 360도 동영상 서비스를 해왔습니다. 생동감 있는 영상을 위해 84대의 카메라가 투입

되어 현장의 감동을 고스란히 전하고 있는 것이죠. 단 360도로 즐기기 위해서는 유료 서비스를 이용해야 합니다. 어마어마한 중계권료를 상쇄하기 위해 결국 프리미엄 서비스로 제공하는 것이죠. 경기당 1.99달러(약 2,300원)인 실버 티켓은 코트사이드에서 촬영된 180도 시야각을 지원하고, 2.99달러(약 3,450원)인 골드 티켓은 모든 카메라를 이용하여 경기를 시청할 수 있습니다. 이것이 가능한 것은 앱을 통해 영상을 보기 때문입니다. 당연히 TV 중계로는 볼 수 없습니다.

국내에서도 프로야구 경기를 360도 동영상으로 중계방송을 한 적이 있습니다. 2016년 3월 26일과 27일 양일에 걸쳐 열린 KT위즈의 시범경기에서 1루와 3루, 포수석에 설치된 360도 동영상 촬영용 카메라 3기를 통해 실시간으로 영상을 전송해서 사용자가 스마트폰에 있는 앱을 통해 감상하는 방식으로 '기가 VR' 생중계 방송을 한 바 있습니다.

새로운 테크놀로지를 적극적으로 채택하는 것으로 유명한 넷플릭스가 가상현실에 관심을 드러내는 것은 당연할 것입니다. 넷플릭스는 그간 360도 동영상이나 가상현실과 같은 차세대 디지털 콘텐츠 포맷에 대해서는 소극적 태도를 취하는 듯했으나, 인기 드라마인 〈기묘한 이야기(Stranger Things)〉의 짧은 비디오 클립을 360도 동영상으로 만드는 시도를 했습니다. 인터랙티브 프로그램에 비해 아직 성과가 미비하지만, 모바일 환경으로 급격하게 진행되는 영

360도 동영상으로 제작한 넷플릭스 자체 제작 드라마인 〈기묘한 이야기〉

204

상 콘텐츠 소비를 고려한다면, 360도 환경 기반 콘텐츠의 증가 폭은 점차 확대될 것으로 보입니다.

한편, 소니픽쳐스는 노키아의 360도 카메라 오조(Ozo)를 활용해 생방송을 시작했습니다. 소니픽쳐스 이벤트에 실제로 참석하기 어려운 팬들을 대상으로 마치 현장에 있는 듯한 느낌을 주기 위해서 360도 라이브 방송을 한 것이죠. 오조는 8대의 카메라가 찍은 영상을 실시간으로 360도 동영상으로 만들 수 있는 기술력을 바탕으로, 오큘러스 리프트로 볼 수 있도록 360도 동영상 생방송 서비스를 제공했습니다.

360도 동영상을 만드는 데 가장 큰 문제점은 각각의 카메라로 촬영된 다수의 영상을 360도인 화면 하나로 만드는 스티칭(Stitching) 작업에 많은 시간이 소요된다는 점입니다. 노키아는 바로 이러한 스티칭 작업을 실시간으로 할 수 있는 기술력으로 소니픽쳐스의 생중계를 돕는 역할을 한 것입니다. 삼성전자 역시 라이브 방송을 위해 UFC, X-Games와 실시간 스트리밍 서비스 계약을 체결했습니다. 삼성전자는 VR 라이브패스(Live Pass)라 불리는 서비스를 삼성의 기어 VR을 통해 제공하고 있는데, 실시간 스포츠 및 음악 이벤트를 전 세계 45개국에 무료로 제공하고 있습니다.

그러나 아쉽게도 조사해 보면 실제로 360도 동영상을 즐기는 사용자는 극히 일부이고, 그것도 유튜브나 페이스북에 있는 영상을 HMD가 아닌 스마트폰을 이리저리 돌려보는 것이 대부분이었습니다. 360도 동영상의 대중화를 기대하기는 아직 쉽지 않습니다. 무엇보다도 360도 동영상을 왜 봐야 하는지 그 동기부여가 되지 않기 때문이죠. 360도 동영상은 아직 미완의 대기(大器)로 남겨 둬야 할 것 같습니다.

다시 한 번 강조하지만, 좋은 기술이라고 해서 반드시 사용자를 끌어들이는 것은 아닙니다. 수많은 기술 중에서 사용자가 자신에게 가장 적합하거나 또는 변화하고자 하는 환경에 맞는 기술이 살아남는다는 것이죠. 이런 점에서 사용자 경험은 매우 중요합니다. 3D 영상 산업이 실패한 이유는 바로 사용자 경험에 적합하지 못했기 때문입니다. 360도 동영상은 어떨까요? 제대로 즐기기 위해서는 무거운 HMD를 써야 하고, HMD를 쓸 때마다 아침에 시간 들여 가꾸고 나온 내 헤어스타일이 엉망이 되는지 걱정하며, 기껏 예쁘게 화장한 얼굴이 HMD를 쓰기 위해 덧댄 마스크 때문에 지워지는 것과 같은 경험이 반복되면 HMD를 쓰고 동영상을 본다는 것은 매우 귀찮은 행동이 될 것입니다. 360도 동영상은 이러한 난관을 잘 극복할 수 있을까요?

스낵컬처와 무인 제작 시대, 인공지능이 만든 영상

앞에서 OTT의 인기가 얼마나 대단한지 그리고 앞으로 어떤 새로운 서비스가 나올지 설명을 했지만, 가장 중요한 기술은 남겨 두었습니다. 바로 인공지능입니다. 인공지능이 우리 사회 전 영역에 적용되고 있듯이 OTT 분야에도 마찬가지입니다.

현재 가장 유용하게 쓰이는 분야는 시청자에게 더욱 편리한 사용 경험을 제공하는 음성인식 서비스를 들 수 있습니다. 대표적으로 아마존의 음성인식 인공지능 개인 비서 '알렉사(Alexa)'를 들 수 있는데, 처음에는 알렉사라는 음성인식을 통해 정보 검색과 음악 재생, 홈오토메이션 등의 기능만 사용할 수 있었을 뿐, 방송 영상과 관련해서는 딱히 눈에 띄지 않았습니다.

그러나 아마존이 OTT와 유료 방송사에게 알렉사를 사용해서 음성 명령 리모컨의 역할을 할 수 있게 함으로써 새로운 서비스가 나오기 시작했습니다. '비디오 스킬 API(Video Skill API)'를 통해 콘텐

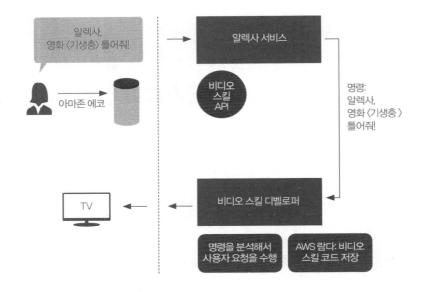

알렉사 Video Skill API(그림 27)

츠 제공업자는 자사의 앱으로 음성 명령을 내리는 것이 가능해진 것입니다. 표준화된 방식이므로 콘텐츠 제공업자가 다르더라도 배우와 감독, 장르 등에 따른 콘텐츠 검색뿐만 아니라 재생과 멈춤, 볼륨 조절 등의 기능을 제공합니다. 특히 해당 API를 이용하는 각 업체가 제공하는 콘텐츠 단위로 명령을 내릴 수 있기 때문에 사용자 입장에서는 편의성이 획기적으로 증가하게 됩니다.

이미 아마존이 OTT 셋톱박스인 '파이어TV(FireTV)'에 알렉사를 적용했고, 터치스크린을 갖춘 '에코 쇼(Echo Show)'를 통해 방송 영상 프로그램에도 알렉사를 본격적으로 활용하고 있습니다. 구글의 경우 구글 홈과 크롬캐스트(Chromecast)의 연동을 통해 TV 및 동영상 서비스를 조작할 수 있게 하고, 안드로이드 TV 자체에서 구글 어시스턴트(Assistant)를 지원하며, 애플은 애플 TV에서 음성인식을 통한 동영상 검색과 재생 등을 제공하고 있습니다.

한편, 국내의 경우 KT가 IPTV 셋톱박스와 연동하는 기가 지니를 선보이면서 TV 서비스와 인공지능 개인 비서의 결합을 강조하고 있어, 음성인식 인공지능을 통한 명령 방식은 갈수록 확대될 예정입니다. 이처럼 인공지능이 OTT에 이미 적용되고 있는데, 이밖에 또 어떤 특징이 있을까요? 이제는 방송 영상 산업의 전 영역에 적용되고 있는 인공지능에 대해서 이야기해 볼까 합니다.

⏻ 방송 영상 산업의 주류 기술로 등장할 인공지능

알파고 이후로 인공지능은 매우 보편적인 단어로 사용되고 있습니다. 크게 유행하고 있는 4차 산업혁명이라는 용어 때문인지, 어느 분야건 인공지능을 얘기하지 않는 분야를 찾아보기 힘들 지경이죠. 방송 영상 분야도 인공지능 기술의 적용을 피할 수 없습니다. 방송 영상 산업에서 인공지능 기술의 적용 분야는 제작 단계에서부터 시청자 분석까지 전 영역에 걸쳐 있습니다.

현재 상용화되고 있는 서비스로는 넷플릭스와 유튜브가 가장 앞서 있는 것으로 알려진 사용자 분석 데이터의 활용입니다. 시청자가 시청한 영상 데이터를 분석한 후, 시청자가 원하는 영상을 추천하는 서비스가 한 예입니다. 영상 분류와 사용자 선호도 분석을 통해 제공되는 이 서비스는 가장 빨리 상용화되었고, 앞으로 그 정밀성은 더욱 높아질 것입니다.

먼저 넷플릭스의 영상 분류는 영화나 방송 산업에서 5년 이상 근무한 경력이 있는 약 30~40명의 영상물 전문가가 4,000개의 분류 기준을 바탕으로 영상에 '태그(꼬리표)'를 답니다. 즉, 사람이 일일이 작업하는 것이죠. 스프레드시트에 하나하나 태그를 다는데, 지역, 장르, '즐거운'과 '마음 아픈' 등과 같은 영상을 나타내는 수식어, 배경, 연령대 등 영상물 1개당 평균 250개씩 태그를 답니다. 즉, 각 영상마다 250개의 단어로 특징이 정의되는 식입니다. 그리고 넷플릭스가 개발한 자체 알고리즘 시스템을 통해 최적화합니다.

다음은 사용자 선호도 분석입니다. 사용자는 시청한 영상에 대해서 엄지 아이콘으로 '좋아요/별로예요' 표시를 합니다. 이를 바탕으로 넷플릭스는 사용자가 좋아하거나 싫어하는 영상을 분석합니다. 자체 알고리즘으로 최적화된 시스템을 통해 사용자가 좋아할 만한 영상을 추천합니다. 보도된 기사(Roettgers, 2017.03.16)에 따르면, 이 시스템을 통해 시청자의 평가 활동이 200% 증가했고, 각 시청자의 취향을 보다 자세히 파악할 수 있어 시청자의 마음에 들 것으로 판단되는 콘텐츠를 보다 효과적으로 추천할 수 있는 것으로 나타났습니다.

시청자가 원하는 영상을 그때그때 제공할 수 있다면, 시청 만족도를 높일 수 있을 뿐만 아니라 시청 빈도와 시간을 늘릴 수 있습니다. 이는 자연스럽게 수익 창출로 이어질 것입니다. 방송 영상 시장에서 인공지능 기술이 기대되는 이유이죠.

그러나 인공지능은 단지 사용자 분석에만 머물지 않습니다. 시나리오를 쓰는 것부터 시작해서 이미 세상에 존재하는 영상이나 이미지를 이용해서 새로운 영화로 만들기도 합니다. 음악도 작곡하고, 작사도 하며, 영상의 특정 영역에서는 필터링 기능을 사용해서 영상에 가장 어울리는 편집을 하기도 합니다.

영상 제작 단계에서 인공지능 기술 활용의 대표적 사례는 벤자민(Benjamin)을 들 수 있습니다. 벤자민은 2016년에 영화감독 샤프(Oscar Sharp)와 인공지능 학자인 굿윈(Ross Goodwin)이 함께 만든 시나리오 전문 인공지능입니다. 2016년 온라인으로만 개봉한 영화인 〈선스프링(Sunspring)〉은 9분짜리 공상과학 영화로 인공지능인 벤자민이 쓴 시나리오를 영화화한 것입니다. 벤자민은 TV 시리즈인 〈스타트렉〉이나 〈X 파일〉 등 수십 편의 공상과학 시나리오를 학습하며 인공지능으로서 첫 번째 시나리오를 작성했습니다.

인공지능 벤자민이 쓴 시나리오를 영화화한 〈선스프링〉

영화로 만들기 위한 시나리오가 가져야 할 기본 요소는 갖췄지만 그 속내를 들여다보면 영화로 만들어진 것이 무리였다는 생각이 들 정도로 이야기 전개가 안 되는 장면이 곳곳에서 보이긴 합니다. 아직 미완성이라는 이야기입니다. 하지만 첫 작품이라는 의미가 컸기 때문일까요? 이 작품은 영국 런던에서 개최하는 48시간 만에 공상과학 영화를 만들어야 하는 영화제(SCI-FI-LONDON 48 hour Film Challenge)에서 10위 안에 드는 쾌거를 이뤘습니다.

⏻ 콘텐츠의 지도를 바꾸는 새로운 문화, 웹콘텐츠

인공지능과 관련된 다양한 내용은 이 책의 10장에서 더 자세히 이야기하겠습니다. 인공지능이 미래형이라면, 웹콘텐츠는 현재 진행형입니다. 웹콘텐츠란 인터넷을 통해 공간의 제약 없이 이용 가능한 디지털 형태의 텍스트, 이미지, 소리, 동영상 등으로 제작된 모든 콘텐츠를 말합니다. 웹콘텐츠는 스낵컬처 문화 현상에 기반하여 빠르고 간편한 소비 트렌드를 반영함으로써 10분 내외의 짧은 시간 동안 즐길 수 있는 특징이 있습니다. 모바일 기기를 통해 콘텐츠를 소비하기 때문에 장르와 시간, 스토리텔링 등에서 새로운 문법이 요구되는 최근 가장 뜨거운 사랑을 받는 분야입니다.

2008년에 호모 모빌리쿠스(Homo Mobilicus)라는 용어가 유행이었던 적이 있습니다. 정작 영어권에서는 사용하지도 않는 용어이지만, 모바일 기기의 확산에서 변화하는 인간상을 잘 표현했습니다. 인간은 끊임없이 움직이고 영역을 확장하며 관계를 넓히고 사회생활을 하는데, 모바일 기기가 이러한 인간의 근본적 욕망을 충족시켜 주기 때문입니다. 웹콘텐츠는 모바일 시대에 가장 촉망받는 새로운 콘텐츠입니다.

이제는 누구나 콘텐츠를 만들 수 있는 환경이고 유통은 더욱 자유롭게 됐죠. 유튜브를 떠올리면 무슨 말인지 알 수 있습니다. 이와 같은 흐름으로 스트리밍과 큐레이션을 기반으로 한 서비스는 너무나 자연스럽습니다. 인터넷 전송속도가 충분히 뒷받침되었기에 대용량의 동영상을 볼 때도 굳이 파일을 저장해서 보는 것이 아니라, 재생

버튼을 누름과 동시에 시청하고 취향을 잘 분석해서 좋아할 만한 콘텐츠만 추천해 줍니다.

실시간 스트리밍은 내로우 미디어 캐스팅(Narrow Mediacasting)의 미래를 엿보게 합니다. 이러한 시청 행태는 특히 30대 이하 층에서 급격하게 나타나고 있으며, 매년 전 연령층으로 확장되고 있습니다. 스마트폰의 중요성이 매년 증가하는 반면 텔레비전은 감소하고 있고, 새로운 시청 행태로 볼 수 있는 몰아 보기(Binge Viewing), 이동 중 시청하기(Out-of-Home Viewing), 원하는 시간에 시청하기(Time-Shift Viewing) 등 시간과 공간의 제약에 구애받지 않는 능동형 시청 행태가 눈에 띄게 증가하고 있습니다. 웹콘텐츠는 이러한 새로운 시청 행태를 모두 충족시킵니다. 호모 모빌리쿠스에 최적화된 콘텐츠라는 거죠.

사실 웹콘텐츠는 국내에서만 통용되는 용어로, 해외에서는 디지털 콘텐츠, 온라인 콘텐츠, 모바일 콘텐츠, 스마트 콘텐츠 등 다양한 용어가 혼재되어 사용되고 있습니다(한국콘텐츠진흥원, 2015). 일본에서는 웹에서 제공·전달되는 콘텐츠로 정의되고 있으며, 미국에서는 웹사이트에서 제공되는 다큐멘터리, 데이터, 애플리케이션, 디지털로 제공되는 이미지, 오디오 및 비디오 파일, 개인 웹 페이지, 보관된 이메일 메시지 등 광범위한 모든 콘텐츠를 의미합니다. 디지털로 제공되기 때문에 PC를 포함한 인터넷 접속이 가능한 모든 디바이스를 통해 소비되는 콘텐츠를 의미하지만, 일반적으로 스마트폰이나 태블릿에서 사용될 것으로 예상해 콘텐츠를 제작합니다.

⏻ 가벼워서 더 재미있는, 웹드라마

대표적인 웹콘텐츠 가운데 하나가 웹드라마입니다. 웹드라마는 웹(Web)과 드라마(Drama)의 합성어로 에피소드당 10~20분 내외로 짧게 구성된, 웹상에서 시청 가능한 드라마를 의미합니다. 2010년 국내 첫선을 보였던 웹드라마는 초창기 주로 기업들의 자사 홍보를 위한 목적으로 제작됐지만, 이후 스마트폰의 확산과 더불어 LTE 통신망의 발전으로 짧은 영상에 대한 소비자들의 관심이 늘어나면서 소재나 출연 배우 등의 폭도 넓어지고 전문 제작사가 만드는 웹드라마가 늘어나는 등 지속적인 성장세를 보이고 있습니다.

큰 인기를 얻은 대표작은 2016년 11월 네이버 TV로 방송된 〈마음의 소리〉입니다. 이 웹드라마는 동명의 유명 웹툰을 드라마화하여, 일주일 만에 1,000만 뷰를 넘어섰으며, 방영 3주일 만에 2,000만 뷰를 돌파해 전체 웹드라마 조회수 1위에 오르는 등 큰 인기를 얻었습니다. 이후에는 지상파 TV 드라마로 제작되어 방영되기까지 했죠.

네이버에서 독점 방송돼 4,300만 조회수를 넘긴 웹드라마 〈마음의 소리〉

웹드라마에는 방송 콘텐츠와 차별화된 장점이 많습니다. 먼저, 제작 차원에서 소재와 포맷이 자유롭습니다. 앞에서 〈개그콘서트〉와 〈코미디빅리그〉의 예를 통해 같은 방송이라도 다른 규제를 받는다는 것을 기억하시죠? 웹드라마는 규제가 더 느슨합니다. 인터넷으로 유통되는 콘텐츠는 방송법이 아닌 정보통신망법의 심의를 받기 때문입니다. 방송의 형식으로 음란물이나 불법성을 띠는 내용만 아니라면 어떠한 내용도 가능할 뿐만 아니라 자유롭게 광고도 가능합니다.

실제로 최근에 롯데면세점이 마케팅용으로 직접 웹드라마를 만들어서 큰 인기를 얻기도 했습니다. 이민호, 이종석, EXO 카이 등 7명의 남자 배우가 등장한 〈첫 키스만 일곱 번째〉와 이준기, 황치열, EXO 찬열 등 6명의 남자 배우가 출연한 〈퀸카메이커〉등 웹드라마에 한류 스타가 총출동해서 대대적인 스타 마케팅을 펼쳤습니다.

롯데면세점이 만든 웹드라마 〈첫 키스만 일곱 번째〉와 〈퀸카메이커〉

무엇보다도 제작비가 크게 들지 않는다는 점은 제작자에게 큰 매력입니다. 짧은 시간에 소비되기 때문에 기발한 아이디어를 기초로 한 기획력과 실험적 발상이 특히 요구되죠. 이러한 이유로 소규모의 독립 제작사에게 새로운 기회의 시장이기도 합니다. 사용자 측면에서는 단편으로 구성된 작품이기 때문에 긴 호흡이 필요 없고, 시간 나는 대로 10분 정도의 단위로 시청할 수 있어서 간편합니다. 인터넷으로 제공되어 편성에 구애되지 않으며, 어떤 장소에서든 보고 싶을 때 볼 수 있고 원하는 작품을 선택할 수 있습니다.

그러나 이러한 장점이 제작자에게 그대로 수익으로 이어지진 않습니다. 실제로 웹드라마 자체로 수익을 내는 회사는 거의 없습니다. 미리 보기 서비스를 통해 다음 회를 300~400원의 비용으로 시청하

게 하거나, 동영상 광고 서비스를 하거나, 콘텐
츠를 유료 채널에 판매함으로써 추가 수익을 기
대하기도 하지만 제작비를 만회하기에는 턱없
이 부족한 상황입니다. 이러한 이유로 해서 웹드
라마가 생각만큼 많이 제작되지는 않습니다.

당장에 웹드라마로 높은 수익을 기대하기는
힘들지만, 모바일 시대가 가속화되고 스낵컬처
에 대한 수요가 높아지기에 시장의 확대는 필연
적입니다. 이에 따라 웹콘텐츠 제작자들은 유통

10대는 〈에이틴〉,
20대는 〈연플리〉.
에피소드당 수백
만 회의 뷰를 기
록하는 웹드라마

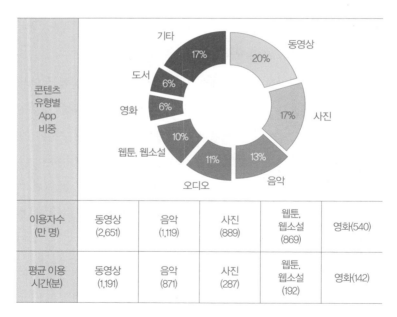

콘텐츠 유형별 App 비중					
이용자수 (만 명)	동영상 (2,651)	음악 (1,119)	사진 (889)	웹툰, 웹소설 (869)	영화(540)
평균 이용 시간(분)	동영상 (1,191)	음악 (871)	사진 (287)	웹툰, 웹소설 (192)	영화(142)

닐슨 코리안클릭이 분석한 모바일 엔터테인먼트 콘텐츠 유형별 비중과 사용(그림 28)

플랫폼 다각화 전략과 한류 콘텐츠의 세계화 진출 전략에 발맞추어 소규모 제작사뿐만 아니라 대형 연예기획사나 제작사에서도 관심을 기울이고 있습니다. TV의 시대는 저물고 있지만, 모바일 방송의 시대는 이제 시작입니다.

07

같이 VR 테마파크 갈래?

가상+현실, 실재보다 더 실감 나는 세상

가상현실은 컴퓨터 그래픽으로 만든 100% 가상의 세계이면서, 사용자가 상호작용하고 몰입할 수 있는 환경을 말합니다. 몰입할 수 있는 그리고 가상의 대상물과 상호작용할 수 있는 자연스러운 환경을 제공해야 하는데, 기술이 발달한다고 해서 사용자의 만족도까지 저절로 높아지는 것은 아닙니다. 가상현실에 대한 시장의 반응에서 정작 사용자는 빠져 있습니다. 기기 제조업자와 콘텐츠 제작자, 마케팅 에이전시, 언론사 등의 관심은 지극히 크지만, 정작 사용자의 목소리는 단지 호기심 어린 탄성만 소개될 뿐이죠. 사용자 경험에 기반을 둔 최적의 환경을 어떻게 제공할 수 있을지 더 고민이 필요합니다.

가짜와 진짜가
만나는 세상

가상현실은 말 그대로 컴퓨터 그래픽으로 만든 100% 가상의 세계이고, 사용자가 상호작용하고 몰입할 수 있는 환경을 말합니다. 가상현실 연구자에게 교과서처럼 읽히는 밀그램과 키시노(Milgram & Kishino, 1994)의 논문에서, 그들은 가상현실을 '사용자가 완전한 상태로 몰입하고 상호작용할 수 있는, 100% 가상으로 만들어진 세계'라고 정의했습니다.

가상의 것을 만들어 내는 것이기 때문에 그 재현물이 얼마나 현실과 유사하냐의 여부에 따라 사용자는 긍정적 또는 부정적 경험을 하게 됩니다. 기술의 발달로 인해 사용자는 가상세계를 단지 보는 것에 그치지 않고, 가상현실 속에 구현된 세계와 상호작용까지 할 수 있습니다. 가상현실은 사용자와 상호작용이 가능하고, 사용자가 새로운 경험을 창출할 수 있다는 점에서 일방적으로 구현된 시뮬레이션과는 구분됩니다.

가상현실과 비슷하지만 다른, 그래서 매우 헷갈리는 것이 있죠. 바로 증강현실(Augmented Reality, AR)과 혼합현실(Mixed Reality, MR)입니다. 앞서 언급한 밀그램과 키시노는 현실과 가상현실 사이에 존재하는 모든 것은 혼합현실이라고 정의하고, '포켓몬고'처럼 현실에 가상의 사물이 있는 것을 증강현실, 일기예보처럼 가상으로 만들어진 배경에 진짜(기상 캐스터)가 있는 것을 증강가상(Augmented Virtuality, AV)이라고 말했습니다.

문제는 밀그램과 키시노 이후 증강현실에 관한 또 다른 교과서처럼 사용되는 아즈마(Azuma, 1997)의 논문에서는 혼합현실이란 용어는 단 한 번도 사용하지 않고 그저 증강현실에 대해 설명했습니다. 그러나 사실 아즈마가 말하는 증강현실은 밀그램과 키시노가 말하는 혼

마이크로소프트의 혼합현실 기기인 '홀로렌즈'

합현실과 동일합니다. 혼합현실은 마이크로소프트 때문에 널리 알려졌습니다. 홀로렌즈(HoloLens)를 출시하며 증강현실이라는 용어는 사용하지 않고, 혼합현실이란 용어를 사용했기 때문이죠. 밀그램과 키시노의 연구를 따른 것입니다.

이제 이해하기 쉽게 정리해 봅시다. 우리가 사는 세상을 현실이라고 하면, 컴퓨터 그래픽으로 만든 100% 가짜로 만든 것은 가상현실, 현실과 가상현실 사이에 있는 것은 혼합현실 또는 증강현실이라고 이해하시면 됩니다. 다만, 증강현실을 얘기하기 위해서는 아즈마라는 이름을 언급하거나, 아니면 증강가상을 고려해야 하는데, 일반적으

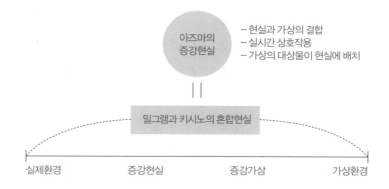

아즈마의
증강현실

－현실과 가상의 결합
－실시간 상호작용
－가상의 대상물이 현실에 배치

밀그램과 키시노의 혼합현실

실제환경 　　　증강현실 　　　증강가상 　　　가상환경

가상현실, 혼합현실, 증강현실? 밀그램 vs. 아즈마(그림 29)

로 우리가 증강가상이란 용어는 잘 사용하지 않죠. 그러니까 가급적 혼합현실이라는 용어를 사용하면 간단히 해결됩니다.

🔆 게임, 의료, 군사까지, 거침없는 가상현실의 확장

사용기기를 통해 가상현실과 혼합현실을 더 확실하게 이해해 봅시다. 가상현실을 설명하면서 '완전히 몰입'이라고 말했습니다. 그래서 가상현실 기기는 눈을 완전히 가려야 합니다. 이렇게 눈을 가리고 가상현실을 즐길 수 있는 기기를 HMD라고 합니다.

반면, 혼합현실은 현실과 가상을 동시에 봐야 합니다. 그렇기 때문에 대부분 글라스 형식으로 되어 있습니다. 마이크로소프트의 홀로렌즈를 비롯한 구글의 구글 글라스, 스마트폰에 연결해 아마존의 인공지능 비서인 알렉사를 사용할 수 있는 뷰직스 블레이드(Vuzix

Blade)가 대표적인 기기입니다.

'포켓몬고'의 대성공으로 혼합현실이 널리 알려졌고, 오큘러스 리프트 때문에 가상현실에 대한 관심이 증가했습니다. 4차 산업혁명의 대표적인 사례로, 인공지능과 자율주행 자동차, 로봇을 이야기하며 가상현실도 함께 언급합니다. 이처럼 가상현실의 미래를 밝게 보는 이유는 산업의 이해관계자(Stakeholder) 범위가 매우 폭넓기 때문입니다. 즉, 가상현실이나 혼합현실과 같은 미디어가 단지 엔터테인먼트에만 머무는 것이 아니라, 의료, 군사, 교육, 커뮤니케이션 등 적용 분야가 다양하고 실제로 각 분야에서도 성공 확률이 낮지 않아 보인다는 것입니다.

대표적인 예가 마이크로소프트의 홀로렌즈입니다. 홀로렌즈는 특히 기업에서 어떻게 활용될 수 있는지 혁신 사례를 보여줍니다. 2D, 3D 시각화 모델링 솔루션을 제작하는 오토데스크(Autodesk)는 디자이너와 엔지니어의 협업 과정에 홀로렌즈를 도입해서 활용 중이고, 케이

훈련, 교육, 실습, 오락 등 다양한 콘텐츠가 활용되는 몰입형 HMD

스 웨스턴 리저브(Case Western Reserve) 대학과 클리브랜드 클리닉(Cleveland Clinic)에서는 의료 교육에 홀로렌즈를 활용하기 위해 진짜 같은 인체의 3D 이미지를 제작하고 있습니다. 이밖에도 미국 항공우주국(National Aeronautics and Space Administration, NASA), 볼보(Volvo), 아우디(Audi), 에어버스(Airbus) 등의 글로벌 기업에서 혁신적 비즈니스 솔루션으로 홀로렌즈를 활용하고 있습니다.

홀로렌즈가 산업용 시장의 확대를 꾀하는 데 반해, 페이스북의 오큘러스 리프트는 소셜(Social) VR 경험 확대를 통해 페이스북 사용자의 이탈을 막는 락인(Lock in) 전략을 취하고 있습니다. 가상현실의 미래를 소셜로 보고 있다는 점이 매력적인데, 이는 소셜 활동의 공간으로 가상현실을 염두에 두고 있으며 또한 이곳에서 광고와 같은 마케팅과 커머스가 자연스럽게 이루어질 수 있음을 예측하게 합니다.

또한 이미 거대시장으로 발전한 다중채널 네트워크(Multi Channel Network, MCN)의 주요한 콘텐츠로 사용될 수 있을 정도로 일반인들이 제작과 유통을 쉽게 할 수 있다는 장점도 있습니다. 360도 동영상에 컴퓨터그래픽을 통해 부가 정보를 입히기만 하면 혼합현실 콘텐츠로 제공될 수 있으니, 누구라도 360도 카메라를 들고 파노라마 영상을 찍고 편집만 하면 됩니다.

혼합현실은 2020년, 가상현실은 2025년 정도는 되어야만 지금 우리가 자연스럽게 TV를 보듯 그야말로 '실감 나게' 혼합현실과 가상현실과 같은 실감미디어를 이용할 것으로 보입니다. 특히 많은 정보를 처리해야 하는 미디어는 네트워크 발달을 전제로 합니다. 후에 언급할 5G가 기반이 되어야만 실감미디어를 자연스럽게 사용할 수 있을 것입니다. 이 과정에서 '포켓몬고'와 같이 세계적으로 히트할 수 있는 콘텐츠가 간간이 나올 것이고 전반적으로는 서서히 시장을 확대할 것으로 예측됩니다.

이렇게 가상현실보다 혼합현실이 더 빨리 시장을 형성할 것으로 보는 이유는 혼합현실의 기술적 적용이 상대적으로 더 수월하다는 점과, 널리 보급된 모바일 기기에 혼합현실이 자연스럽게 적용 가능하다는 장점이 있기 때문입니다. 특히, 스마트폰과 연계해서 GPS, 카메라, 디스플레이가 장착된 기기의 특성 덕분에 혼합현실의 구현에 최적의 조건을 갖췄을 뿐만 아니라, 앱 가격이 저렴해서 확산 가능성이 높습니다. 또한 실시간으로 정보를 송수신할 수 있고, 높은 수준의 다양한 결과물을 제공할 수 있기에 혼합현실 기술을 활용한 여러 서비스가 가능할 것으로 예측됩니다.

그러나 가상현실이 최근에 급성장한 영역이다 보니, 제작, 유통, 소비 시 여전히 많은 문제점이 있습니다. 가상현실이 마치 눈앞에 펼쳐지는 것처럼 이야기하지만, 막상 가상현실을 경험해 본 사람은 극히 일부입니다. HMD로 가상현실을 즐기려 하니 막상 5분만 지나도 어지럽습니다. 즐길 만한 콘텐츠는 많지 않고, 사이버 멀미가 발생하지 않게끔 정교하게 만든 콘텐츠는 더욱 찾기 힘듭니다. HMD의 가격도 문제지만, 더 큰 문제는 가상현실 콘텐츠를 구동하기 위해서는 최신 그래픽카드를 설치한 고성능 컴퓨터가 필요합니다. 그렇다고 지금 멀쩡하게 잘 사용하고 있는 컴퓨터를 가상현실 때문에 교체하자니 많은 비용이 걱정입니다. 그래서 최근에는 '오큘러스 Go'나 '피코(Pico)'와 같은 일체형(stand-alone) HMD가 새롭게 등장하고 있습니다. 결국 이러한 문제점을 어떻게 해결하느냐에 따라 3D 산업의 실패를 답습하게 될지, 아니면 이를 반면교사로 한 성공적인 시장을 열지 결정될 것입니다. 사용자의 기대가 큰 만큼 실망도 커진다면 가상현실에 대한 관심은 꺼지기도 쉬울 것입니다. 3D 영상이 그랬듯 가상현실 역시 제작자와 공급자 위주의 관점에서 바라보는 것이 가장 큰 문제인데, 가상현실과 혼합현실을 포함한 실감미디어 시장에서는 무엇보다도 사용자 중심의 관점이 특히 중요합니다.

오락실의 부활, 'VR방'으로 여는 실감미디어의 세계

실감미디어 시대입니다. 실감미디어는 말 그대로 사용자가 마치 직접 경험을 하는 것처럼 느끼게 해 주는 미디어를 의미합니다. 실감미디어는 어느 때나 어느 곳에서나 있었습니다. 시집을 읽고 눈물을 흘렸다면 시집도 훌륭한 실감미디어입니다. 또한 사춘기 때에는 특히 감정이 예민해집니다. 똑같은 미디어를 사용하더라도 개인에 따라 달라질수도 있다는 얘기죠. 따라서 실감미디어는 지극히 주관적일 수밖에 없습니다.

'실감 나다'라는 느낌은 단순히 시각적이거나 청각적인 특정 감각의 극대화가 아닙니다. 우리가 일상생활에서 경험하는 것처럼 보고, 듣고, 만지며, 냄새를 맡고, 맛보는 종합적인 경험입니다. 그렇기 때문에 실감미디어는 실제 느낌을 극대화할 수 있도록, 인간의 다차원적

감각에 정보를 전달할 수 있도록 개발되고 있습니다. 지극히 주관적인 실감미디어가 특히 디지털 시대에 각광받는 것은 기술의 발달로 인해 진짜보다 더 진짜 같은 경험을 할 수 있기 때문입니다. 바로 가상현실 이야기입니다.

최근에 가상현실을 직접 경험할 수 있는 시설이 곳곳에 생기고 있습니다. 대표적으로 VR방입니다. 약 20년 전만 하더라도 동네 곳곳에 있었던 오락실은 PC방과 스마트폰의 인기와 함께 쇠퇴의 길을 걸었습니다. 콘솔 게임과 모바일 게임 시장이 날로 커지면서 이제는 오락실을 찾기가 힘들 정도가 됐습니다. 하지만 가상현실에 대한 인기는 VR방이라는 이름으로 다시 오락실의 부활을 가져올 것 같습니다.

⏻ VR방 원조 '제로 레이턴시'

오락실에 가상현실 게임이 등장한 것은 1990년대 초까지 거슬러 올라갈 수 있습니다. 대형 오락실에 가상현실 게임기 한 대만 설치해도 뉴스에 나오던 시절이었습니다. 그러나 기술의 한계 때문에 어지러움과 멀미 등의 문제가 발생했습니다. 오락실에서 가상현실 게임기는 그리 오래 지나지 않아 퇴출당했습니다.

가상현실 게임 전용 VR방이 생긴 것은 2015년 8월이 되어서야 가능했습니다. 호주 멜버른에서 개장된 '제로 레이턴시(Zero Latency)'가 바로 세계 최초의 VR방입니다. 동시에 8명이 게임을 할 수 있는 이 VR방은 공간의 제약을 벗

제로 레이턴시를
소개하는 영상

VR 게임은 자유롭게 몸을 움직이며 몰입할 수 있다는 장점을 갖습니다.(그림 30)

어나 자유롭게 움직일 수 있도록 만들었다는 점에서 기존의 게임방과 다릅니다.

백팩으로 제작된 컴퓨터와 이와 연결된 가상현실 HMD인 오큘러스 리프트를 착용하고, 총을 들고 팀 동료들과 함께 직접 이동하면서 게임을 할 수 있다는 장점으로 큰 인기를 끌고 있습니다. 129개의 플레이스테이션 아이(Playstation Eye) 카메라가 천장에 달려 있어서 사용자의 움직임을 즉각적으로 반영할 수 있고, 안전장치가 확보된 넓은 공간에서 게임을 할 수 있다는 점이 매력적입니다.

멜버른을 시작으로 일본, 스페인, 미국, 싱가포르, 마카오 등 전 세계 곳곳에 설치되고 있습니다. 우리나라에도 2018년 2월에 부산에서

개장되어 특히 관광객에게 큰 인기를 얻고 있으며, 앞으로 국내에 24
개 매장이 들어설 계획입니다.

제로 레이턴시의 VR방이 사용자가 마음껏 움직이며 게임을 즐
길 수 있는 장점을 살렸다면, 최근 곳곳에 새로 개장되고 있는 VR방
은 다양한 종류의 콘텐츠를 소개하고 있습니다. 360도로 회전 가능
한 의자에 앉아 360도 환경을 즐길 수 있는 콘텐츠, 행동 인식 센서
를 통한 사용자 움직임 기반의 가상현실, 아케이드게임장에서 전통
적으로 가장 인기가 많은 슈팅과 댄스 게임 등 사용자의 다양한 욕구
를 충족시키기 위한 콘텐츠 다양화를 시도하고 있습니다.

⏻ 개인 구매 어려워 VR방이 더욱 인기

게임 강국 일본의 사례도 살펴볼까요? 일본에서도 대도시 위주로
VR방이 꾸준하게 개장되고 있습니다. 게임, 애니메이션, 장난감으로
유명한 반다이 남코(Bandai Namco)도 VR방 시장에 진입했습니다.
기존에 운영하던 파친코 사업장에 'VR존(VR Zone)'이라는 이름으로
매장을 확대하고 있는데, 아직은 시장을 탐색하는 정도로 보입니다.
신주쿠에 자리 잡은 3,500m² 넓이의 2층 건물 매장은 약 20여 개의
게임을 갖추고 있는데, 한 달에 약 5만여 명이 방문할 정도로 큰 인기
를 끌고 있습니다. 입장료는 약 9,000원이고 한 게임당 약 만 원을 지
불해야 합니다. 영국 런던에도 매장을 개장해서 세계 진출을 노크하
고 있습니다.

2016년에 개장한 'VR 파크도쿄(VR Park Tokyo)'는 도쿄의 시부

야와 이케부쿠로, 그리고 삿포로 등 세 군데의 매장에서 총 22개의 게임을 제공하고 있는데, 시부야 매장의 경우 약 300m² 넓이에 11개의 라이드를 설치하며 약 100억 원을 투자했습니다.

7살 이하의 어린이는 사용할 수 없고, 7~12세까지 어린이는 부모의 동의를 받을 경우에만 이용 가능합니다. 이 점은 사용자 보호 차원에서 매우 중요한 결정입니다. 후반부에서 다시 한 번 강조하겠지만, 아직 가상현실에 대한 휴먼 팩터(Human Factor), 즉 사용자 안전성에 관한 연구가 많이 진행되지 않았기 때문에 적정 사용 연령이나, 사용 시간 등 가상현실을 즐기기 위한 규제나 안전 가이드라인이 공식적으로 있지 않습니다.

일본의 대표적인 VR 테마파크인 'VR 파크도쿄'

그러나 텔레비전이나 3D 영상 연구 등 이전의 실감미디어 연구에 따르면 가상현실이 어린이에게 광과민성 발작과 같은 부작용을 가져올 확률은 매우 높다고 예측됩니다(정동훈, 2017). 따라서 어린이에게 가상현실 게임을 사용하지 못하게 한 것은 적절한 판단이며, 더 나아가 현재 부모가 동의할 경우 사용 가능한 연령인 7~12세까지의 연령도 조정이 필요할 것으로 생각됩니다.

요금은 두 가지 방식으로 책정합니다. 도쿄에 있는 두 곳의 테마파크는 3만 원 정도인 티켓을 구매하면 90분 동안 마음껏 이용할 수 있는 시간제 방식으로 운영하고 있고, 삿포로에 있는 테마파크는 시간제 방식에 더해 약 7,000원을 지불하면 게임 한 번을 즐길 수 있는 티켓을 판매하는데 한 달에 약 9,000명이 방문한다고 합니다.

마지막으로 우리나라의 사례를 보겠습니다. VR방이 선보이게 된 것은 2017년부터입니다. 실제로는 2016년 7월 국내 처음으로 VR방이 서울 강남역 부근에서 개장됐는데, 게임물 관련법 때문에 상업시설이 아닌 무료 체험존 형태로 운영됐습니다. 이후 가상현실 산업 육성 정책에 따라 VR방에서 즐길 수 있는 게임을 자체 등급 분류를 통해 선보이는 것이 가능해짐과 동시에 많은 업체가 우후죽순처럼 생겨났습니다.

대표적인 VR방을 들면, 'VR 플러스', 'VR존', '캠프VR', 'VRQ', 'VR 플레이스' 등을 들 수 있습니다. 이들 VR방은 큰 차별점을 찾기 힘들 정도로 유사한 가상현실 게임을 제공하지만, 몇몇 곳은 독특한 방식을 선보이기도 했습니다. 'VRQ'는 잘 알려진 방 탈출 카페와의 협업으로 방 탈출 VR게임이라는 새로운 장르를 선보이기도 했고, 'VR존'은 이마트의 한 편에 조그마한 VR방을 열어 쇼핑 중에 가상현실을 즐길 수 있는 공간의 확장을 꾀했습니다. 이런 방식으로 접근성을 중요한 가치로 한 비즈니스가 이루어질 것으로 생각되는데요. 지하철역, 고속버스 정류장, 영화관, 리조트 등 사람들이 모이는 곳에 가상현실 기기를 설치해서 킬링타임용으로 즐기는 방식의 새로운 비즈니스가 열릴 것으로 기대합니다.

⏻ 가상현실을 즐기기 위한 비용과 공간의 압박

그러면 왜 VR방, 즉 새로운 형식의 오락실이 앞으로 기대되는 비

가상현실에서는 거북선에 올라 적군과 싸우는 경험도 할 수 있습니다. 가상현실 어트랙션은 HMD에서 구현되는 가상현실뿐만 아니라 온몸을 사용하는 사용자 경험을 함께 제공합니다.(그림 31)

즈니스로 예측될까요? 대표적인 가상현실 HMD인 페이스북의 오큘러스 리프트와 HTC 바이브는 수년 동안 시판되었지만 매출은 그리 신통치 않았습니다. 그 원인은 역시 가격을 들 수 있습니다. 가상현실을 제대로 즐기려면 PC 기반 HMD를 사용해야 하는데, HMD 자체의 가격만 해도 가장 대표적인 기기인 오큘러스 리프트가 약 70만 원 그리고 HTC 바이브가 약 90만 원 정도이니 비용 문제를 생각하지 않을 수 없습니다.

▶ YouTube

가상현실 환경에서는 거북선을 타고 활을 쏘며 전투에 참가하는 듯한 경험을 할 수도 있습니다

　　더군다나 가상현실 콘텐츠를 구동하기 위해서는 고성능 중앙처리장치(CPU)와 그래픽카드(GPU)를 장착한 컴퓨터가 필요합니다. 즉,

HMD와 함께 컴퓨터도 새로 장만해야 하죠. 최근 암호화 화폐를 채굴하려는 수요와 인공지능 개발에 맞물려 그래픽카드의 가격이 천정부지로 치솟았는데 엉뚱하게 가상현실 산업이 유탄을 맞은 격입니다.

이러한 상황을 고려했을 때 가상현실을 즐기기 위해 필요한 PC의 가격은 거의 200만 원대에 육박합니다. 결국 가상현실을 즐기기 위해서는 PC와 HMD를 포함해서 약 300만 원 정도가 드니 웬만한 소비자가 지갑을 열기는 쉽지 않습니다.

VR방의 확산을 통해 HMD는 물론 콘텐츠 판매 이득을 보고자 하는 시도도 보입니다. HTC는 대만에 바이브랜드(ViveLand)라는 가상현실 게임장을 만들면서 아케이드용 게임을 제작할 수 있는 새로운 소프트웨어 플랫폼인 바이브포트 아케이드(Viveport Arcade)를 보급 중입니다. 개발자는 오락실용 게임을 제작해서 판매하고, 오락실 사업자는 원하는 게임을 편리하게 찾을 수 있는 앱마켓 형식을 띄기 때문에 이 플랫폼은 자사의 HMD인 바이브를 대중화시키기 위한 훌륭한 양면 시장 전략이라고 할 수 있습니다.

또한 가상현실을 즐기기 위해 필요한 기기가 단지 HMD에 그치지 않는다는 점도 VR방이 인기를 끌 수 있는 이유입니다. 플레이어는 컨트롤러(Controller)라고 불리는 액세서리를 양손에 쥐고 게임이나 콘텐츠와 상호작용하며 즐길 수 있는데, 이 콘트롤러가 갈수록 다양해지고 고성능화되면서 비용이 증가하는 문제가 생깁니다.

버툭스에서 만든
옴니 소개 영상

더 나아가 버툭스(Virtuix)에서 만든 옴니(Omni)나 사이버리스(Cyberith)에서 만든 버추얼라이저(Virtualizer)는 바닥에 트레드밀(Treadmill)과 같은 달리기 장치를 해서 사용자가 마음껏 뛰어다닐 수 있게 만들었습니다. 그만큼 몰입감이 높아지지만 가격의 부담도 심해지는 것이죠. 기기의 가격도 비싸지만, 이를 사용하기 위해 충분한 공간이 필요한 것도 가상현실 게임장이 요구되는 이유입니다. 참고로 이러

경찰 훈련에 활용되는 사이버리스에서 만든 버추얼라이저

한 기기의 가격은 약 300만 원대에서 1,000만 원대까지 다양합니다. 앞서 말했듯이 PC방과 같이 전문 VR방이 곳곳에 생기고 극장, 쇼핑몰, 대형마트 등 사람이 모일 만한 곳은 어디든지 가상현실 게임장도 곳곳에 설치될 것입니다.

현실과 가상이 만나는 곳, VR 테마파크

가상현실을 전문적으로 즐길 수 있는 VR방이 눈에 띄게 증가하고 있는 것과 동시에 대규모로 가상현실을 즐길 수 있는 곳도 생겼습니다. 그중 하나가 테마파크입니다. 가상현실을 즐길 수 있는 전문 VR 테마파크도 하나둘씩 생기고 있고, 기존의 테마파크에 가상현실을 결합해서 만든 하이브리드형 테마파크도 있습니다.

가상현실을 즐길 수 있는 테마파크의 최대 장점은 앞서 설명한 HMD를 활용한 다양한 놀이를 즐길 수 있는 환경을 제공해 줄 뿐만 아니라, 대형 몰입형 가상현실 환경을 구축할 수 있다는 점입니다. 동굴형 시스템(Cave Automatic Virtual Environment, CAVE)이라 불리는 몰입형 공간에서는 HMD를 쓰지 않고도 가상현실을 즐길 수 있는 환경을 제공합니다. 마치 영화 속에서나 봤음 직한 경험을 제공하는 것이죠.

새로운 기술에 걸맞게 공간을 활용하고, 롤러코스터와 같이 대형 공간이 필요한 시설을 대체하거나, 달을 걷는 듯한 무중력 상태를 즐길 수 있는 대형 시설을 만들어서 이전에 경험해 보지 못한 다양한 즐거움을 누릴 수 있다는 점은 꽤나 매력적입니다. 그만큼 큰 비용이 드는 작업이지만, VR 테마파크가 미래의 가장 앞선 엔터테인먼트 시설이라는 점을 인식하고 있기 때문에 초기의 과감한 투자를 마다하지 않고 있습니다.

⏻ 모든 것이 가상인 세상, VR 테마파크

시내 곳곳에서 볼 수 있는 VR방 외에 규모가 큰 가상현실 테마파크도 곳곳에서 만들어지고 있습니다. 전 세계적으로 가상현실 테마파크 조성에 가장 앞장서는 나라는 중국, 일본, 미국 등을 들 수 있습니다. 중국은 세계 최초로 가상현실 테마파크를 공식적으로 개장해서 이미 많은 수익을 올리고 있을 뿐만 아니라, 최근에는 세계에서 가장 큰 가상현실 테마파크를 열기도 했을 정도로 VR 테마파크에 관해서는 세계에서 가장 적극적인 게임 체인저(Game Changer)입니다.

먼저 최초의 VR 테마파크부터 살펴볼까요? '소리얼(SoReal)' 테마파크는 3,000m² 넓이로 이루어진 초대형 가상현실 테마파크입니다. 테마파크를 만든 사람 중 한 명이 장이머우(張藝謀) 감독이라는 점이 재미있는데, 영화 〈붉은 수수밭〉으로 베를린 영화제 황금곰상을 수상하고 2008년 베이징 올림픽에서 개막식과 폐막식의 총감독을 맡은 세계적인 예술가이기도 합니다. 특히 올림픽 개막식의 시공간을 초월한 공연은 그의 걸작 중의 하나인데, 인간의 상상력이 어떻게 구현될 수 있는지 보여 주었죠.

현실에서 경험하지 못한 환상을 어떻게 즐길 수 있을지 장이머우 감독은 꿈의 구장인 가상현실 테마파크에서 펼치고 있습니다. 〈스타트렉〉과 〈트랜스포머〉, 〈캡틴 아메리카〉 등의 영화에서 화려한 그래픽 작업을 담당했던 할리우드 아트 디렉터들이 참여해서 웅장하면서도 미래의 도시와 같은 공간을 잘 꾸며 냈습니다. 가상현실 테마파크의 콘셉트가 잘 녹아든 것이 무엇보다도 큰 장점입니다.

총 여섯 개로 나누어져 있는 이곳에서, 공간의 제약 없이, 자체 제작한 가상현실 기기를 통해, 사용자가 자유로이 몸을 움직이며 다양한 게임을 즐길 수 있다는 것은 큰 매력이 아닐 수 없습니다. 많은 사람들이 자유롭게 걸어 다니며 즐기는 게임부터, 두 사람이 미션을 해결해 나가는 게임까지, 그리고 초대형 극장에서는 환상적인 영화를 즐길 수도 있습니다. 2018년 6월에는 160억 원의 펀딩을 유치해서 사업을 확장할 수 있는 든든한 탄환을 마련했기 때문에 앞으로 어떤 서비스를 소개할지 기대가 큽니다.

중국은 이밖에도 세계에서 가장 큰 VR 테마파크인 '동양 Sci-Fi 밸리(東方科幻谷, Oriental Science Fiction Valley)'를 2018년 4월에 개장했습니다. 현재는 이름을 'VR 스타 테마파크(Star Theme Park)'로 바꾸었는데, 53미터 높이에 700톤에 달하는 거대한 〈트랜스포머〉 조형물이 테마파크의 상징물로 잘 알려진 곳입니다. 이 VR 테마파크

세계에서 가장 큰 VR 테마파크인 'VR 스타 테마파크'

는 1만 3,000m² 넓이에 120가지의 기기를 갖추었고, 자그마치 1조 6,000억 원을 투자했습니다.

규모는 다소 작지만 우리나라에도 VR 테마 파크가 있습니다. 대표적인 것은 인천 송도에 1천 300m² 넓이로 조성된 '몬스터 VR'입니다. 2017년 8월에 국내 최초로 개장된 VR 테마파크인데 40여 종의 가상현실 콘텐츠를 제공하고 있고, 6개월 동안 15만 명의 입장객이 찾을 정

국내 최대 VR 테마파크인 '몬스터 VR'

도로 큰 인기를 끌었습니다. '몬스터 VR'의 탄생 배경은 다른 업체와 다소 다릅니다. 문화체육관광부와 한국콘텐츠진흥원이 문화와 관광 콘텐츠 개발을 위해 추진해 온 가상현실 콘텐츠 체험존 조성사업의

VR 테마파크에서 즐기는 정글어드벤처 레프팅(그림 32)

첫 결과물로, 게임과 스포츠뿐만 아니라 음악과 영화 등 독특한 콘텐츠도 다양하게 갖추었습니다.

⏻ 세계 곳곳에 만들어지는 가상현실 롤러코스터

새롭게 가상현실 전문 테마파크를 만드는 것 외에도 기존 시설에 가상현실을 접목해 새로운 가치를 창출하려는 노력도 시도되고 있습니다. 사용자는 기존에 존재한 익숙한 놀이를 즐기면서도 새로운 스토리텔링을 통해 이색적인 경험을 하게 되고, 운영자는 기존 시설을 활용함으로써 비용 절감과 대규모 신규 투자의 위험을 회피할 수 있다는 점에서 장점이 되겠죠.

현재 테마파크에서 활용 가능한 가상현실 경험 중 가장 큰 인기를 끄는 것은 가상현실이 적용된 롤러코스터입니다. 가상현실을 롤러코스터에 적용한다는 의미는 롤러코스터의 움직임에 따라 HMD에서 보는 가상현실이 정확히 일치해야 함을 의미합니다. 즉, 롤러코스터가 위에서 아래로 하강할 경우에 HMD에서도 마찬가지로 떨어지는 환경이 제공되어야 하고, 왼쪽에서 오른쪽으로 경사지며 올라가는 경우에는 영상에서도 동일한 환경을 보여 주는 영상이 제공되어야 합니다. 이러한 서비스를 제공하기 위해서는 롤러코스터의 전체 경로를 정확하게 가상현실에 일치해야 하기 때문에 그만큼 어렵고, 또한 많은 시간과 비용이 들게 됩니다.

그리고 한 가지 더 중요한 것은 바로 스토리텔링입니다. 단순히 영상을 제공하는 것은 매력적이지 못합니다. 그 영상을 어떻게 제공하느냐가 결국 사용자의 만족감을 높일 수 있습니다. 이 때문에 영상을 제공할 때 어떻게 스토리텔링을 할 것인지가 핵심 가치라고 할 수 있습니다.

독일에 있는 유로파 파크(Europa Park)는 비록 세계 최초의 가상현실 롤러코스터로 2015년 9월에 첫 서비스를 시작했는데도 큰 주목을 받지는 못한 이유가 바로 스토리텔링이 없었기 때문입니다. 전체 경로를 가상현실에 적용해서 그 흐름을 따라가는 것까지는 성공적이었지만 롤러코스터의 즐거움을 영상에서 구현하지 못했습니다. 결국 콘텐츠가 탑승객을 유혹할 만큼 정교하지 못했던 것이죠.

가상현실 롤러코스터로 가장 유명한 곳은 미국의 유명 테마파크인 식스 플래스(Six Flags)입니다. 이곳은 원래 다양한 롤러코스터가 있는 곳으로 유명한데 2017년에 삼성의 기어 VR을 롤러코스터에 부착해 '더 뉴 레볼루션(The New Revolution)'이라는 이름의 가상현실 롤러코스터를 만들어 큰 관심을 끌었습니다.

VR코스터로 더욱 유명해진 테마파크 '식스 플래스'

장장 1,000m가 넘는 트랙 길이에서 회전과 뒤틀기 등 다양한 방식의 레이싱을 통해 가상현실의 즐거움을 선사하는데, 가상현실의 내용은 미래의 도시에서 외계인이 도시를 침략하는 이야기로 설정돼 있습니다. 롤러코스터를 타는 동안 마치 우주선을 타고 외계인과 싸우는 듯한 경험을 하게 됩니다. 미국의 애틀랜타와 텍사스, 로스앤젤레스, 멕시코 등에 있는 식스 플래스에서 운영 중이고 계속 설치를 늘릴 계획입니다.

영국의 알톤 타워(Alton Towers)도 '갤럭티카(Galactica)'라는 우주여행 롤러코스터를 운행하고 있습니다. 우주여행을 하며 행성을 탐험하는 내용입니다. 실제로 롤러코스터를 타면서 경험하는 움직임이 가상현실 환경에서도 자연스럽게 일치하게 만들어져 많은 이들이 찾고 있

우주 여행을 즐길 수 있는 롤러코스터, 알톤 타워의 '갤럭티카'

습니다. 특히 출발 지점을 마치 우주선이 지구를 떠나는 듯하게 디자인을 한 것과 출발 전 카운트다운을 하며 급가속을 하도록 설계한 것은 더욱 짜릿한 느낌이 들게 합니다. 이곳 역시 삼성의 기어 VR을 활용하고 있습니다.

VR방이나 VR 테마파크와 달리, 롤러코스터에 삼성 기어 VR을 공통적으로 활용하는 이유는 첫째, 삼성 기어 VR이 모바일 기반 HMD라는 점 때문에 오큘러스 리프트처럼 컴퓨터가 필요하지 않기 때문입니다. 모바일 기반 가상현실 기기의 한계가 고성능의 가상현실 환경 재현이 힘들다는 점인데, 롤러코스터에 적용함으로써 이를 자연스럽게 극복한 것이죠. 즉, 몸은 현실에서 비행하는 듯한 느낌을 그리고 눈은 우주라는 가상세계를 보고 있으니, 두 개의 서로 다른 경험이 융합되어 새로운 경험을 하는 것입니다.

게다가 삼성 기어 VR은 기기에서 자체적으로 가속 센서, 자이로 센서, 나침반 센서, 근접 센서 등을 포함하고 있기 때문에 성능도 뛰어납니다. 아직까지 머리를 움직일 때 영상이 늦게 따라와서 발생

하는 문제(Head Tracking Latency)가 완전히 해결되지 않아서 멀미 (Cyber-Sickness)와 같은 부정적 반응을 초래하기도 하는 것은 단점이지만, 이것을 롤로코스터라는 실감 나는 경험으로 극복하고 있습니다.

이와 같은 사례에서 발견되는 중요한 함의는 전통적인 놀이기구가 가상현실과 만나서 스토리텔링 기반의 엔터테인먼트 환경을 만들었다는 점입니다. 즉, 기존의 시설에 기술과 스토리텔링을 어떻게 제공하느냐에 따라 얼마든지 새로운 경험을 불러일으킬 수 있는 시설로 변모할 수 있죠. 큰 비용을 들이지 않더라도, 기존의 시설에 새로운 가치를 부여함으로써 매력적인 서비스를 제공할 수 있다는 점에서 많은 교훈을 줍니다. 단지 새로운 기술만을 사용하는 것에 그치는 것이 아니라 사용자에게 새로운 경험을 부여할 수 있는 스토리텔링 기반 콘텐츠를 제공하는 것이 핵심임을 명심해야 합니다.

⏻ 가상현실 또한 사용자 경험이 우선

기술이 발달하기만 하면, 사용자의 만족도는 저절로 따라올 것으로 생각하는 것은 커다란 착각입니다. 결국은 사용자 경험이 가장 중요합니다. 가상현실도 마찬가지입니다. 사용자 경험에 기반을 둔 최적 환경을 사용자에게 어떻게 제공할 수 있을 것인가? 이 질문에 대한 대답이 선행되어야만, 가상현실 시장은 확산의 물꼬를 틀 수 있을 것입니다. 가상현실의 정의에 따르면, 결국 핵심은 몰입할 수 있는 그리고 가상의 대상물과 상호작용할 수 있는 자연스러운 환경을 제공하

는 것입니다. 엔터테인먼트 분야에서는 특히 이러한 최적 환경을 제
공하는 것이 중요합니다. 가상환경에서 대상물
을 배치하고, 대상물의 이동 속도를 조절하고,
깊이감을 부여할 때는 모두 휴먼 팩터에 기반을
둬야 합니다.

가상현실 사용자
경험 연구

　시점의 자유도나 대상물의 크기, 빛과 그림
자의 배치, 시각 사실도(Visual Fidelity) 등 사용
자가 콘텐츠를 360도로 회전시키며 자유자재로 볼 수 있기 때문에
각 대상물에 대한 세심한 주의가 필요합니다. 디스플레이 화면 크기
나 해상도의 증가에 따른 정교한 작업도 필수적이죠. 또한 엄청난 정
보량 때문에 렌더링 시간의 증가와 같은 비용이 발생하므로 이를 전
반적으로 고려한 적절한 균형 등 기존의 제작법과는 다른 새로운 제
작 기법이 요구됩니다.

　잊지 말아야 할 것은 가상현실의 핵심은 몰입감과 상호작용이라
는 것입니다. 사용자가 몰입하기 위해서 디스플레이에서의 재현이 자
연스러워야 하며 상호작용할 수 있는 기술의 개발은 기본이고, 사용
자 시점의 자유로운 이동을 고려해서 짜임새 있는 스토리텔링을 통
해 기획자가 원하는 방향으로 사용자의 행동을 이끌 수 있는 철저한
기획이 필요합니다.

　가상현실에 대한 사용자의 관심이 영상 콘텐츠뿐만 아니라 게임
등 엔터테인먼트 분야에서 적지 않게 일어나고 있지만, 3D 영상이 그
랬듯 가상현실 역시 사용자 관점이 아닌 제작자와 공급자 위주의 관

실험 시작

지속적인 사용자 경험 평가를 통해 사용자 만족도를 높여야 합니다.(그림 33)

점에서 바라보는 것이 가장 큰 문제입니다. 가상현실에 대한 시장의 반응에서 정작 사용자는 빠져 있습니다. 기기 제조업자와 콘텐츠 제작자, 마케팅 에이전시, 언론사 등의 관심은 지극히 크지만 정작 사용자의 목소리는 단지 호기심 어린 탄성만 소개될 뿐이죠.

실제로 VR방이나 VR 테마파크에 있는 대부분의 콘텐츠는 큰 즐거움을 주기에는, 그래서 재방문을 유도하기에는 아직까지는 그리 매력적이지 않습니다. 언론과 업체의 가상현실에 대한 탄성이 호들갑을 떠는 것으로 보일까 봐 우려스럽습니다. 영화 〈아바타〉로 인해 모든 영상 콘텐츠가 3D로 만들어질 것 같았던 때가 불과 몇 년 전입니다. 이렇게 우리는 이미 3D 영상 산업의 처참한 실패를 바로 몇 년 전에 경험한 바 있죠. 새로운 산업으로서 가상현실을 그 돌파구로 삼는 것을 이해 못하는 바는 아니지만, 그 기대가 큰 만큼 실망도 클까 걱정입니다.

　그래서일까요? 오큘러스 리프트를 인수한 페이스북의 창업자이자 CEO인 마크 저커버그(Mark Zuckerberg)가 한 독일 신문과의 인터뷰(Döpfner & Welt, 2016, 2, 28)에서 가상현실의 생태계를 구축하는 데 최소 10년 이상 걸릴 것이라고 말한 것은 많은 시사점을 던져줍니다. 꽤나 매력적인 미디어임에는 분명하나 가상현실이 모두가 즐길 수 있는 미디어로 자리매김하기에는 아직 갈 길이 멉니다.

데이터와
인공지능은
어떤 미래를
만들 것인가

보이지 않아 더 강력한 기술

08

#5G
#초연결
#망중립성

도대체
5G가
뭐기에?

세상을 연결하는 인프라

통신을 하는 데 가장 중요한 것이 주파수입니다. 우리가 스마트폰을 사용할 수 있는 이유는 바로 주파수가 있기 때문입니다. 주파수는 희소자원이기 때문에 정부가 국민에게 위임을 받아 활용합니다. 따라서 정부는 공공재인 주파수를 독점적으로 사용할 권리를 함부로 처리하면 안 됩니다. 즉 헐값에 사기업에 넘겨서는 안 되는 것이죠. 반대로 비싸게 파는 장사를 해도 안 됩니다. 비싸게 넘기면 주파수를 사용하는 기업이 결국 그 비용을 고스란히 국민들에게 전가하기 때문입니다. 5G는 4차 산업혁명을 가능하게 하는 핵심 기반입니다. 증기기관과 전기가 1, 2차 산업혁명을 가져온 핵심 인프라였다면, 4차 산업혁명의 핵심 인프라는 바로 5G입니다. 스마트시티, 자율주행 자동차, 가상현실 등 우리가 상상하는 미래의 혁신 기술은 모두 5G를 기반으로 합니다.

5G 주파수가
3조 6,000억 원?

주파수 가격이 3조 6,000억 원이라고 합니다. 무슨 말이냐고요? 과학기술정보통신부가 2018년 6월 15일부터 시행한 5세대(5G) 이동통신 주파수 경매에서 2일차인 18일에 총 낙찰가 3조 6,183억 원으로 경매가 종료되었습니다.

대체 5G가 무엇이기에 3조 6,000억 원이나 하는 걸까요? 라디오 주파수라는 말은 자주 들어 봤는데 이 주파수가 그렇게 비싼 거였나요? 그리고 대체 누가 이런 가격에 사는 것일까요?

4차 산업혁명을 이루는 기술 중에 가장 중요한 것 하나만 꼽으라면 단연코 5G입니다. 5G는 4차 산업혁명을 가져오는 근간입니다. 모든 서비스의 핵심 기반이죠. 증기기관과 전기가 1, 2차 산업혁명을 가져온 핵심 인프라였다면, 4차 산업혁명의 핵심 인프라가 바로 5G입니다. 앞에서 설명한 스마트시티, 자율주행 자동차, 가상현실 등 우리가 상상하는 미래의 혁신 기술은 모두 5G를 전제로 합니다. 3G로 인

해 스마트폰이 가능해졌고, 4G로 인해 유튜브와 같은 OTT 서비스
가 가능해진 것처럼, 5G 역시 우리가 전혀 상상
하지 못한 새로운 경험을 가능하게 하는 서비스
를 만들 것입니다. 3G가 아이폰을 만드는 애플
을, 카카오톡을 서비스하는 카카오를, 그리고
4G가 구글과 넷플릭스를 글로벌 기업으로 만
들었듯이 5G 역시 새로운 글로벌 기업을 만드
는 기반이 될 것입니다.

56대의 카메라가
보내는 프로야구
영상을 시차 없이
볼 수 있게 해 주
는 5G

주파수는 매우 중요합니다. 주파수는 희소자원이기 때문에 정부
가 국민에게 위임을 받아 활용합니다. 따라서 정부는 공공재인 주파
수를 독점적으로 사용할 권리를 함부로 처리하면 안 됩니다. 즉 헐값
에 사기업에 넘겨서는 안 되는 것이죠. 반대로 비싸게 파는 장사를 해
도 안 됩니다. 비싸게 넘기면 주파수를 사용하는 기업이 결국 그 비용
을 고스란히 국민들에게 전가하기 때문입니다.

3조 6,000억 원이 비싸게 보일 수도 있지만 그렇지 않을 수도 있
습니다. 적정가 여부는 결국 5G 서비스가 본격화될 때 시민 편익에
얼마나 부합하느냐에 달려있겠죠. 즉, 국제 표준의 5G 서비스를 우리
가 제대로 사용할 수 있으면서 동시에 합리적인 통신 요금이 책정된
경우에만 적절성 여부를 판단할 수 있을 것입니다. 확실한 것은 이 경
매를 통해서 우리나라는 5G 이동통신에 필수적인 중대역(3.5GHz 대
역)과 초고대역(28GHz 대역)의 주파수 대역을 할당한 최초의 국가가
됐다는 것입니다. 그리고 이러한 준비를 차곡차곡했기 때문에, 마침

내 2019년 4월 3일 오후 11시에 우리나라는 세계 최초로 5G를 상용화한 국가가 됐습니다.

세계 최초 5G 서비스 국가인 대한민국. 배후에는 숨 막히는 비하인드 스토리가 있습니다

⏻ 통신 서비스의 발달, 1G에서 5G까지

그러면 5G 이전의 통신기술은 무엇이 있었는지 살펴보겠습니다. 우선 무선 네트워크입니다. 무선 네트워크(wireless network)란 케이블과 같은 유선을 통하지 않고 무선으로 통신하는 네트워크를 말합니다. 무선 네트워크에는 무선 광대역 통신망(Wireless Wide Area Network, WWAN), 무선 도시 지역망(Wireless Metropolitan Area Network, WMAN), 무선 근거리 통신망(Wireless Local Area Network, WLAN), 무선 개인 지역망(Wireless Personal Area Network, WPAN) 등 다양한 종류가 있지만 무선 신호를 이용해 통신을 한다는 점에서 방법상 모두 동일합니다.

무선 네트워크 1G 통신은 1980년대 나온 기술로 아날로그 방식

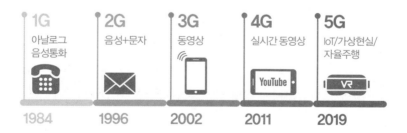

우리나라 무선이동통신의 역사(그림 34)

의 음성 통화 위주의 통신 기술입니다. 최초로 모바일 음성 서비스를 상용화한 기술로 의미가 있지만, 품질은 유선 전화보다 현저히 떨어졌고 서비스 비용도 높았습니다. 최고 전송속도가 14.4Kbps밖에 안 됐으니, 1GB 동영상 한 편을 다운로드하는 것이 불가능할 정도였죠.

90년대의 2G는 디지털 방식으로 음성에 더해 문자까지 주고받을 수 있게 되었는데, 디지털 기술을 사용하여 1G가 가진 아날로그 방식의 문제점을 극복할 수 있었습니다. 2G의 성공적인 확산은 3G 기술 개발을 촉진하였습니다. 2000년대에 들어서 3G 통신이 일반화되면서 드디어 영상통화가 가능해졌습니다. 화상 통화, 동영상 스트리밍, VoIP(voice over IP) 서비스가 가능해진 것이죠. 하지만 3G 기술은 유선 인터넷 환경과 비교하면 많은 한계를 가지고 있었습니다. 유선 초고속인터넷(VDSL)이나 광케이블 망(FTTH)이 가진 속도인 20Mbps~100Mbps에 비교하면 그 속도가 10분의 1에서 50분의 1 수준밖에 안 되기 때문이죠. 이 시기에도 1GB 동영상 한 편을 다운로드하기 위해서는 2~7일을 기다려야 하는 인내력이 필요했습니다.

현재 우리가 사용하고 있는 기술인 LTE라고 부르는 4G는 이러한 3G 기술의 한계를 보다 효율적인 전송 방식(100Mb/s/Hz)과 넓은 대역폭(20MHz 이상)을 제공하여 극복하게 됩니다. 국제전기통신연합은 4G 서비스를 위해 정지 중에는 최소한 1Gbps, 이동 중에는 100Mbps의 속도를 내야 한다고 기준을 정했는데, 실제로 1GB 동영상 한 편을 다운로드하기 위해서 빠르면 10초 늦어도 1분만 기다리면 됩니다.

5G는 국제전기통신연합에서 채택한 5세대 이동통신이라는 뜻으로, 공식 명칭은 'IMT(International Mobile Telecommunications)-2020'입니다. 5G는 최대 다운로드 속도가 20Gbps, 최저 다운로드 속도는 100Mbps인 이동통신 기술로 1km² 반경 안의 100만 개 기기에 사물인터넷 서비스를 제공할 수 있습니다. 5G에서는 데이터 송수신 과정에서 발생하는 지연시간이 1ms(1000분의 1초)에 불과하고, 시속 500km의 이동 속도를 보장해야 하는 까다로운 조건이 충족되어야 합니다. KTX의 최고 속도가 시속 300km이니 KTX에서도 5G 통신을 사용할 수 있겠네요. 이렇게 5G의 특징은 단지 속도에 있는 것이 아니라 사물인터넷 서비스를 사용할 수 있게 다수의 기기를 동시에 사용해도 지연이 없어야 하고, 빠른 교통수단에서도 안정적이어야 합니다.

5G를 더 쉽게 설명하면, 현재 제공되는 서비스인 LTE보다 20배 이상 빠르고, 끊김 없이 많은 기기를 연결할 수 있는 특징을 갖습니다. 현재보다 데이터 양이 4배 이상 많은 초고화질 영화도 단 0.5초만에 다운로드 받을 수 있고, 지연 속도가 낮기 때문에 자율주행이나 원격의료 등 무지연 네트워크를 필요로 하는 서비스의 기반이 됩니다. 예를 들어, 100km로 달리는 차는 멈추려고 해도 지연시간 때문에 4G에서는 약 1m를 더 가지만, 5G에서는 약 2.7cm만 밀릴 뿐입니다.

대용량의 데이터 전송이 필요한 VR 게임에서도 5G는 필수

이와 같은 결과는 외부 환경이 완벽히 차단된 실험실 상황에서

산출 가능한 조건이기 때문에 여러 가지 가외 변인이 작용하는 실생활에서는 다소 차이가 있을 수는 있습니다. 그러나 설령 그 차이가 존재하더라도 지금과는 비교할 수 없는 네트워크 환경이 올 것이라는 점에서는 의심할 여지가 없습니다. 4차 산업혁명을 이야기하려면 5G는 필수입니다. 사물인터넷도, 스마트시티도 5G 없이는 모두 신기루입니다.

1경 4,000조 원의
전쟁이 시작되다

무선 네트워크가 5G로 발전한다는 것은 인터넷이 발생시킨 혁명에 비견할 수 있습니다. 인터넷이 시간과 공간을 초월한 정보의 교류를 가능하게 했다면, 5G는 사람과 사람, 사람과 사물을 넘어 사물과 사물을 연결하는 모든 것이 연결된 세상을 가능하게 만듭니다. 한마디로 '연결'의 시대를 넘어 '초연결(Hyperconnectivity)'의 시대가 오는 것입니다.

초연결이란 모든 사람과 사물이 네트워크를 통해 연결된 것을 의미합니다. 4차 산업혁명이라는 용어를 널리 알려 유명해진, 그리고 스위스의 작은 도시 다보스에서 열려 다보스 포럼으로 더 잘 알려진 세계경제포럼(World Economic Forum, WEF)에서 2012년에 '초연결 사회'와 관련된 위기관리 필요성을 언급해서 잘 알려진 용어입니다. 소셜미디어와 IT 디바이스의 발전으로 전 세계 사람들이 하나로 연결된 '초연결 사회'가 도래할 것이고, 이러한 사회에서는 사회불안과 사이버 범죄 등이 발생하기 쉬우며, 개인정보 보호, 투명성을 보장하는 사회규범이 필요할 것임을 강조했습니다.

인간과 사물이 어디에 있든 언제든지 항상 연결되어 있다는 것은 우리의 상상을 초월하는 세계가 된다는 것입니다. 1969년 10월 29일 저녁 10시 30분에 UCLA 대학 재학생이었던 프로그래머 클라인(Charley Kline)이 아르파넷(ARPANET)을 통해 스탠퍼드 대학교로 첫 메시지를 전송한 것이 인터넷의 시발점이었지만, 당시 개발자들의 머릿속에 지금 우리가 누리는 인터넷이 있었던 것은 아닙니다. 소련이 미국의 컴퓨터 네트워크를 공격할 경우 대비책으로 전국의 컴퓨터를 통신망으로 연결해서 비록 일부가 파괴되더라도 다른 컴퓨터는 작동하게 하려는 목적만 있었을 뿐이죠.

초연결이 가져올 세상 역시 지금 우리의 상상력을 뛰어넘을 것입니다. 모든 것은 우리 상상력의 산물이 될 것입니다. 미증유의 길을 가

아르파넷을 통해 보낸 최초의 메시지. 1969년에 보낸 이 메시지 이후, 2017년 글로벌 월별 IP 트래픽은 122엑사바이트(EB)로 증가합니다.(그림 35)

게 되는 것이죠. 앞서 언급한 스마트시티가 그런 세상 역시 현재를 살고 있는 우리가 만들어 낸 지극히 제한된 상상력의 산물일 뿐입니다. 5G가 가져올 세상은 현실에는 결코 존재하지 않는 가상의 이상 사회인 유토피아가 될 수도, 유토피아와 반대되는 가상 사회인 디스토피아가 될 수도 있는 것입니다.

⏻ 평창 올림픽에서 최초로 선보인 5G 시범 서비스

우리가 5G를 실제로 접한 것은 2018년 2월에 열렸던 평창 올림픽이 처음이었습니다. 평창 올림픽이 보여 준 첨단 기술을 뽑자면 사물인터넷, 인공지능, 가상현실 등을 들 수 있는데, 이 모든 것을 가능하게 한 것이 바로 5G입니다. 5G는 기반 기술로써 다른 기술이 원활하게 운영될 수 있게 하는 역할을 하는 것이죠.

몇 가지 실례를 들면, 선수 시점의 영상을 실시간으로 보는 '싱크뷰'를 통해 봅슬레이와 같이 빠르고 역동적인 경기를 더욱 실감 나게 즐길 수 있었고, 카메라 100대를 사용한 '타임 슬라이스'는 정지 영상을 통해 쇼트트랙과 피겨스케이팅과 같은 경기의 곡선 주로를 달리는 모습을

새로운 방송 영상 기술을 적용할 수 있는 배경에도 역시 5G

다양한 시점에서 더 자세히 볼 수 있었습니다. '옴니포인트뷰'는 말 그대로 다양한 선수나 지점에서 영상을 전송해서 모바일 기기를 통해 사용자가 원하는 영상을 선택할 수 있다는 장점이 있습니다. 이를 위해 크로스컨트리 선수들의 번호 조끼에 초소형의 정밀 GPS 기기를

부착하고 다수의 카메라를 설치하여 사용자가 경기를 마치 직접 즐기는 듯한 경험을 제공했습니다. 이 모든 것이 5G가 있었기에 가능했던 서비스였습니다.

개막식에서 밝게 빛났던 비둘기를 기억하나요? 이 비둘기는 1,200명의 평창 주민들이 들고 있던 LED 촛불로 만든 것이었습니다. LED 비둘기를 만들기 위해서는 해결해야 할 문제가 있었는데 1,200개의 LED를 동시에 점등과 소등시키는 것이었습니다. 만일 이것을 개인이 했다면 정확하게 켜고 끄는 데 문제가 있을 수밖에 없었겠죠? 그래서 사용한 것이 5G였습니다. 5G 태블릿으로 LED 촛불의 밝기와 점멸을 무선으로 실시간 중앙 제어할 수 있도록 애플리케이션과 시스템을 준비함으로써 아름다운 공연을 만든 1등 공신이 된 것입니다.

2018년 4월 27일에 있었던 역사적인 남북정상회담에서도 5G가 중요한 역할을 했습니다. 국내외 41개국에서 파견된 360개 언론사 2,850명의 취재진을 위해 일산 킨텍스 프레스센터에는 28GHz 대역의 5G 기지국이 설치된 것이죠. 정상회담 브리핑이 진행되는 판문점 '자유의 집' 브리핑룸에 360도 카메라를 설치해서 판문점에서 있었던 브리핑은 5G 네트워크를 통해 360도 동영상으로 실시간 중계되어 프레스센터에 전해졌습니다. 비록 현장에서 취재하지는 못하지만 프레스센터에 있는 내외신 기자들은 HMD를 통해 360도 동영상을 FHD(풀HD, 1,920×1,080 해상도)보다 16배 선명한 8K(7,680×4,320 해상도)의 초고화질 수준으로 볼 수 있었습니다.

⏻ 사물인터넷 세계는 이미 시작되었다.

　세계가 연결되고 있다는 것은 숫자로 확인할 수 있습니다. IT 및 네트워킹 부문에서 세계적인 선두 기업인 시스코(Cisco)는 네트워크와 관련된 주요한 자료를 공개하고 있습니다. 최근 공개한 자료 중에 가장 중요한 것은 2017년에 발표한 〈2017-2022 비주얼 네트워킹 인덱스〉(시스코, 2019)입니다. 이 보고서에는 의미심장한 미래 예측 자료가 많은데 요약해보면 다음과 같습니다.

　먼저 전 세계와 관련된 데이터입니다. 2022년 전 세계 인구 중 60%가 인터넷을 사용할 것으로 예측했습니다. 이는 2017년 기준 45%에서 15%가 증가한 것으로, 약 48억 명에 이르는 숫자입니다. 2017년에 사용자 당 월 29GB를 사용하던 인터넷 트래픽은 2022년에는 85GB로 증가하고, 2017년 전체 트래픽에서 동영상이 차지하던 트래픽이 70%에서 2022년에는 80%로 증가할 것으로 예측했습니다. 그만큼 동영상을 많이 본다는 얘기겠죠. 전 세계 IP 트래픽은 2017년 연간 1.5ZB(월 평균 122EB)에서 2022년에는 4.8ZB(월 평균 396EB)에 달해 세 배 이상의 증가가 예상됩니다. EB란 엑사바이트로 10의 18승, 그리고 ZB란 제타바이트로 10의 21승을 뜻합니다. 참고로 1GB는 10의 9승을 의미하니 얼마나 많은 양인지 짐작할 수 있겠죠. 기기 간(Machine to Machine, M2M) 연결 건수는 2017년 180억 대에서 2022년 285억 대로 증가할 것으로 예측합니다.

　이번에는 우리나라를 알아볼까요. 우리나라 인터넷 사용자 수는 2017년 전체 인구의 96%에서 2022년 98%를 차지할 것으로 예측됩니다. 전체 월간 트래픽은 2017년 4.62EB에서 2022년 11.3EB로 약 2.5배 증가하고, 미국에 이어 가장 높은 일인당 디바이스 및 회선 평균 개수를 기록할 전망입니다.

사물인터넷 서비스도 서서히 확대되고 있습니다. 2017년 기준으로 원격검침은 453만 건, 가정 사물인터넷은 142만 개, 차량관제는 130만 건, 무선결제는 72만 건, 웨어러블 (Wearable)은 109만 개 등 기타 사례 251만 개를 모두 합하면 1,160만 개의 가입 현황을 보이

고 있습니다(과학기술정보통신부, 2017). 사물인터넷 연결기기는 2021년까지 3,000만 개로 확대될 것으로 전망합니다.

4차 산업혁명 시대에 5G는 전체 사회시스템의 신경망 역할을 할 것입니다. 일상생활에서 모든 사람과 사물을 연결하여 새로운 비즈니스를 만들 것이고, 사회혁신을 촉진할 것입니다. 언제 어디서든, 초고용량의 정보를 초고속으로, 그것도 지체 없는 초연결을 보장하기 때문에 새로운 융합 서비스가 나타날 것입니다. 자율주행차와 원격의료, 무인감시와 제어시스템, 가상현실과 같은 실감미디어, 스마트 공장이나 스마트시티 등 인공지능과 빅데이터 그리고 클라우드 등의 기술과 연계한 서비스가 그 예입니다.

⏻ 5G 선점을 위한 보이지 않는 전쟁

이제까지 5G 네트워크만 이야기했는데요. 5G 네트워크만 깔리

면 다 끝나는 것일까요? 정작 이를 사용할 5G를 활용할 기기가 없으면 말짱 도루묵이겠죠. 그래서 이에 발맞춰 삼성전자, 퀄컴, 인텔, 화웨이 등 하드웨어와 반도체, 통신기기 개발 업체 등이 일찌감치 5G 관련 기기 개발에 나섰습니다. 그러나 예측건대 본격적인 5G 시장은 아무리 빨라야 2022년에 나타날 것입니다. 정부는 2022년을 목표로 5G를 전국에 깔려고 하는데, 적어도 이 때는 되어야 우리가 체감할 수 있는 서비스가 본격화되지 않을까 판단합니다.

4차 산업혁명을 이끄는 대부분의 기술은 5G를 기반으로 하므로 전 세계에서 개발 경쟁이 치열합니다. 한국이 2019년 4월 3일 오후 11시에 세계 최초로 5G 서비스를 시작했고, 미국의 이동통신 1위 업체인 버라이즌(Verizon)은 한국보다 두 시간 늦은 4월 4일 오전 1시(한국 시간)에 5G 서비스를 시작했습니다. 중국과 일본은 2020년에 5G의 상용화를 위한 추진 계획을 수립했습니다. 심지어 미국 행정부는 중국의 국가안보 위협을 이유로 5G 통신망을 국유화하는 방안을 검토할 정도로 5G 시장 선점을 위한 전 세계의 경쟁은 말 그대로 전쟁을 방불케 합니다.

독자 여러분은 2018년 7월 6일에 트럼프 미국 대통령이 중국산 제품 340억 달러에 대해 관세를 부과해서 미중 무역 전쟁이 시작됐던 것을 기억하실 겁니다. 고율의 관세가 매겨진 제품군이 정보통신기술과 항공우주, 로봇공학 등 중국이 추진하는 '중국 제조 2025' 정책과 관련돼 있다는 것은 주지의 사실입니다. 참고로 '중국 제조 2025'는 우리나라가 추진하는 4차 산업혁명 정책과 비슷한 것으로 이해하면 됩니다. 이와 비슷한 것으로 독일의 '인더스트리 4.0(Industry 4.0)'과 일본의 '소사이어티 5.0(Society 5.0)'이 있습니다.

이러한 사태에 대해 당시 미국 경제전문 방송 CNBC는 차세대 모바일 인터넷의 핵심기술인 5G 표준을 선점하려는 의도였다고 분석하기도 했습니다(Kharpal, 2018). 5G 시장 규모가 2023년에 자그마치 약 12조 3,000억 달러(1경 4,000조 원)에 달할 것이기에 '미국을 다시 위대하게(Make America Great Again)' 만들려는 트럼프 대통령과 '중국 제조 2025'를 달성하려는 시진핑 주석이 크게 맞붙었다는 분석입니다. 참고로 5G 기술은 중국의 화웨이와 ZTE, 유럽의 노키아와 에릭슨이 미국의 퀄컴이나 인텔보다 앞선다는 것이 중론입니다. 가격은 30% 정도 저렴하고요.

그래서일까요? 미국은 대(對)이란 제재를 위반한 혐의로 ZTE를 제재했으며, 화웨이가 미국 내에서 스파이 활동을 한다는 의혹을 제기하며 이를 조사하고 있습니다. 미국 상무부 산하의 미국통신정보관리청은 국가안보에 위협이 되고 있다는 이유로 차이나모바일의 미국 통신 시장 진입을 차단했습니다. 2018년 12월에는 미국 정부의 요청으로 캐나다 정부가 화웨이 부회장을 체포하기도 했습니다. 얼마나 치열한 전쟁이 진행되고 있는지 국가 간의 전쟁에 비견될 정도입니다.

유럽과 일본은 각각 2G와 3G 시장에서 우위를 보였고, 미국은 4G 시대를 이끌었습니다. 5G 시장을 선점하기 위해서 중국과 한국 그리고 미국이 치열한 접전을 벌이고 있습니다. 산업화 시대는 늦었지만 정보화 시대는 앞선 우리나라는 이미 세계 최초로 5G 서비스를 성공적으로 선보였습니다. 중요한 것은 5G와 관련된 각 분야에서 세계 표준화로 선정되어야 한다는 것입니다. 그래야 우리 제품을 수출할 수 있고, 특허비를 받을 수 있기 때문입니다. 또한 이러한 기술을 바탕으로, 새로운 서비스를 세계에 선보일 수 있게 되겠죠. 독자 여러분도 5G 관련 뉴스가 나올 때마다 눈여겨보면서, 보이지 않는 대격전에서 한국의 위치를 가늠해 보기 바랍니다.

공항 보안 검색대, 추가금을 지불하고 빨리 통과할 수 있다면?

인천국제공항에서 비행기를 타려면 한 번쯤 긴 줄을 서야 하는 곳이 있습니다. 바로 보안 검색장이죠. 대통령이나 국제협약에 따라 보안 검색을 면제받도록 돼 있는 외교관을 제외하고는 남녀노소, 지위 여하를 막론하고 반드시 보안 검색을 받아야 합니다.

하지만 만일 공항에서 검색대를 두 곳으로 나눈 후, 한 곳은 현재 이용하는 것처럼 그대로 이용하게 하고 다른 곳은 추가 비용을 낸 사람만 빨리 검색받을 수 있도록 서비스를 제공한다면 어떨까요? 모든 사람이 공평하게 이용할 수 있도록 만든 공항 검색대를 일등석 비행기표를 샀다고, 또는 급행료를 냈다고 빨리 통과시켜 준다면 여러분들은 시장경제에서 활용 가능한 합리적인 제도로 받아들이겠습니까? 아니면 공적 가치를 훼손시키는 제도로 반대하겠습니까?

망중립성 폐지는 공항 검색대에서 1등석 승객을 먼저 통과시키는 것과 같습니다.(그림 36)

2017년 12월 14일 한국의 방송통신위원회와 같은 기구인 미국 연방통신위원회(FCC)가 '망중립성' 폐지를 결정했습니다. 통신망의 공공성을 강조하는 원칙인 망중립성은 망사업자(인터넷망 사업자, ISP)가 모든 데이터에 대해 차별 없이 송수신되도록 서비스를 제공해야 하는 것을 의미합니다. 즉, 앞으로는 망사업자가 데이터 처리를 하는 데 자사의 이익에 맞게 차별하면서 서비스를 해도 된다는 뜻입니다.

이것이 무슨 뜻인지 구체적으로 살펴보겠습니다. 먼저 망중립성의 의미는 앞으로도 계속 설명할 테니 일단 넘어가겠습니다. 망사업자는 네트워크 사업자라고도 말합니다. 말 그대로 네트워크를 갖고 사업을 하는 기업을 말합니다. 통신 사업자라고도 하는데 우리나라의 KT, SK텔레콤, SK브로드밴드, LG유플러스와 같이 통신망을 갖고 서비스하는 사업자를 의미합니다. 집에서 인터넷을 사용하고 있다면, 매달 인터넷 사용료를 내게 되는데 그 사용료를 받는 회사를 생각하면 됩니다.

그리고 모든 데이터에 대해 차별 없이 서비스를 제공해야 한다는 의미는 합법적인 네트워크 트래픽 전송에 있어 불합리하게 차별해서는 안 된다는 뜻입니다. 내가 네이버를 사용하든 다음을 사용하든, 카카오톡을 사용하든 페이스북을 사용하든, KT나 SK텔레콤이 인위적으로 차별하면 안 된다는 뜻입니다.

⏻ 망중립성이 폐지되면 '카카오톡'을 못쓴다

차별을 금지한다는 의미는 매우 중요한 뜻을 담고 있습니다. 예컨대 KT는 '올레TV 모바일'이라는 동영상 서비스 애플리케이션(앱)을 보유하고 있습니다. 로그인만 하면 무료로 다수의 동영상을 볼 수 있는 앱이죠. 경쟁 제품으로는 SK텔레콤의 '옥수수', 카카오의 '카카오TV 라이브'나 구글의 '유튜브'와 같은 앱이 있습니다.

비록 '올레TV 모바일'이 KT의 앱이지만 KT는 '올레TV 모바일'의 속도를 경쟁사의 서비스에 비해 더 빠르게 제공하거나 또는 경쟁사의 서비스를 상대적으로 더 느리게 제공할 수 없습니다. 이제까지 우리가 너무나 당연하게 써 왔기 때문에 놀랄 일이 아니지만, 망중립성이 폐지된다면 이것이 당연한 게 아니게 됩니다. 의도적으로 네이버 접속을 다음 접속보다 빠르게 할 수도 있고, KT 사용자가 SK텔레콤 사용자보다 더 빠르게 접속하게 할 수 있습니다. 이러한 차별을 없애는 것이 망중립성입니다.

이번에 미국 FCC에서 망중립성 폐지를 결정했다는 의미는 앞서 공항 검색대의 예처럼 망사업자에게 돈을 많이 지불한 콘텐츠 사업자는 더 빠른 속도로 서비스를 제공함으로써 사용자에게 우월한 서비스를 제공할 수 있다는 것을 말합니다.

기존에는 KT와 SK텔레콤, LG유플러스 중에 어느 사업자를 선택하더라도 모든 서비스에 대해 차별 없이 동등한 서비스를 제공받을 수 있었지만 망중립성이 폐지가 될 경우에는 망사업자가 차별적으로 콘텐츠나 애플리케이션, 서비스 등을 제공할 수 있게 됩니다. KT에서는 페이스북이 빠르고, SK텔레콤에서는 유튜브가 빠르고, LG유플러스에서는 넷플릭스가 빠를 수도 있는 것이죠.

망중립성 폐지는 우리 일상생활 그 자체일 수 있는 중요한 문제입니다. 망중립성 폐지를 우려하는 사람들은 국민 메신저로 쓰는 카카오의 '카카오톡'을 쓰지 못할 수도 있고, 지금과 비교할 수 없을 정도의 큰 비용을 치르면서 유튜브 동영상을 봐야 할지도 모른다는 극단적인 사례를 통해 위험성을 부각합니다.

또한 인터넷 사용자가 업로드하거나 다운로드할 때 걸리는 속도는 전적으로 KT와 SK텔레콤 같은 망사업자에 달려 있고, 구글이나 페이스북과 같은 거대 기업들은 경쟁사나 잠재적 경쟁사인 신규 스타트업의 서비스와 비교도 안 될 정도의 뛰어난 속도 품질로 시장을 지배할 수도 있다고 경고하기도 합니다.

가령 이런 식이죠. 현재 소셜미디어는 페이스북 제국이라고 해도 과언이 아닙니다. 최근 들어 많은 인기를 얻고 있는 소셜미디어인 인스타그램도 페이스북이 모기업입니다. 만약 스타트업에서 새로운 소셜미디어를 낼 때, 페이스북이 이 서비스를 사용하지 못하게 하려고 자사 서비스에 접속하는 사용자에게는 통신 데이터를 차감하지 않도록 해 주면서 동시에 속도도 압도적으로 빠르게 제공되도록 한다면 아무래도 신규 사업자가 사업하기가 쉽지 않겠죠? 페이스북은 압도적인 자금을 사용해서 통신사에 비용을 대신 내준다면, 통신사는 통신사대로 추가로 수익을 올려서 좋고, 페이스북은 잠재적 경쟁사를 없애서 좋게 되는 식이죠.

한마디로 말해 네트워크로 연결되는 그 어떠한 행동도 망사업자의 통제하에 있게 되는 것입니다. 통신사가 인터넷을 지배하는 세계가 열리게 되는 것이죠. 그렇다면 미국 FCC는 이렇게 말썽 많은 망중립성을 왜 폐지했을까요? 먼저 아지트 파이(Ajit Pai) FCC 위원장의 배경을 보면 이해하기가 쉽습니다.

FCC는 망중립성을 폐지했지만, 미국의 22개 주는 무효화 소송 중. 산업은 물론 우리의 생활과 밀접한 관계가 있는 중요한 이슈입니다

파이 위원장은 FCC에 들어오기 전에 미국의 망사업자인 버라이즌(Verizon)의 고문 변호사를 역임했습니다. 2012년 공화당 추천으로 FCC 위원에 임명된 이후로 버락 오바마 전 대통령의 망중립성 정책에 대해 강한 비판의 목소리를 줄곧 냈던 전력이 있습니다. 이후 시장 친화적이면서 성장 우선주의자인 도널드 트럼프 대통령에 의해 위원장에 임명됐죠. 결국 최고경영자(CEO) 출

신인 트럼프 대통령의 시장 친화 정책과 통신사 변호사 출신의 파이 FCC 위원장의 이해관계가 맞아떨어진 결과로 풀이할 수 있습니다.

⏻ 동영상 서비스 회사가 트래픽 비율의 대부분을 차지한다

물론 단순히 이런 이유 때문에 망중립성이 폐지된 것은 아닙니다. 망중립성 폐지의 논리적 근거는 시장 논리와 네트워크 고도화, 사용자 편리성 등을 꼽을 수 있습니다. 망중립성이 통신망을 가지고 있는 사업자가 망에서 서비스하는 사업자들을 차별해서는 안 된다는 의미이지만, 또 다른 관점에서 보면 특정 사업자가 트래픽을 과도하게 차지하고 있어서 선의의 피해를 보는 사업자가 있다는 것이죠.

시스코(Cisco, 2019) 자료에 따르면 전 세계 모바일 동영상 트래픽은 2022년 전체 모바일 트래픽의 79%를 차지할 것으로 예측합니다. 한국의 모바일 동영상 트래픽 역시 2021년에는 2016년 대비 5.8배 증가해서 75%를 차지할 것으로 전망됩니다. 오범의 리포트(Ovum, 2018)는 한술 더 떠, 5G 시대에는 모바일 트래픽의 90%가 비디오가 될 것으로 예측합니다. 이 말은 유튜브와 넷플릭스와 같은 동영상 서비스 회사가 트래픽 비율의 대부분을 차지한다는 것입니다.

무료로 인터넷망을 쓰면서 막대한 수익을 올리는 구글, 페이스북, 넷플릭스 같은 기업에게 그에 준하는 책임을 부여할 수 없는 것일까요? 이들 회사가 이렇게 과도하게 점유하고 있는 것이 망중립성의 가치를 현실적으로 대변한다고 볼 수 있을까요? 망중립성 폐지를 주장하는 사람은 이러한 시장 논리로부터 출발합니다.

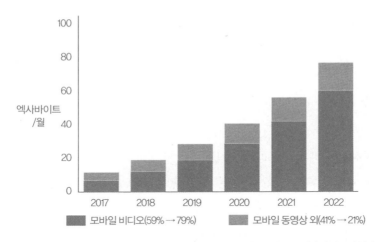

100

80

60

엑사바이트
/월   40

20

0

2017　2018　2019　2020　2021　2022

■ 모바일 비디오(59% → 79%)　　　■ 모바일 동영상 외(41% → 21%)

전 세계 모바일 트래픽의 79%를 동영상 콘텐츠가 차지한다면, 망사업자는 동영상 서비스 사업자에게 일정 정도의 비용 부담을 요청하는 것이 타당하지 않을까요?(그림 37)

　　망중립성 원칙에 따르면 망사업자는 온라인 서비스 사업자가 데이터를 아무리 많이 사용해도 속도를 낮추거나 차별적 요금을 부과할 수 없습니다. 이 때문에 망사업자들은 망중립성이 투자를 저해하고 경쟁을 제한한다며 폐지를 촉구해 왔습니다. 망중립성 원칙하에서는 데이터 트래픽 폭증에 따른 비용을 망사업자와 소비자가 부담해야 하지만, 이는 시장 논리에 어긋난다는 주장이죠. 실제로 2018년 말부터 국내에서 넷플릭스 사용자의 급증으로 콘텐츠 속도 지연이나 화질 저하 문제가 발생했지만 통신사는 망중립성 때문에 넷플릭스에게는 비용 부담을 전가하지 못한 채 망 증설에 나서고 있습니다. 즉 넷플릭스를 위해서 KT나 SK텔레콤이 돈을 쓰는 셈이죠.

　　한편으로 보면 데이터 트래픽을 많이 발생시킨 인터넷 서비스 사업자가 비용을 분담함으로써, 망사업자는 트래픽 관리에 들어가는 비용을 줄일 수 있고 소비자들은 통신비 부담 경감으로 이어질 수 있다는 논리도 틀린 것 같지는 않습니다.

또한 네트워크 고도화를 위해서도 인터넷 서비스 사업자의 비용 부담이 요구되는 실정도 무시할 수 없습니다. 5G 시대를 맞아 망사업자는 대규모의 시설 투자 자금이 필요합니다. 사물인터넷과 자율주행 자동차 등에 사용될 5G는 트래픽이 상상을 초월할 정도로 폭증하게 됩니다. 이와 같은 혁신적인 서비스를 제공하기 위

'SK텔레콤 고객은 포켓몬고 이용 데이터가 무료', 망중립성 원칙에 어긋날까?

한 기반을 마련해야 하는데, 망중립성 폐지로 데이터 트래픽을 유발하는 정도에 따라 상응하는 대가를 지급하는 비용 분담 방식을 통해 광대역 투자를 촉진할 수 있다는 논리입니다.

시대의 변화에 어울리는 망중립성 원칙의 필요성은 미국 FCC에서 망중립성 폐지를 이끌었고 이 결정은 미국을 비롯해 전 세계에 영향을 미칠 것으로 예측됩니다. 그렇다면 미국의 망중립성 폐지 결정은 한국의 망중립성에 어떤 영향을 미칠까요?

⏻ 시대의 변화, 한국의 변화 가능성은 작다

예단하기는 힘들지만 미국의 결정이 한국에 큰 변화를 이끌 것 같지는 않아 보입니다. 게다가 앞서 들었던 예와 같은 극단적인 사건이 근시일 내에 한국에서 일어날 가능성은 높지 않습니다. 먼저 망사업

자를 기간 통신 사업자로 보는 관점이 변화할 가능성이 작습니다.

한국은 망사업자를 아예 기간 통신 사업자로 법령에 의해 분류하고 있기 때문에 미국의 사례와 근본적으로 다릅니다. 이것이 무슨 의미냐면, 비록 망중립성을 법률로 제정하지는 않았지만 인터넷 트래픽 관리 가이드라인(2011년)과 투명성에 관한 기준(2013년)을 통해 망중립성은 하나의 원칙으로 잘 실현되고 있습니다.

만일 미국처럼 망중립성을 폐지하기 위해서는 방송통신위원회와 국회가 움직여야 하는데 망사업을 공공의 영역으로 보는 여론이 강한 한국에서는 이를 바꾸기가 쉽지 않을 것입니다. 또한 문재인 정부의 정책 방향이 망중립성을 강화하는 데 있다는 점에서 트럼프 정부의 지향성과는 큰 차이를 보입니다. 오히려 미국과 반대의 상황이 최근에 있었는데 2017년 11월 29일 여당인 유승희 더불어민주당 의원이 발의한 망중립성을 강화하는 법안을 심의하기도 했습니다. 이처럼 망중립성 정책은 국가에 따라 다른 지향성을 보이기도 합니다.

망중립성의 유지 또는 폐지는 솥 안에 있는 뜨거운 감자입니다. 알다시피 인터넷은 우리 생활에서 없어서는 안 될 필수재입니다. 교육받을 권리가 인권이고 문화를 누릴 권리가 인권이듯이, 인터넷을 사용할 권리도 인권인 시대이므로 인터넷 사용에도 차별 금지와 투명성이 요구됩니다. 하지만 이와 함께 데이터 트래픽을 과도하게 유발하는 업체는 그에 상응하는 대가를 지불하는 것이 시장경제의 합당한 논리이기도 합니다. 망사업자에게 일방적으로 비용을 전가하는 것 또한 합리적이지는 않죠.

앞으로 5G 이야기가 나올 때마다 망중립성 문제는 그 뒤에서 숨어서 언제쯤 공론화될지 눈치를 보고 있을 것입니다. 망중립성 폐지가 창조와 혁신의 시작일지 아니면 소비자의 행복추구권과 표현의 자유와 같은 헌법 정신에 반하는 결정이 될지 두고 볼 일입니다.

09

말하지
않아도
센서는
다 안다?

생각하고 행동하는 그대로 전해지는 데이터

센서는 정보를 수집하고, 수집된 정보를 디지털로 변환해서 컴퓨터에서 사용할 수 있게 만듭니다. 아무 의미 없던 정보는 센서를 통해 소중한 데이터가 됩니다. 데이터는 쌓이고 쌓여서 빅데이터가 됩니다. 그리고 빅데이터는 인공지능을 통해 최적화됩니다. 센서는 동전의 양면입니다. 인간의 안전과 편리함을 위해 데이터가 수집될 수도 있지만, 무분별하게 수집된 개인정보는 기업이나 정부에 의해 어느 때든지 침해당할 수 있습니다. 안전을 위해 CCTV를 설치하는데 나 혼자만 개인정보 침해의 위험성을 주장하기는 쉽지 않습니다. 보이지 않는 위험은 눈앞의 편리함을 이길 수 없습니다. 어떤 위험이 발생할지, 그 위험이 얼마나 클지 가늠이 안 되는 상황에서, 그리고 대부분의 사람들이 아무런 문제없이 사용하고 있는데 보이지 않는 해악을 주장하기는 쉽지 않습니다. 그래서 빅 브라더의 등장은 필연적입니다.

센서가 없으면
의미 없는 쓰레기 신호

'2018 FIFA 러시아 월드컵'은 우리에게 아쉬움과 기쁨을 주었습니다. 1승을 했음에도 16강전에 올라가지 못한 것은 못내 아쉬웠지만, 우리나라 국가대표팀이 월드컵에서 세계 랭킹 1위이자 전 대회 챔피언인 독일 대표팀을 꺾은 사건은 두고두고 회자될 것입니다.

독일전 경기에서 우리 선수들이 얼마나 열심히 뛰었는지는 데이터가 말해 줍니다. 우리 선수들은 독일전에서 교체 선수를 포함해서 총 14명의 선수가 118km를 뛰는 놀라운 투혼을 발휘했습니다. 독일이 115km를 뛴 것에 비하면 3km를 더 뛴 것이고, 한국이 스웨덴전에서 103km, 그리고 멕시코전에서는 99km를 뛴 것에 비하면 각각 12km와 16km를 더 뛴 것입니다.

그렇다면 이와 같은 활동량은 어떻게 알 수 있을까요? 바로 행동 측정 시스템(Electronic Performance & Tracking Systems, EPTS) 덕분입니다. 두 대의 광학 추적 카메라가 선수와 공의 위치를 추적하고,

가속도계와 자이로스코프, 심박동을 추적할 수 있는 웨어러블 생리학 측정기는 선수의 각종 정보를 수집합니다. 각 팀은 국제축구연맹(FIFA)이 제공하는 세 대의 태블릿 PC를 관중석 스탠드와 벤치 그리고 의료팀에서 활용하면서 선수 상태를 파악하고 경기 전략을 마련하는 것이죠.

태블릿에는 선수의 활동량과 움직임이 고스란히 전해지기 때문에 스탠드에 있는 전략 분석가는 벤치에 있는 코치에게 내용을 전달하고 이를 바탕으로 새로운 전술을 구사합니다. 우리나라 경기 영상을 잘 보면 벤치에 있는 코치 중 한 명이 헤드셋을 끼고 태블릿을 보고 있는데,

행동 측정 시스템을 통해 수집되는 선수의 데이터

그 코치는 스탠드에 있는 우리나라 국가대표팀 기술분석관인 가르시아 에르난데스 코치의 전략 분석을 받고 있는 것입니다. 선수들의 위치 데이터와 패스, 스피드, 태클, 심장박동 수와 같은 선수들의 물리적 정보가 고스란히 전해지기 때문에 치밀한 전략 분석이 더욱 빛을 발하게 되죠. 이제는 월드컵경기 뿐만 아니라 일반 경기에서도 이와 같은 시스템이 주요하게 사용되고 있습니다.

⏻ 사물인터넷의 핵심, 센서

이렇게 선수의 정보를 받을 수 있는 이유는 바로 센서가 있기 때문입니다. 센서는 쉽게 말해서 정보를 받아들이는 도구를 말합니다. 센서는 수집한 정보를 디지털로 변환해서 컴퓨터에서 사용할 수 있

게 만듭니다. 정보를 컴퓨터로 사용한다는 의미는 단순하지 않습니다. 만일 그렇게 되지 않는다면, 그것은 정보가 아니라 그냥 잡음일 뿐, 버려지게 되는 것이니까요.

스마트폰은 가장 좋은 예입니다. 스마트폰은 그 자체로 센서 덩어리입니다. 사진을 찍을 때는 눈으로 본 것을 기억하는 이미지 센서와 주변 빛의 농도와 밝기에 따라 색을 보정하는 RGB 센서와 조도 센서가 중요한 역할을 합니다. 게임을 할 때는 움직임을 감지하는 가속도 센서와 자이로스코프 센서 등이 속도와 방향 등을 판단하는 데 사용됩니다. 전화로 말을 할 때는 근접 센서가, 손가락으로 디스플레이를 만질 때는 터치 센서가 그리고 지도를 사용할 때는 GPS 센서가 필요합니다. 센서가 없었을 때는 아무런 역할을 못하는 신호가 바로 센서로 인해 소중한 정보로 재탄생하는 것입니다.

축구 얘기를 하나 더 할까요? 러시아 월드컵에서 보인 흥미로운 장면 몇 개가 더 있습니다. 월드컵 우승팀인 프랑스가 예선 첫 번째 경기에서 승리하게 된 배경에는 골라인 테크놀로지(Goal-Line Technology, GLT)라고 하는 골 판단 여부를 결정짓는 기술이 있었습니다. 프랑스의 폴 포그바 선수가 후반 36분 상대 골키퍼를

2018 FIFA 러시아 월드컵, 골라인 테크놀로지의 덕을 본 우승팀 프랑스

넘기는 슈팅을 했는데 그 공이 크로스바를 맞고 골라인 근처에 떨어졌습니다. 그리고 골키퍼는 안전하게 두 손으로 공을 잡았고요. 포그바를 비롯한 프랑스 선수들은 골이라며 주심에게 두 팔을 흔들었고,

손목에 낀 시계를 잠시 본 주심은 곧 골을 선언했습니다.

예전 같았으면 골이네 아니네 하며 양측 선수들과 응원단, 국민들이 난리를 쳤을 겁니다. 1대1 상황에서, 후반 35분경에 나온 골이기에 더했겠죠. 그러나 이번 대회에서는 아주 조용했습니다. 골라인 테크놀로지는 각 골대 뒤편에 7대씩 총 14대의 초고속 카메라가 측정한 정보를 통해 골 여부를 결정하는 기술인데, 주심이 차고 있는 시계에 1초 내로 득점 여부가 전달되기 때문이죠. 120km/h 빠르기의 공이 0.06초만 골라인을 통과해도 득점으로 판독할 수 있을 정도로 정교하기 때문에 왈가왈부할 필요가 없습니다.

이처럼 축구를 비롯한 테니스, 배구, 야구 등 다양한 경기에서 인간의 판정에 내재할 수밖에 없는 오심을 바로잡을 수 있는 것은 바로 센서가 있기 때문입니다. 그리고 이러한 특징을 가진 센서는 사물인터넷 시대에 가장 중요한 도구로 사용되고 있습니다.

⏻ 인공지능을 만나 업그레이드되는 센서의 가치

친숙한 사례를 통해 센서를 이해하기 위해 스마트폰이나 스포츠를 말했지만, 사실 센서는 우리가 생활하는 곳곳에 널려 있습니다. 자동차 번호판을 읽는 주차기기, 번호판 인식을 통해 요금이 자동으로 결제되는 스마트 톨링(Smart Tolling), 정확하고 안정적으로 움직이는 드론, 가속도 센서가 중요한 역할을 하는 자동차, 도어 센서가 설치된 자동 출입문 등 건물, 공장, 발전소, 농촌의 비닐하우스 등 센서는 이제 사용하지 않는 곳을 찾기 힘들 정도로 널리 보급되고 있습니다.

2021년의 센서 시장 규모를 220조 원 규모로 예측할 정도로 말이죠.

데이터를 필요로 하는 이상, 센서는 가장 정확하고 효율적인 도구입니다. 그리고 이 데이터는 인공지능의 최적화 과정을 통해 의미 있는 정보가 됩니다. 누적된 데이터는 인공지능을 거쳐야 효율적으로 사용될 수 있습니다.

예를 들어 보겠습니다. 퇴근하다가 1층 복도에서 멋진 조명을 봤습니다. 스마트폰으로 조명을 비추니 파란 점이 나타났습니다. 이 점을 찍으니 유사한 제품을 찾아 줍니다. 제품을 클릭하니 커머스 사이트로 이동하면 제품에 대한 설명과 함께 가격이 뜹니다. 구글 렌즈가 제공하는 '스타일 매치' 서비스입니다. 인공지능이 가져온 삶의 편리함의 한 예입니다.

검색 없이 카메라만 비춰도 정보 검색은 물론 구매까지 가능한 구글 렌즈의 '스타일 매치'

특히 웨어러블은 센서가 사용성의 가치를 인정받는 대표적인 사례입니다. 단지 기능성에 그치는 것이 아니라 다양한 옵션을 통해 패션이라는 가치로 수익성을 극대화하는 전략이 구사되기도 하죠. 특히 사용자 감성을 건드려서 구매욕을 자극하는 마케팅 전략을 취합니다. 기술은 단지 기능이 뛰어나다고 사용자의 선택을 받는 것은 아닙니다. 기업 간 거래에서는 기능과 성능이 가장 중요할 수 있지만, 일반인을 대상으로 한 시장에서는 기능도 중요하지만 감성적 측면이 더 중요합니다. 사용 목적이 다르기 때문입니다. 웨어러블 기기의 성능이 다소 떨어지더라도 멋져 보인다면 선택될 수 있죠. 그래서 세계 유명

웨어러블 기기 기업은 패션 기업의 전문가를 스카우트해서 자사의 제품에 적용하곤 합니다. 다음 장에서는 웨어러블 기기에서 꽃피는 센서의 기능을 살펴보겠습니다.

사물인터넷,
웨어러블 기기에서 꽃핀다

사물인터넷은 인터넷을 기반으로 모든 사물을 연결해 사람과 사물, 사물과 사물 간 상호 소통하는 기술로 만물인터넷으로도 불립니다. 센서와 네트워크로 구성된 사물인터넷은 앞에서 설명한 스마트홈과 스마트시티를 만드는 핵심 기술이죠. 사물인터넷은 '서비스, 플랫폼, 네트워크, 디바이스(S-P-N-D)'로 구성되는 생태계를 갖고 있습니다. 이는 5장에서 설명한 미디어 생태계를 구성하는 '콘텐츠, 플랫폼, 네트워크, 디바이스(C-P-N-D)'에서 콘텐츠가 서비스로 변화된 것을 의미합니다.

사물인터넷의 적용 가능성이 가장 높은 분야로는 웨어러블 서비스가 꼽힙니다. 시장조사 기관 CCS의 분석(CCS Insight, 2019.03.20)에 따르면, 2019년 전 세계 웨어러블 출하 대수는 1억 4,000만 대, 그리고 2023년에는 2억 6천만 대로 시장 규모가 300억 달러(34조 5,000억 원)에 이를 것으로 전망됩니다.

웨어러블은 1960년대 의복과 액세서리에 전기신호를 보내거나 계산 등의 단순 기능만 추가된 형태의 기기를 그 시초로 봅니다. 하지만 당시에는 간편성이나 지속성 등 기술력의 한계로 대중적 사용을 기대하기는 무리였습니다. 2000년대에 들어서야 디지털 혁명이 가속화되는 과정에서 시장성을 노릴 수 있는 웨어러블 제품들이 소개되기 시작했는데, 그 핵심은 연결, 즉 정보를 주고받는 센싱 기술과 네트워크의 안정성과 확장성에 기반을 두고 있습니다.

700개의 센서로 모든 정보를 수집하고 분석하는 크리스 댄시(Chris Dancy)

웨어러블 제품은 신체와 접촉함으로써 사용자의 건강과 신체 정보를 수집하는 형태에서부터, 다른 스마트 기기와의 연동을 통해 간편하

전 세계 스마트워치 판매량에서 압도적인 1위를 차지한 애플. 애플워치 시리즈 4는 심전도 측정 기능이 추가됐고, 19개 나라의 보건국에서 허가를 받았습니다.(그림 38)

게 애플리케이션을 사용하는 등 그 스펙트럼이 넓습니다. 웨어러블은 착용 부위에 따라 스마트 워치, 리스트(wrist) 웨어, 스마트 반지, 스마트 글라스, 스마트 의류, 스마트 스킨 등 상상력을 뛰어넘는 다양한 실험적인 방식으로 소개되고 있습니다. 현재 웨어러블 시장은 저가와 중가 그리고 고가 마켓이 뚜렷하게 구분돼 형성되고 있습니다. 예를 들어 가장 보급이 많이 된 스마트 워치의 경우, 샤오미의 '미밴드4'가 4만 원대로 제품 가격경쟁에서 우위를 차지하고 있고, 핏빗의 '핏빗 버사'는 20만 원대에서, 삼성전자의 '갤럭시 워치'는 30만 원대에서 그리고 애플의 '워치 시리즈'는 40~160만 원대의 프리미엄 마켓에서 점유율을 높여 가고 있는 식이죠.

⏻ 올림픽에서 보여 준 웨어러블 기술

웨어러블 기기가 적지 않게 소개됐지만, 주변에서 찾아보기 힘든 이유는 기술 구현이 생각처럼 쉽지는 않기 때문입니다. 또한 제도의 문제도 있습니다. 가령 심장박동수와 같은 생체 데이터를 주치의가 바로 볼 수 있도록 전송시켜야 하지만 현재는 이러한 정보 전달 자체가 불법입니다. 우리 몸에 부착할 수 있게 작고 가벼우면서도 성능이 뛰어나야 하며, 또한 가격이 저렴해야 하기에 대중화가 어렵습니다. 아직까지 대중화의 길은 멀지만, 이미 웨어러블 서비스는 곳곳에서 시작했습니다. 스포츠의 예를 통해 더 알아보겠습니다.

앞서 월드컵의 예를 들었지만, 그보다 규모가 큰 올림픽은 첨단 기술의 경연장입니다. '2018 평창 동계올림픽'에서도 주최국인 우리나라와 참가국의 최신 기술이 많이 선보였습니다. 많은 사례가 있지만, 가능한 우리 일상생활에서 즉시 접목될 수 있는 사례를 통해 앞으로 상용화될 기술을 미리 맛보도록 하죠.

먼저 웨어러블 결제 서비스입니다. 편의점에서 물건을 살 때를 떠올리면 그 과정이 복잡하다는 것을 알 수 있습니다. 신용카드나 스마트폰을 꺼내 기계에 긁거나 대야 하는데 뺐다가 집어넣는 것은 귀찮은 일이죠. 웨어러블 결제 서비스는 편의성을 극대화함으로써 현장에서 구매하는 데 드는 시간을 줄여 주는 역할을 합니다. 평창 올림픽에는 장갑, 배지, 스티커 등 17가지의 사물에 근거리무선통신(NFC) 기술을 탑재해서 경기장 내 상점에서 결제를 가능하게 했습니다. 언뜻 보면 단순해 보이지만 이 과정에는 NFC 기술과 결제를 대행하는 밴(VAN), 단말기 등이 동시에 원활하게 작동해야 하므로 정밀한 과정을 거치지 않으면 의도하지 않은 오류가 발생하기 쉽습니다.

동계올림픽인 만큼 날씨가 매우 춥죠. 그래서 올림픽에 참여한 각국 선수단은 추운 날씨에 체온을 유지하기 위한 다양한 기술을 선보였습니다. 특히 미국 선수단의 단복이 눈에 띄는데요. 미국 선수단은 동계올림픽의 특성상 추위가 선수들의 건강 상태를 좌우할 수 있으므로, 발열 기능이 있는 스마트 섬유로 만든 디지털 웨어러블을 선보였습니다. 열을 발생시키는 핫 팩과 같은 온열 장치를 덧댄 것이 아니라 섬유 소재가 직접 전기로 발열하는 최첨단 기술입니다. 섬유 형태이기 때문에 무게나 옷 모양 등에서는 일반 의류와 전혀 차이를 느낄 수 없다는 장점이 있죠. 완전히 충전하면 따뜻함이 약 11시간 동안 지속된다고 하니, 머지않은 미래에는 더 이상 겨울 추위가 무섭지 않을 것입니다.

선수복은 올림픽 때마다 주요 뉴스였죠. 이번에는 삼성의 스마트 슈트(Smart Suit)가 흥미로웠습니다. 이 슈트의 특징은 5개의 센서를 내장하고 있어 선수들의 자세와 속도, 위치 등을 mm 단위로 추적하고 몸을 굽히거나 폈을 때 엉덩이에서 얼음까지의 거리를 계산해 준다는 점입니다. 이 같은 결과는 코치의 '갤럭시 S8'에 실시간으로 전송됩니다. 이들의 자세가 최적이 아니라고 판단되면 코치는 애플리케이션 내 버튼을 눌러 선수들의 손목에 진동을 보냅니다. 선수들은 이 같은 신호를 토대로 자세를 즉각 교정할 수 있죠.

이 스마트 슈트는 삼성전자 네덜란드 법인이 자국 쇼트트랙 국가대표 코치와 행동과학자 등과 협력해 훈련용으로 맞춤 제작됐습니다. 이를 통해 코치진은 선수의 경기력 향상을 가져올 수 있는 다양한 전략과 전술을 마련할 수 있었죠. 수백 분의 1초를 다투는 경기에서 이러한

스마트 슈트가 만든 네덜란드 쇼트트랙 팀의 금메달

선수들의 움직임 하나하나는 경기력에 절대적인 영향력을 미치기 때문에 선수의 잘못된 동작을 일일이 수정할 수 있는 데이터를 확보하는 것은 매우 중요합니다. 스마트 슈트 덕분이었을까요? 이전 올림픽에서 은메달 하나밖에 못 딴 네덜란드 쇼트트랙 팀은 평창 올림픽에서 사상 첫 금메달을 포함해서 은메달 두 개와 동메달 하나를 따는 역대 최고의 성과를 올렸습니다.

선수들의 안전에도 웨어러블 기술은 훌륭한 역할을 합니다. 모터사이클은 최고 속도가 시속 320km 그리고 활강 스키는 150km에 이를 정도로 엄청난 속도를 내기 때문에 자칫 작은 실수가 선수의 생명을 앗아 가는 위험한 스포츠입니다. 따라서 한 번 사고가 난다면 선수에게 치명적일 수밖에 없습니다. 그래서 만들어낸 것이 에어백입니다. 이태리의 유명한 모터사이클 전문 의류 회사인 다이네즈(Dainese)는 모터사이클이나 자전거, 겨울스포츠 등을 즐기기 위해 착용하는 의류에 에어백을 심어 사고 시 부상을 방지하는 데 큰 도움을 주고 있습니다. 평창올림픽에서 선보인 스키복의 경우, 에어백에 일곱 개의 센서가 있어 넘어질 때 자동으로 에어백이 부풀어 스키 선수들의 심각한 부상을 방지할 수 있었습니다. 하늘로 붕 뜰 때와 땅으로 미끄러질 때 등의 상황을 고려해서 제작했기 때문에 그 효과가 뛰어납니다.

⏻ 붙이는 웨어러블에서 감정 측정 웨어러블까지

의료계에서는 붙이는 웨어러블인 스마트 스킨이 서서히 시장에 소개되고 있습니다. 전자 문신(e-Tattoo) 또는 스마트 문신 등 다양하게 불리기도 하는데, 목적은 유사합니다. 피부에 붙여 생체 신호를 측정하고 연동된 기기로 이 데이터를 전송하는 것이죠. 지속적으로 생체 신호를 감지해 위급 상황에 대비할 수 있게 도와주기도 하고, 의식하지 않아도 자연스럽게 생체 정보가 저장돼 간편합니다. 환자가 굳이 병원에 가지 않아도 의료진이 해당 스티커를 붙인 환자의 몸 상태를 실시간으로 원격 모니터링할 수 있습니다. 현재 헬스케어 분야에서의 상용화 가능성이 높기 때문에 연구가 집중되고 있습니다.

실제로 존 로저스 미국 일리노이대 교수가 설립한 회사인 MC10은 대표적인 회사입니다. 바이오스탬프(Biostamp)를 개발해 상용화하고 있는 회사인데, 패치 형식으로 그 안에 심전도, 뇌전도, 근전도, 온도, 스트레스 등을 측정하는 센서가 담겨 있습니다. 패치를 피부에 부착하는 것만으로도 환자의 정보를 수집할 수 있죠.

뇌전도, 근전도, 온도, 스트레스 등을 측정할 수 있는 MC10의 바이오스탬프

육체적 건강뿐만 아니라 정신적 건강까지 살펴주는 '필(Feel)'이라는 웨어러블도 있습니다. 심리 생리학 데이터를 측정해 사용자의 감정 상태를 객관적으로 평가하는 기기인데, 스트레스 측정에서부터 행복감까지 사람이 잘 인지하지 못하는 감정 상태를 웨어러블 기기를 통해 나타냅니다. 팔찌 안쪽에 있는 네 개의 센서를 통해 체온, 맥박, 피부전기반응 등을 측정해 실시간으로 감정 상태를 전달하죠. 현재 출시되고 있는 손목형 웨어러블 대부분이 걸음, 달리기 등과 같은 움직임을 기반으로 한 피트니스 관련 정보를 주로 다루고 있는 데 비해 신체의 변화를 측정해 심리 상태를 체크한다는 점에서 많은 사람들이 주목하고 있습니다.

⏻ 웨어러블 개발에 가장 중요한 것은 사용자 최적 경험

이처럼 최근 들어 개발되는 웨어러블은 다양한 분야에서 사용자의 니즈를 반영하고 있습니다. 일종의 개인화 서비스인데, 이런 현상은 앞으로도 계속 이어질 전망입니다. 사람 몸에 착용해 신체의 변화를 측정하는 웨어러블의 특성상 각각의 개인 신체 특성에 맞춰 더 세밀화될 수밖에 없기 때문이죠. 따라서 사용자 경험이 웨어러블 개발에 필수적인 요소가 되고 있습니다.

스탠퍼드 대학의 D.스쿨에서는 디자인 씽킹 (design thinking)이라는 방법론을 통해 문제가 무엇인지 찾는 과정을 반복합니다. 프로토타입의 개발, 테스트, 실패, 개선을 수없이 반복해 최선의 답을 얻어내는 것이죠. 결국 경험을 통해 진짜 문제를 해결하는 것입니다.

손가락에 끼는 웨어러블형 키보드 탭(Tab), 사용자는 만족할까요?

사용성 분석의 권위자인 제이콥 닐슨(Jakob Nielsen)이 강조한 것처럼 결국 사용자가 느끼는 경험이 핵심입니다. 제품이나 시스템에 대한 사용자 상호작용 경험 정도를 측정한 사용성이, 사용자를 필요로 하는 미디어에서는 매우 중요합니다. 즉 사용성은 제품이나 시스템에 대한 사용자들의 경험에 영향을 주는 요소들의 결합이기 때문에 이를 어떻게 측정하고, 평가하느냐에 따라 제품이나 시스템의 성공 여부를 예측할 수 있는 것입니다.

웨어러블도 마찬가지입니다. 사용자 경험의 중요성을 인식하고 사용자 경험을 측정할 수 있는 사용성 평가를 기술 개발 과정에서 필수적인 요소로 채택해야만 합니다. 기술은 인간 중심이어야 하고 혁신은 받아들여지는 것이 아니라 인간에게 채택되는 것이기 때문입니다. 웨어러블 기술을 개발하는 과정에서 평가 기준은 사용자 관점에서 이뤄져야 하고 사용자의 평가는 늘 옳다는 점을 잊지 말아야 합니다.

33조 생체인식 기술 시장,
빅 브라더의 등장

톰 크루즈가 주연을 한 영화 〈미션 임파서블 5〉, 〈마이너리티 리포트〉
와 〈잭 리처〉, 웨슬리 스나입스가 주연한 〈데몰리션 맨〉, 그리고 아주
오래전 영화인 해리슨 포드 주연의 〈블레이드 러너〉와 최근 영화 〈토
르: 라그나로크〉. 비슷한 듯 그렇지 않은 듯, 이들 영화에는 공통점이
있습니다. 바로 생체인식 기술이 사용된 장면이 등장한다는 것이죠.
지문인식, 망막이나 홍채인식, 손바닥인식과 음성인식 등을 통해 신
분 확인을 하는 장면이 나오는데, 미래 사회를 다룬 공상과학 영화에
서 주로 사용되고 있습니다. 〈잭 리처〉에서 볼 수 있는 지문인식 기술
은 이미 오래전부터 활용되어 왔고, 다른 생체인식 기술 역시 점차 현
실화되고 있습니다.

　스마트폰의 보급으로 대중에게도 익숙해진 생체인식 기술은 그
성장세가 가히 폭발적입니다. 글로벌 시장조사 기관인 스트래티스틱
스 MRC(Stratistics Market Research Consulting)에 따르면, 세계 생

체인식 기술 시장은 2016년에 32억 4,000만 달러(3.7조 원) 규모였던 것이 2023년에는 122억 2,000만 달러(약 14조 원), 그리고 리포트링커(ReportLinker)는 2022년에 294억 달러(34조 원)까지 성장할 것으로 예상합니다.

생체인식 기술은 사람마다 다른 인간의 생체 정보를 자동화된 장치로 추출하여 본인 여부를 판별하는 기술을 말합니다. 생체인식에서 사용되는 신체 특징은 지문, 망막, 홍채, 정맥, 얼굴 등의 신체 부위뿐만 아니라 서명, 걸음걸이 등과 같은 행동 습성도 포함됩니다.

생체인식 기술의 핵심은 누구나 가진 정보를 대상으로 하면서 사람마다 각기 다른 생체 정보를 구분 지어야 한다는 것입니다. 개인의 생체 정보는 변하지 않아야 하며, 또한 변화시킬 수도 없어야 합니다. 그리고 센서로 정보를 추출하는 방식이 편리해야 하고, 정보 보안이 강해야 한다는 원칙도 지켜져야 합니다.

생체인식 기술이 각광받는 큰 이유는 생체인식만이 갖는 고유한 편리성과 보안성 때문입니다. 비밀번호처럼 굳이 대문자와 소문자, 특수문자와 숫자를 결합하는 방식으로 복잡하게 만들지 않아도 단 한 번의 터치나 스캔으로 편리하게 정보를 추출할 수 있고 개인의 생체 정보를 빼내기가 쉽지 않다는 장점이 있는 것이죠. 그러나 역으로 생각해 보면 생체 정보가 한번 유출되기만 해도, 돌이킬 수 없는 복잡한 문제가 발생합니다. 그래서 네트워크 환경에서 안전하게 생체인식 기술을 활용할 수 있는 다양한 방안을 마련하는 것이 필수적입니다.

⏻ 지문에서 정맥인식까지, 다양한 생체인식 기술

지난 2013년 2월에는 생체인식 기술을 위한 세계적 단체인 피도연맹(Fast IDentity Online Alliance, FIDO Alliance)이 탄생했습니다. 피도연맹은 전 세계 200여 개 다국적 글로벌 기업이 생체인식 기술을 활용한 인증방식 기술표준을 정하기 위해 만들어졌습니다. 구글,

본인 여부를 판단하는 다양한 생체인식 기술

마이크로소프트, 알리바바, 인텔, 비자 등 해외 기업뿐만 아니라, 삼성전자, LG전자, BC카드, SK텔레콤 등 많은 국내 기업 등이 참여해 생체인식 기술을 활용하여 안전하게 인증할 수 있는 국제인증기술표준을 개발하고 있습니다. 현재 전 세계 약 30억 명의 사용자가 피도연맹의 인증방식을 따른 기술을 사용하고 있을 정도로 신뢰받고 있습니다.

다양한 생체인식 방법에 따라 기술 역시 무궁무진합니다. 생체인식 기술은 대체로 사용자의 생체 정보를 추출하고 저장하는 단계, 생체 정보를 통해 사용자 본인임을 확인하는 인증 단계 그리고 데이터베이스에서 수많은 기록 중 사용자를 찾아내는 식별 단계 등으로 영역이 구분됩니다. 현재 가장 많이 활용되고 있는 생체인식 기술은 지문, 홍채, 망막, 음성, 얼굴인식이고, 정맥인식도 개발에 박차를 가하고 있는데, 각각의 기술에 어떠한 특징이 있는지 살펴보도록 하죠.

먼저 가장 오랫동안 사용된 방식인 지문인식이 있습니다. 피부 표피 밑층인 진피 부분이 손상되지 않는 한, 평생 변하지 않기 때문에

가장 널리 쓰이고 있는 지문인식은 광학적 또는 비광학적 방식을 통해 지문 영상 정보를 수집합니다. 가시광선에 반사된 지문 영상을 획득하거나 전기나 초음파 센서를 통해 지문 영상 정보를 추출하는데, 개발 비용이 상대적으로 저렴하고 기계에 접촉하는 방식이어서 인식률이 높으며 간편해 가장 많이 활용되고 있습니다. 삼성전자 휴대전화인 갤럭시 시리즈나 애플의 아이폰 시리즈에서도 지문인식 방식은 가장 먼저 채택될 정도로 활용도가 높죠.

음성인식은 사람마다 말하는 습관과 억양에 따른 고유한 음의 높낮이 정보를 가진다는 점을 이용한 방법입니다. 음성인식은 사용자의 음성을 저장시킨 후 입력 음성의 패턴과 저장된 음성의 패턴을 비교하는 패턴 매칭 방식이 주로 사용됩니다. 다른 생체인식 기술과 달리 현장에 있지 않아도 전화로 확인을 할 수 있고, 손과 발 등 물리적 조건이 제한된 상황에서도 사용 가능하며, 가격이 상대적으로 저렴하다는 장점이 가장 큰 매력입니다.

최근에는 보안보다는 사물인터넷과 연관되어 구글 '홈'이나 아마존 '에코', KT '기가 지니'와 SK텔레콤 '누구'처럼 인공지능 스피커에서 비서의 역할을 하는 주요한 커뮤니케이션 방식으로 활용되고 있습니다. 개발 비용이 상대적으로 저렴하고, 기술 수준도 상대적으로 높지 않아 스마트폰이나 인공지능 스피커와 같은 기기에서 활용되고 있고, 앞으로 활용 범위가 가장 넓을 것으로 기대됩니다.

갤럭시 S8, S8+에도 채택된 홍채인식과 얼굴인식 기능은 최근에 가장 뜨는 생체인식 기술입니다. 먼저 홍채인식 기술은 사람마다 고유한 특성을 가진 안구의 홍채 패턴을 이용한 기술입니다. 검은 동공과 흰자위 사이에 있는 도넛 모양의 홍채를 인식하는데, 정확성, 안정성, 사용 편리성, 처리 속도 면에서 가장 진일보한 생체인식 기술로 평가받고 있습니다.

홍채인식 과정은 크게 두 부분으로 나누어집니다. 먼저 홍채 영상을 추출해야 하는데, 적외선 카메라가 홍채 영역을 분리해서 정보를 추출한 후, 사용자의 홍채 무늬를 0과 1로 디지털화해 코드열로 만든 다음 개인이 가진 고유한 홍채 코드를 생성합니다.

홍채인식 기술의 원리

홍채인식의 가장 큰 장점은 편리함입니다. 기존의 망막인식 기술은 스캔을 위해 눈을 기기에 밀착시켜야 했고, 초점을 맞추기 위해 일정 시간이 걸리는 등 불편함이 있었습니다. 홍채인식은 카메라를 2초 정도 바라보는 것만으로 인식이 가능하기에 매우 편리하고 정확합니다. 홍채는 복제가 불가능하고, 일생 동안 변화하지 않으며, 렌즈나 안경을 착용하더라도 인식률이 높아 선호되는 기술입니다. 다만, 고가의 기술이라는 것이 대중화의 가장 큰 걸림돌이 될 것으로 예측됩니다.

최근에 부쩍 얼굴인식에 대한 뉴스가 많이 나오고 있습니다. 얼굴인식 기술은 얼굴 혈관에서 발생하는 열을 분석하는 방법, 또는 얼굴 형태를 3차원 영상으로 파악해서 눈, 코, 입 등의 위치 정보를 포함한 얼굴의 전체 윤곽 정보를 추출한 후 인증하는 기술을 말합니다.

갤럭시 S8의 얼굴인식 방법은 전면 카메라로 사용자의 얼굴 전반을 스캔한 후 딥러닝 기반 얼굴인식 기술을 통해 사용자의 얼굴을 인식하는 방식을 채택하고 있습니다. 사용하면 할수록 학습량이 늘면서 정확도는 더욱 높아지게 되죠. 애플 역시 아이폰X에서 '페이스 ID'를 통해 얼굴인식 기술을 선보이고 있는데, 트루뎁스 카메라 시스템과 같은 하드웨어와 얼굴인식 소프트웨어 알고리즘이 함께 작동해서 정확성과 보안성을 확보하고 있습니다. 구글 포토나 페이스북 포토 역시 보안 영역은 아니지만, 딥러닝 기반 얼굴인식 기술을 활용한 사진 분류 서비스를 제공합니다.

구글은 2017년에 실내용 보안 카메라 '네스트 캠 IQ'를 소개하기도 했는데, 구글 포토와 동일한 얼굴인식 기술을 사용해 비디오에 찍히는 사람을 구별합니다. 얼굴인식 기술은 카메라와의 거리가 충분히 떨어져 있어도 가능하기 때문에 사용자가 인식 과정을 파악하지 못할 정도로 자연스럽다는 것이 가장 큰 장점입니다. 다만, 빛과 같은 외부 환경뿐만 아니라 자연 노화나 성형 등의 변화에 어떻게 대처할 것인가는 숙제로 남아 있습니다.

최근에는 정맥인식 기술을 활용한 보안기술이 조금씩 확산되고 있습니다. 정맥인식 기술은 손바닥이나 손등, 손목에 있는 정맥 형태를 인식하는 기술입니다. 적외선과 필터를 사용해 혈관을 투시한 후 잔영을 이용해 정보를 추출하죠.

손바닥 정맥 패턴은 개인마다 완전히 다르고, 성장기에도 변화하지 않으며, 다른 신체 부위보다 정보량이 많아 본인 인증률이 높고,

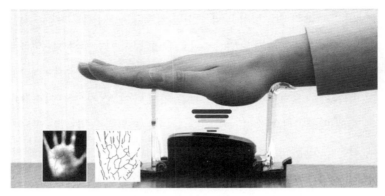

센서 위에 손바닥을 올려 놓으면, 근적외선 센서가 손바닥 피부 속 정맥 패턴을 읽어 내는 정맥인식 기술은 오차율이 0.00001% 이하입니다.(그림 39)

무엇보다도 복제가 거의 불가능한 것이 가장 큰 장점입니다. 반면 비용이 많이 들기 때문에 많은 분야에서 채택될 것 같지는 않습니다. 하지만 군이나 금융 등의 분야에서는 이미 20여 년 전부터 정맥인식 기술 기반 보안시스템을 활용하고 있어 강력한 보안이 요구되는 분야에서의 전망은 매우 밝습니다.

⏻ 얼굴인식 시스템을 통과해야 휴지를 드립니다

이밖에도 걸음걸이, 귀 모양, 유전자 정보, 서명 등을 이용한 방법이 연구되는 등 생체인식의 범위가 다양해지고 있습니다. 생체인식 기술은 사물인터넷 기반 서비스가 대중화되면서 다양한 분야에서 채택될 것으로 예측됩니다.

현재 적용되고 있는 분야만 언급해도, 휴대전화나 자동차 등 기기의 사용자 인증에 사용되는 보안 분야, 모바일 뱅킹이나 전자상거래, 결제 수단 등으로 사용되는 금융 분야, 전자 주민증이나 출입국 심사에 사용되는 공공 분야, 닮은 사람 찾기나 유명인과의 유사도를 보여주는 엔터테인먼트 분야, 그리고 전자 처방전이나 환자 신분 확인에 사용하는 의료복지 분야 등 광범위한 분야에서 다양한 목적으로 활용되고 있습니다. 생체인식 기술이 대중화됨에 따라 안전성과 편리함과 함께 영화에서 보았던 신기한 경험을 할 수 있다는 것은 또 다른 즐거움입니다.

2018년 1월 29일부터 김포공항과 제주공항을 오가는 국내선에서 신분증 없이 지문과 손바닥 정맥인식 방식으로 비행기 탑승이 가능해졌습니다. 생체인식 방식으로 신분 확인을 하는 공항이 이미 여러 군데 있어서 그리 새로울 것은 없지만, 이들 공항은 대부분 지문이나 홍채, 얼굴인식 방식을 채택하는 데 반해 우리나라 공항에서는 손바닥 정맥인식을 채택한 것이 흥미롭습니다. 무작정 간다고 해서 가능한 것은 아니고요. 이 서비스를 이용하기 위해서는 사전에 생체 정보를 등록해야 합니다. 공항에 조금 일찍 가서 한번 경험해 보죠. 신분증을 지참하고 김포공항 국내선 여객청사 3층 또는 제주공항 여객청사 3층에 마련된 등록대로 가면 됩니다.

인천국제공항에서는 2020년부터 더욱 혁신적인 서비스를 제공합니다. 지금은 비행기 체크인, 보안 검색, 출국 수속, 탑승할 때 여권과 탑승권을 귀찮을 정도로 자주 보여 줘야 하지만,

> ▶ YouTube
>
> 정맥인식 기술을 활용한 공항 탑승 시스템

앞으로는 지문과 얼굴인식 시스템을 통해 체크인부터 출국 수속까지 마칠 수 있게 준비 중입니다. 즉 여권이 필요 없게 되는 거죠. 빠르면 2019년부터 가능하다고 하니 곧 즐거운 경험을 할 수 있을 듯합니다. 참, 비록 우리나라 공항에서 여권이 필요 없다고 해도, 해외에 나갈 때는 꼭 여권을 챙겨야 합니다. 방문하는 국가에서는 이런 서비스를 이용할 수 없기 때문입니다.

최근 중국에서 특히 얼굴인식과 관련된 많은 소식이 들립니다. 14억 중국 국민의 얼굴을 90% 이상의 정확도로 3초 안에 구별할 수 있는 시스템을 개발하기 위해서 중국 정부는 얼굴인식 기술 개발에 전폭적인 지원을 하고 있습니다.

14억 국민의 얼굴을 인식하라! 중국의 과감한(?) 시도

중국에서 얼굴인식에 관한 사례가 빈번한 이유는 두 가지가 있습니다. 먼저 기술력입니다. 중국의 얼굴인식 기술이 세계적이기 때문입니다. 인식률이 99.6% 이상일 정도로 기술력이 뛰어납니다. 두 번째 이유는 취약한 개인정보 정책입니다. 중국은 경찰 국가입니다. 중국은 개인정

베이징 톈탄공원 공중화장실에 설치한 얼굴인식 시스템

보보다 사회통제의 중요성이 더 큰 나라죠. 겉으로는 범죄 예방과 시민의 안전이 중요한 것처럼 보이지만, 그 안에는 체제 유지의 속내가 있습니다. 이러한 이유로 중국은 다른 나라에 비해 상대적으로 약한 개인정보 규제를 바탕으로 얼굴인식 기술 개발과 응용에 앞설 수 있

게 됐습니다. 높은 기술력과 감시 체계가 만들어 낸 성과입니다.

중국의 기술력이 어느 정도인지 가늠할 수 있는 사건이 2018년 4월에 있었습니다. 5만 명의 관중이 운집한 콘서트장에서 수배 중인 한 남성이 중국 공안에 체포됐다는 뉴스였습니다. 콘서트장에 설치한 카메라를 통한 얼굴인식 기술로 수배자를 찾아낸 것이죠. 이러한 기술력을 바탕으로 중국은 범인 검거, 금융 거래, 상거래, 보안, 신분 확인, 심지어 공중화장실에서 휴지를 낭비하는 것을 막기 위해 얼굴인식 기능을 사용하기도 합니다.

⏻ 편리함 vs. 빅 브라더

생체인식의 장점에도 불구하고 여전히 많은 숙제가 있습니다. 먼저 생체인식 기술에는 장점만큼 단점도 있습니다. 위조와 변조가 어렵다고 하지만, 음성인식의 경우는 낮은 인식률과 주변 환경의 잡음, 그리고 무엇보다도 성대모사 등의 문제를 어떻게 해결할 것인가의 고민이 있고, 얼굴인식 기술은 주변 환경에 따라 인식률이 낮아진다는 단점이 있습니다. 좋은 기술은 그만큼 비싸기에 대중화하기 어렵습니다.

생체인식 기술은 정보 보안의 측면에서는 상대적으로 안전하지만, 특정 목적으로 생체 정보를 악용하고자 한다면 오히려 더 큰 문제를 만들어 낼 수도 있습니다. 지문인식 기술은 현재 가장 많이 활용되고 있지만, 땀이나 먼지 등으로 인해 인식률이 떨어진다는 점과 손의 상처나 변형에 민감하고 접촉 방식으로 본을 떠서 위조할 수 있다는 문제를 고스란히 안고 있습니다. 더 중요한 문제는 위·변조의 가능성입니다.

지난 2017년 9월 한 공학 논문지에는 지문과 관련된 흥미로운 논문이 발표됐습니다(Roy, Memon, & Ross, 2017). 심지어 쌍둥이도 다르다고 말하는 지문이지만, 뉴욕대와 미시간주립대의 연구팀은 8,220개의 지문을 부분적으로 채취해서 소위 말하는 만능 지문을 만들었습니다. 이 만능 지문은 실제 지문과 65% 정도의 일치율을 보이는 것으로 조사됐습니다. 가짜로 만든 만능 지문을 통해 아직은 완벽하지 않지만 언젠가는 실제 지문을 대체할 수 있을 것이라 생각할 수 있죠.

사실 이 정도는 큰 문제라고 할 것도 없습니다. 생체인식 기술은 결정적인 문제는 따로 있습니다. 생체인식 기술의 경우는 만일 생체 정보가 누출된다면 이를 복구할 방법이 전혀 없습니다. 대체가 불가능하기 때문이죠.

무슨 말이냐 하면, 만일 인터넷의 특정 사이트에서 비밀번호를 해킹당한다면 우리는 비밀번호를 바꿔서 문제를 해결할 수 있습니다. 그러나 생체 정보가 유출된다면 우리의 생체 정보를 바꿀 수가 없기 때문에 더 이상 생체 정보는 안전하지 않게 되죠. 근본적인 문제가 발생합니다.

빅 브라더의 문제도 고민입니다. 중국 사례를 말씀드렸지만, 중국 정부가 얼굴인식 기술에 전폭적인 지원을 하는 데는 모든 국민을 감시하고자 하는 체제 유지 목적이 큽니다. 치안 유지라는 목적으로 '텐

CCTV로 수집되는 정보를 딥러닝으로 실시간 분석하는 중국 영상 감시 시스템 '톈왕'(그림 40)

왕(天網, 하늘의 그물)'이라는 인공지능 기반 얼굴인식 시스템을 통해 정보를 수집합니다. 이미 1억 7,600만 대 카메라가 설치되어 있고, 2020년까지 6억 대 이상 설치될 계획입니다.

이렇게 수집한 정보를 바탕으로 중국 정부는 2020년까지 14억 인구에 대한 등급화를 계획하고 있습니다. 등급이 매겨지면 기차표를 못 살 수도, 비행기를 못 탈 수도 있습니다. 또한 부동산을 살 수도 없고, 자녀는 사립학교에 들어갈 수도 없습니다. 범죄자를 찾는 것뿐만 아니라 일반인도 추적할 수 있습니다. 언제 어디서든 감시당하고 있는 빅브라더의 시대가 도래한 것입니다.

인공지능 카메라로 감시당하는 것도 찬성하십니까?

생체인식 정보는 이전의 기술과는 비교할 수 없이 큰 장점이 있습니다. 바로 안전과 편리함입니다. 반면 보이지 않는 위험도 도사리고 있습니다.

국가와 기업의 시민과 사용자 감시, 즉 빅 브라더의 등장입니다. 독자 여러분은 빅 브라더가 등장하면 안 된다고 무작정 반대하겠습니까? 그렇다면 이런 경우는 어떻게 생각하나요?

사물인터넷 시대에는 건물이나 시설물에 들어가기 위해 또는 서비스를 이용하기 위해 우리의 정보를 요구할 것입니다. HMD를 쓰고 페이스북을 이용할 때는 페이스북이 뇌파를 수집할 수도 있고, 편리한 쇼핑 환경을 제공한다는 이유로 우리의 행동 데이터를 수집할 수도 있습니다.

이 모든 것은 사전에 사용자의 동의를 받아야 합니다. 이용약관이나 개인정보 처리 방침에 동의를 해야 하는 것이죠. 여러분은 동의하기 전에 이러한 이용약관을 일일이 읽어보나요? 아마 대부분은 귀찮아서 그냥 동의할 겁니다.

CCTV 설치는 어떻습니까? 사고가 한 번이라도 나면 금세 CCTV를 설치해 달라는 청원이 증가합니다. 우범 지역은 물론이고 일반 거주지에서도 사생활 침해 가능성에도 불구하고 안전을 위한 CCTV 설치 선호도는 매우 높습니다. 그러나 정부가 감독하지 않는 민간 CCTV는 몰카로 악용될 가능성이 있습니다. CCTV가 언제라도 사생활 침해 도구가 될 수 있는 것이죠.

그렇습니다. 보이지 않는 위험은 눈앞의 편리함을 이길 수 없습니다. 어떤 위험이 발생할지, 그 위험이 얼마나 클지 가늠이 안 되는 상황에서, 그리고 대부분의 사람들이 아무런 문제 의식 없이 사용하고 있는데 개인정보 유출 위험성을 경고하기는 쉽지 않습니다. 그래서 빅 브라더의 등장은 필연적입니다.

10

—

가르치지 않아도 인공지능은 학습한다?

예측 불가능한 인공지능의 미래

이세돌 9단과의 대국 전에 우리는 알파고의 능력을 과소평가했습니다. '알파고 리'가 이세돌 9단을 이겼을 때 모두 경악했고, 이후 '알파고 마스터'와 '알파고 제로'는 우리가 놀랐던 '알파고 리'와는 비교가 안 될 정도로 발전했음을 알 수 있었습니다. '알파고 리'를 알게 된 순간에도 예측하지 못했던 기술 발달입니다. 미래 사회의 대부분은 인공지능의 수준에 따라 결정될 것입니다. 다르게 말하면, 그 어느 예측도 인공지능의 개발 수준을 전제로 하지 않으면 정확할 수 없다는 것입니다. 그만큼 인공지능의 파급력은 우리의 상상을 뛰어넘을 것입니다. 인류는 필연적으로 인공지능이 만드는 세상으로 다가갈 수밖에 없습니다. 무엇을 어떻게 준비해야 할지 더 많은 고민과 상상력이 필요할 때입니다.

알파고가 보여 주는
예측 불가능한
인공지능의 미래

인공지능을 생각하면 저는 한숨이 나옵니다. 인공지능이 미칠 사회적 영향력을 생각하면 두렵습니다. 시중에 나와 있는 많은 책이나 뉴스에서 미래가 어떻게 변화할지 예측합니다. 저는 그 어느 것도 정확하지 않다고 생각합니다. 인공지능의 발전은 전대미문의 사건이며, 그 어느 것도 예측 불가능한 세상을 가져올 것입니다. 마치 알파고처럼 말이죠.

2016년에 있었던 바둑기사 이세돌과 알파고의 대결을 잘 기억할 겁니다. 대국 전에 극히 일부 인공지능 전문가를 제외하고 대부분의 바둑 기사와 국민들은 인간의 승리를 예측했습니다. 그러나 결과는 알파고의 4승 1패 승리였습니다. 이후 알파고는 계속 업그레이드 됐습니다. 이세돌과 게임을 한 '알파고 리', 커제 9단에게 3연승 한 것을 포함해 60연승을 한 '알파고 마스터', 최종 버전으로 2017년 '알파고 제로'가 나왔습니다. 알파고 프로젝트가 끝남에 따라 결국 이세돌 9단은 인공지능을 이긴 마지막 인간으로 영원히 남게 됐습니다.

사실 알파고의 무서움은 '알파고 리'가 이세돌 9단을 4승 1패로 이겼다는 것으로 확인했지만, 그것은 단지 시작에 불과했습니다. '알파고 제로'는 말 그대로 무시무시한 성과를 이뤘습니다. '알파고 제로'는 바둑을 배운 지 단지 36시간 만에 수개월을 학습했던 '알파고 리'를 앞섰습니다. 그리고 독학 72시간 후에 한 대국에서 '알파고 리'를 100대 0으로 이겼습니다. 이어서 '알파고 제로'는 '알파고 마스터'에게도 89승 11패로 대승을 거뒀습니다.

말하고자 하는 요점은 이것입니다. 이세돌 9단과의 대국 전에 우리는 알파고의 능력을 과소평가했습니다. '알파고 리'가 이세돌 9단을 이겼을 때 모두 경악했고, 이후 '알파고 마스터'와 '알파고 제로'는 우리가 놀랐던 '알파고 리'와는 비교가 안 될 정도로 발전했음을 알 수 있었습니다. '알파고 리'를 알게 된 순간에도 예측하지 못했던 기술 발달입니다.

바둑 한 판으로 인류에게 큰 충격을 준 알파고.

미래 사회의 대부분은 인공지능의 수준에 따라 결정될 것입니다. 다르게 말하면, 그 어느 예측도 인공지능의 개발 수준을 전제로 하지 않으면 정확할 수 없다는 것입니다. 그만큼 인공지능의 파급력은 우리의 상상을 뛰어넘을 것입니다.

5장에서 저는 기술결정론, 즉 사회 추동의 근본 원인이 기술이라는 점에 명백히 반대했습니다. 세상은 기술 외에도 정치, 경제, 사회, 문화 등 다양한 요소가 상호작용하며 인간에 의해서 발달할 뿐이고, 그 결정 요인은 인간이기 때문입니다. 그런데 인공지능의 경우는 전혀 다른 이야기가 될 것 같습니다. 인공지능이 인간의 의도와는 달리 예상치 못한 결과를 가져오고, 더 나아가 독자적으로 판단하고 결정하며, 통제 불가능한 상황이 된다면 세상은 어떻게 바뀔까요? 인간처럼 지능을 갖고 행동하며 사회에 영향을 준다면, 이것은 인간이 인공지능을 따라가는, 말 그대로 기술결정론의 세계가 시작되는 것일지도 모르겠습니다.

⏻ 인간은 인공지능을 전적으로 신뢰할까?

정말 인간은 인공지능을 따라갈까요? 그렇게 신뢰할 수 있을까요? 정확하게 인공지능이라고 말할 수는 없지만, 하나의 기술을 통해서 인간이 인공지능을 따르게 될지 여부를 판단해 보기 바랍니다. 그 기술은 내비게이션입니다.

내비게이션 이전과 이후의 운전 습관을 한번 생각해 볼까요? 차가 없다면, 카카오나 네이버에서 제공하는 길 찾기 서비스를 생각해도 좋습니다. 약속 장소로 가기 위해서 우리가 가장 먼저 하는 행동은 바로 길 찾기 서비스를 통해 어떤 교통수단을 이용해서 어떤 경로로 갈 경우에 가장 짧은 시간에 갈 수 있을지 판단하는 일입니다.

그리고 전적으로 이것에 의존합니다. 이전에 내가 알고 있는 경로로 가지 않는다고 해도 길 찾기 서비스가 알려 주는 길을 그냥 믿고 따릅니다. 그리고 약속 시간에 늦지 않게 도착하기 위해서, 이 서비스가 알려주는 시간에 의존해서 출발 시간을 정합니다. 버스를 타기 위해서 버스의 도착 시간에 맞춰 뛰기도 하고, 지하철을 탈 때는 빠른 환승 경로를 이용하기 위해 안내해 주는 탑승 위치에 줄을 섭니다.

인공지능이 우리의 일상에 들어오게 되면 어떻게 활용될지 내비게이션은 잘 설명해 줍니다. 모르긴 몰라도 내가 가진 지식이나 경험보다는 훨씬 더 믿고 의지하지 않을까요? 물론 이렇게 의지하기 위해서 많은 시행착오를 겪겠죠. 그런 과정 속에서 '쓸만하구나'라는 믿음이 들기만 한다면 그때부터는 내비게이션이나 길 찾기처럼 전적으로 의지할 것입니다.

또 다른 예를 들어 볼까요? 최근 로봇청소기의 인기가 갈수록 커지고 있습니다. 2000년대 초반 처음 출시할 때만 하더라도 비싼 가격에 그저 그런 성능으로 소비자의 외면을 받았지만, 최근 몇 년 사이에 100만 원 이상의 프리미엄 제품군과 50만 원 이하의 보급형 제품으로 나누어지면서 제품 판매가 늘고 있습니다.

길 안내는 물론, 스마트폰으로 하는 모든 것이 가능한 구글 안드로이드 오토

로봇청소기는 집의 넓이뿐만 아니라, 방의 구조, 문턱이나 카펫 존재 여부, 물청소 기능 등 특정 환경을 고려한 제품을 구매해야 최고의 효과를 얻을 수 있습니다. 로봇청소기가 방해를 받지 않고 청소를 할 수 있도록 가능한 복잡한 물건을 치우고, 작은 가구의 배치를 적절하

게 하는 것은 하나의 팁이죠. 물론 최근에 나온 좋은 로봇청소기는 사물감지 센서가 탑재돼 있어서 방해물이 있을 경우 잘 피해서 청소를 하지만, 아무래도 로봇청소기가 구석구석 깨끗이 청소할 수 있도록 집안에 있는 도구들을 잘 배치하게 됩니다.

예를 들어 가구를 살 때 로봇청소기의 높이와 넓이를 생각하게 됩니다. 침대나 소파의 경우 로봇청소기가 들어갈 수 있는 높이가 확보되지 못할 경우 구매를 머뭇거리게 되죠. 또한 다리 사이가 좁은 의자인 스툴의 경우는 로봇청소기가 자유롭게 드나들지 못하므로 구매 시 마음이

만능 로봇청소기라면, 로봇청소기가 드나들 수 있는 가구를 구입하지 않을까요?

편하지 않습니다. 가구를 살 때 내가 원하는 제품을 사는 것이 가장 중요하지만, 로봇청소기가 있을 경우에는 이것을 무시하기가 쉽지 않습니다.

⏻ 인공지능 없는 인공지능 시대

인간은 편리함의 유혹에서 벗어나기 힘듭니다. 서 있으면 앉고 싶고, 앉아 있으면 눕고 싶은 게 인간의 본성입니다. 따라서 인공지능이 우리 생활에 들어와 노동력을 줄이고 편리함을 증대시킬 경우, 그 사용이 증가할 것으로 예측하는 것은 어렵지 않습니다. 그러나 이렇게 인공지능을 이야기하지만 인공지능이 우리 생활에 가까이 오기에는 아직 많은 시간이 필요할 것 같습니다.

인공지능이라는 단어가 너무나 많은 곳에서 사용되고 있어 전혀

인공지능 기술의 분류: 약인공지능과 강인공지능 비교(표 5)

강한 인공지능 ←————————————————————————————→ 약한 인공지능

인간처럼 생각하는 시스템	합리적으로 생각하는 시스템
- 마음뿐 아니라 인간과 유사한 사고 및 의사 결정을 내리는 시스템 - 인지 모델링 접근 방식	- 계산 모델을 통해 지각, 추론, 행동 같은 정신적 능력을 갖춘 시스템 - 사고의 법칙 접근 방식
인간처럼 행동하는 시스템	합리적으로 행동하는 시스템
- 인간의 지능을 필요로 하는 어떤 행동을 기계가 따라 하는 시스템 - 튜링 테스트 접근 방식	- 계산 모델을 통해 지능적 행동을 하는 에이전트 시스템 - 합리적인 에이전트 접근 방식

새로울 것도 없이 느껴지지만, 사실 인공지능이 제대로 구현되는 분야는 거의 없다고 해도 과언이 아닙니다. 데이터도 마찬가지입니다. 여기저기서 툭하면 빅데이터를 갖다 붙이며, 마치 이전과 다른 새로운 무엇을 소개하는 것처럼 말하지만, 빅데이터든 인공지능이든 이것만으로 수익을 올리는 비즈니스는 매우 드뭅니다.

특히 인공지능의 경우는 기업 마케팅의 일환으로 용어를 여기저기 갖다 붙인다고 해도 무방할 정도입니다. 약간의 알고리즘을 적용한 소프트웨어인데도, 인공지능 서비스라고 마케팅을 하는 것이죠. 이러한 마케팅이 인공지능에 대한 일반인의 기대를 무너뜨릴까 염려될 정도로 빅데이터와 인공지능은 갈 길이 먼 미완의 분야입니다.

인공지능은 말 그대로 인공으로 만든 지능입니다. 지능은 생각하는 힘으로써, 생존 능력이면서 동시에 문제해결 능력을 말합니다. 인공지능은 기계에 이러한 지능을 인공적으로 적용함으로써 인간처럼 생각하고, 환경에 반응해서 학습하면서 스스로 생존할 수 있도록 문제를 해결해야 합니다. 알파고가 바둑을 잘 두려고 스스로 생각해서 묘수(妙手)를 찾는 것처럼 말이죠.

그러나 소프트웨어는 '자동화'할 뿐 '자율적' 판단을 하지는 않습니다. 소프트웨어는 설계 당시 프로그래밍이 된 대로 행동할 뿐 그 이상의 문제해결 능력이 없다는 것이죠. 이것이 바로 인공지능이 갖는 가장 중요한 특징입니다. 그리고 안타깝게도 아직 인간과 같은 자율적 판단을 하는 인공지능의 출현은 극히 드뭅니다. 바둑, 의료, 투자 등 한정적인 인지능력만을 갖는 '약한' 인공지능만이 존재할 뿐이죠.

인공지능 분야는 미국과 중국이 양대 산맥으로, 구글, 아마존, 애플, 인텔, 페이스북, IBM과 알리바바, 바이두, 텐센트 등이 가장 앞선 기술을 보유하고 있습니다. 이외에도 인공지능이 최근에 급성장한 분야다 보니 스타트업이 눈에 띄게 많이 보이기도 하는데, 인공지능 솔루션을 개발하는 AI브레인(AIBrain), 감정적 반응이 뛰어난 코즈모(Cozmo)라는 로봇을 만드는 앙키(Anki), 세계 최초의 소셜 로봇인 지보(Jibo), 중국의 얼굴 인식 기술로 유명한 센스타임(SenseTime)과 이투(Yitu), 인공지능 생명공학 분야에서 앞선 아이카본엑스(iCarbonX)가 주목을 받고 있습니다.

1956년 다트머스 회의에서 인공지능이라는 용어를 만든 이후, 인공지능의 역사는 60년이 넘었지만, 그 성과는 아직 제한적입니다. 그러나 기술의 발전은 예측 불가능합니다. '무어의 법칙'과 '황의 법칙'이 말하듯, 컴퓨터의 성능은 기하급수적으로 증가하고 있습니다. 인공지능 역시 새로운 접근 방식으로 더욱 효율적인 방법이 소개되고 있습니다. 인공지능이 가져올 미래가 무엇이 되든, 인류는 필연적으로 인공지능이 만드는 세상에 다가갈 수밖에 없습니다. 무엇을 어떻게 준비해야 할지 더 많은 고민과 상상력이 필요한 때입니다.

가르쳐 주지 않아도
다 할 줄 아는 인공지능

기술의 발전은 연속적입니다. 소재 산업의 발전은 새로운 완제품을 가능하게 만들고, 창의력과 협력 그리고 도전 정신은 혁신을 이끕니다. 파괴적인(disruptive) 혁신을 이야기하지만, 이 세상에 존재하지 않았던 완벽하게 새로운 제품이 갑자기 등장해 단숨에 시장을 파괴하는 경우는 드뭅니다. 우리가 말하는 파괴적 혁신물도 실은 이미 이전에 소개되어 시장을 달군 채 결정적인 순간의 파괴력을 증폭시킨 것이 대부분입니다. 인공지능 역시 마찬가지입니다.

인공지능은 이세돌과 알파고의 대결로 대한민국 국민에게 친숙하게 다가왔습니다. 전국에 생중계된 인간과 인공지능 간의 바둑 대전은 결코 쉽지 않은 바둑을 통해 매우 쉽게 인공지능의 무서움을 많은 사람에게 각인시켰습니다. 인공지능 기술이 무엇인지는 모를지언정, 인공지능이 얼마나 대단한 것인지는 바둑 대국으로 잘 알게 됐습니다.

그렇다면 인공지능 기술은 무엇이기에 이렇게 대단한 능력을 갖게 되는 걸까요? 어렵지만 몇 가지 사례를 통해서 이해해 보도록 하겠습니다. 인공지능이라는 용어는 1956년 미국 다트머스 대학에서 개최한 '다트머스 회의'에서 처음 만들어졌습니다. 즉, 인공지능이라는 용어가 세상에 나온 지 벌써 60년이 지난 것이죠. 매카시(John McCarthy), 민스키(Marvin Minsky), 뉴웰(Allen Newell) 등 수학, 심리학, 컴퓨터 과학 분야의 당대 최고 연구자들이 모여 인간의 지능을 컴퓨터가 수행하게 하는 학문으로 인공지능에 대해서 논의를 했습니다. 그리고 실제로 오랫동안 인공지능에 대한 연구가 진행되어 왔습니다.

⏻ 빅데이터와 GPU가 만든 인공지능의 신기원

인공지능의 역사는 오래되었지만 놀랄 만한 결과물이 최근에 돋보인 이유는 소프트웨어와 하드웨어의 발전이 최근 집약적으로 이루어졌기 때문입니다. 먼저 소프트웨어라고 말할 수 있는 것은 데이터입니다. 인공지능은 많은 양의 데이터를 필요로 합니다. 인공지능이 오랜 기간 잠잠했다가 큰 주목을 받게 된 때는 구글과 페이스북, 그리고 알리바바와 바이두와 같은 기업이 나온 이후입니다. 이들 기업의 공통점은 사용자 수와 처리하는 정보가 무수히 많다는 것입니다.

하드웨어의 관점에서는 그래픽처리장치(GPU)를 들 수 있습니다. GPU는 말 그대로 그래픽을 처리하는 반도체로, 게임이나 동영상 등 멀티미디어를 빠르게 처리하기 위해 필요했는데 지금은 인공지능 발전의 핵심이 됐습니다. 우리가 컴퓨터라고 할 때 보통 중앙처리장치(CPU)의 중요성을 강조해 왔는데 이는 범용성, 즉 시스템 전반을 제어할 수 있고 응용 프로그램 구동에 적합했기 때문이죠.

그러나 최근에는 그래픽 수준이 높아져서 CPU에 더해서 GPU의 중요성이 점차 높아지고 있습니다. 고사양 그래픽카드가 필요하다는 말을 들어본 적이 있다면, 바로 고사양의 GPU가 달린 카드가 필요하다는 의미입니다. 쉽게 말해서 GPU는 특수한 용도에 최적화된 프로세서로, 특히 3D 그래픽과 가상현실 등을 처리하는 데 우수해서 컴퓨터뿐만 아니라 스마트폰에서도 필수적인 반도체가 됐습니다.

그렇다면 그래픽에 특화된 GPU가 왜 인공지능과 관련이 있을까요? 그 이유는 GPU가 수많은 계산을 신속하고 강력하게 병렬 처리할 수 있기 때문입니다. CPU는 연산을 순차적으로 하는 데 반해, GPU는 병렬로 많은 계산을 동시에 처리할 수 있기 때문에 그만큼 많은 데이터를 빨리 처리할 수 있는 것이죠. 따라서 GPU는 인공지능의 다양한 접근 방식 처리에 최적화되어 있습니다.

GPU의 중요성이 드러나는 또 다른 예가 있는데 바로 자율주행 자동차입니다. 자율주행 자동차에는 카메라와 센서, 레이더 등이 장착되어 차량 주변의 정보를 수집합니다. 이때 GPU가 복잡한 주변 환경 속에서 어마어마한 양의 정보를 빠르게 처리함으로써 안전하게 주행할 수 있게 해 주는 것이죠. 자동차가 움직이는 속도를 생각해 보면 얼마나 빨리 정보를 정확하게 처리해야 하는지 가늠할 수 있을 것입니다.

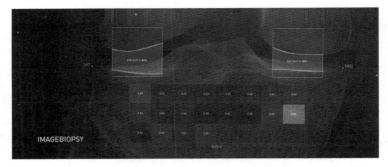

인공지능이 적용될 수 있는 분야는 무궁무진합니다. 컴퓨터 비전과 딥러닝을 통해 평면의 X–선 이미지를 3차원으로 이해할 수도 있습니다. 15만 장의 방사선 사진을 학습 후, 골관절염을 진단하는 인공지능(그림 41)

⏻ 사람처럼 학습이 필요한 인공지능

인공지능이 널리 알려지다 보니, 유사한 개념이 많이 소개됐습니다. 대표적으로 머신러닝과 딥러닝입니다. 듣기는 많이 들었는데, 뭐가 뭔지 구분이 잘 안 가는 매우 어려운 개념입니다. 먼저 인공지능은 인간처럼 생각하는 지능을 말합니다. 가장 큰 개념이죠. 그리고 인공지능을 구현하는 구체적인 접근 방식이 있는데,

자율주행 자동차에 사용되는 엔비디아(Nvidia) GPU, 2016년 이후 주가가 10배 상승

머신러닝(Machine Learning)이 그 예입니다. 머신러닝은 빅데이터와 알고리즘을 통해 컴퓨터를 학습시킴으로써 결과를 만들어 냅니다. 또한 머신러닝을 진행하는 많은 기술적 접근법이 있는데, 회선 신경망(Convolution Neural Nerwork, CNN)이나 재귀 신경망(Recurrent Neural Network, RNN) 같은 지도 학습(Supervised Learning) 기반

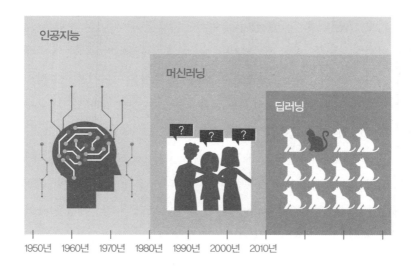

인공지능, 머신러닝, 딥러닝의 의미와 개발시기(그림 42)

의 딥러닝 기술이 구글과 아마존과 같은 글로벌 IT 기업에게 큰돈을 벌어 주고 있습니다.

조금 더 쉽게 설명하겠습니다. 단계적으로 보면 인공지능이 가장 포괄적이고, 이 안에 머신러닝이 있으며, 또한 머신러닝 안에 딥러닝이 있는 것입니다. 따라서 딥러닝은 당연히 머신러닝이면서 인공지능입니다. 그러나 모든 인공지능이 딥러닝은 아닙니다. 그리고 지도 학습은 이제까지 진행된 머신러닝의 주류 학습법으로 사물(데이터)과 이름(레이블)의 짝을 매칭시켜 집중 학습하는 방법인데, 사물 X와 이름 Y의 쌍을 지속적으로 학습하는 식입니다.

예를 들어서 설명하겠습니다. '알파고 리'는 경기 전 7개월 동안

기보 16만 건을 학습했습니다. 이러한 학습을 통해 바둑 두는 법을 알게 된 것이죠. 알파고는 딥러닝 기술이 적용됐습니다. 특히 CNN 방식의 지도 학습법을 사용했는데, CNN의 특징은 이미지를 매트릭스 형태로 쉽게 인식할 수 있다는 장점이 있습니다. 즉, 알파고는 바둑판 그대로 인식함으로써 더 빨리 처리할 수 있죠.

머신러닝이나 딥러닝 모두 학습을 기반으로 데이터를 분류하여 처리합니다. 예를 들어 보겠습니다. 인간은 개와 고양이를 자연스럽게 구분합니다. 우리의 뇌에서 개와 고양이를 보고 각각의 특징을 확인한 후에 그동안 쌓아온 지식과 경험을 통해 구분합니다. 오랫동안 겪은 과정이기 때문에 빠르고 쉽게 판단이 가능합니다. 이 같은 뇌의 처리를 컴퓨터로 하는 것이 바로 머신러닝과 딥러닝이 하는 일입니다. 이미지를 분류하는 것이죠. 자율주행 자동차의 경우는 대상물이 사람인지 그림자인지, 빨간 불인지 녹색 불인지를 판단해야 하는 것입니다.

자, 그럼 차이를 알아보겠습니다. 동일한 목적을 갖지만, 둘 사이에는 데이터를 처리하는 과정에서 차이가 존재합니다. 머신러닝의 경우 인간이 먼저 처리를 해줘야 합니다. 이미지를 분석하기 위해 사람은 연습할 데이터를 제공해서 컴퓨터가 공부할 수 있게 하는 것이죠. 개와 고양이의 사진을 수만 장 주고, 이 사진은 개이고, 저 사진은 고양이라는 것을 일일이 알려 줘야 합니다.

가령 페이스북에 인물 사진을 올리면 사진에 있는 얼굴이 누구인지 이용자들이 직접 써 넣도록 유도하는데, 이러한 이름 붙이기 방식은 결국 특정 인물을 인식하게 하는 과정이 됩니다. 눈치챘다시피 이 방법은 누군가 일일이 각 사물의 '정답(레이블)'을 알려 줘야만 학습이 가능하다는 한계가 있습니다.

반면, 딥러닝은 인간이 하던 작업이 필요가 없습니다. 데이터를 그 냥 주고, 딥러닝 알고리즘이 CNN을 이용해 스스로 분석한 후 차이를 발견해서 분류합니다. 개와 고양이의 이미지를 수많은 조각으로 잘라서 나눈 후 나중에 합산해서 개인지 고양이인지 판별합니다. 이런 과정을 인간의 신경망을 빗대어 인공신경망이란 용어를 통해서 설명합니다. 바로 이때 앞서 설명한 수없이 많은 정보(빅데이터)를 처리하게 되고, GPU가 역할을 할 수 있게 되는 것이죠. 따라서 알파고와 같은 딥러닝 기반 인공지능을 만들기 위해서는 반드시 GPU가 필요하게 됐습니다. 알파고는 기보를 통해 바둑을 배우고, 다른 인공지능과 반복적으로 대국을 벌이는 과정에서 신경망을 더욱 강화함으로써 지능을 높여간 것입니다.

⏻ 파괴적 혁신물 'GANs'가 온다

기술의 발전으로 인해서 인간이 통제할 수 없는, 불가역적인 변화를 겪게 되는 가설적 순간을 의미하는 '기술적 특이점(Technological Singularity)'. 인공지능이 기술적 특이점을 가져올 것이라는 예상을 의심하는 사람은 없습니다. 그리고 기술적 특이점을 가져올 인공지능의 가장 파괴적 혁신물 중 하나는 생성적 적대신경망(GANs, Generative Adversarial Networks), 즉 비지도 학습(Unsupervised

Learning) 방식의 딥러닝이라 얘기할 수 있습니다.

이제까지 얘기한 인공지능은 학습을 해야 했습니다. 인간이 가르쳐 주고 스스로 하던 학습을 통해 지능을 높여간 것이죠. 그런데 GANs는 레이블 없이 데이터 그 자체에서 지식을 얻는 방법을 취합니다. 궁극적으로 인공지능을 구현하려면 누군가 정답을 가르쳐 주지 않더라도 인공지능 스스로 사물의 특성을 파악할 수 있는 능력이 필요한데, 바로 이 방법으로 가능합니다. 아기가 성인이 되는 과정에서 부모와 선생님의 가르침으로 깨닫는 것도 있지만, 직관과 관찰, 추론 과정을 경험하게 되는데 GANs는 바로 이러한 인간의 본능적 사고 과정에 진입하게 된 것입니다.

이제까지 인공지능 기술 방식인 CNN과 RNN은 주로 음성이나 이미지 등을 인식해서 판별하는 수준에 머물렀다면, GANs는 새로운 것을 만드는 데까지 가능합니다. GANs를 통해 비로소 '강인공지능'이라고 할 수 있는 인간의 창의성 개념이 드디어 결과물로 나올 수 있으니 얼마나 대단한지 짐작이 갈 것 같습니다.

GANs의 활용 분야는 무궁무진합니다. 이미 일반인이 사용할 수 있게 만든 프로그램도 있습니다. 사용자가 대충 스케치하면 진짜 같은 그림을 생성해 주는 이미지 편집 프로그램도 있고, 뿌연 이미지를 더욱 선명한 이미지로 복원시켜 주기도 합니다. 위성사진을 지도 사진으로 변환하는 사진 전환 프로그램은 물론 동영상까

이렇게 멋지고 아름다운 모습이 모두 가짜라니! GANs가 만든 가짜 이미지

지 낮과 밤 그리고 여름과 겨울로 변환시키는 등 진짜 같은 가짜 결과물을 만들어 내기도 하죠. 천문학에서는 은하계와 화산의 이미지를 생성하는 데 활용하고 있고, 의료 분야에서는 복잡한 의료 정보를 쉽고 간단한 이미지로 만들어 더 정확한 진단을 하는 테스트를 진행 중입니다. 어떠한 대용량 데이터도 모델링을 하고 해석할 수 있습니다. 시점의 문제일 뿐 결국 GANs는 인간보다 더 나은 데이터 분석가가 될 것입니다.

GANs의 잠재력은 데이터를 해석하는 것에 더해 무엇인가를 새롭게 만든다는 점에 있습니다. 창조한다는 것. 인간 외에도 가능한 존재가 있고, 게다가 인간을 뛰어넘을 수 있다면 세상이 어떻게 변할까요? 세상에 존재하는 수많은 데이터는 그 가치를 헤아리지 못한 채 인간의

셰프 왓슨의 레시피 '자몽주스 소스를 곁들인 관자 구이 요리'

지능이 허락하는 수준에서 해석되고 이해돼 왔습니다. 우리가 현재 맛있게 먹는 음식은 재료와 양념의 수많은 조합의 레시피 중 일부일 뿐이고, 인간이 이해하고 있는 수준에서 만들어집니다. 반면 IBM의 인공지능 플랫폼인 왓슨의 요리사 버전인 '셰프 왓슨(Chef Watson)'은 무한대에 가까운 요리법을 조합해 응용한 레시피를 선보입니다. 똑같은 음식 재료와 양념으로 인간이 기존에 만들어 내지 못한 음식을 만드는 것이죠.

GANs에 대한 기대는 '셰프 왓슨'에 대한 것과 동일합니다. 현존하는 데이터를 활용하지만 우리가 전혀 상상하지 못한 방식의 산출

물을 갖고 올 수 있다는 기대이죠. 다만 유일한 차이는 '셰프 왓슨'이 만든 음식은 맛이 없으면 버리면 되고, 인간에게 해가 될 가능성은 거의 없지만, GANs는 그 이해의 넓이와 깊이를 헤아릴 수 없어 그 결과물이 어떤 것이 될지 감히 우리의 지식으로는 상상도 못한다는 점입니다. 그리고 결정적으로 인간에게 해가 되는 산출물이 나올 경우에는 대체 무엇을 어떤 방식으로 해결해야 할지 아무런 대책이 없습니다. 인공지능이 인간을 따라올 수 없는 이유 중 하나는 인간 고유의 호기심과 창의력, 마음, 감성 때문이라고 하는데 GANs가 인간만의 고유한 속성 중 어디까지 따라올 수 있을지 궁금합니다. 제발 인류에게 해가 되지 않는 방향이기를 바랄 뿐입니다.

영상 산업의 주류 기술로
등장할 인공지능

인공지능은 방송 영상 같은 콘텐츠 산업 분야에서도 큰 활약을 보일 것으로 기대합니다. 그 이유는 콘텐츠 제작 전 과정에 인공지능 기술을 적용할 수 있기 때문이죠. 스트리밍 영상을 볼 때 끊김 현상 때문에 영상에 몰입하기 힘든 적이 있을 겁니다. 유튜브를 보는 데 영상이 갑자기 멈추는 식이죠. 이런 경우에도 인공지능 기반 동영상 스트리밍 알고리즘은 버퍼링처럼 스트리밍 환경에 악영향을 미치는 문제를 해결할 대안으로 개발되고 있습니다.

데이터 사용량에 영향을 미치지 않고 스트리밍 동영상 품질을 향상시킬 수 있는 기술은 매우 중요합니다. OTT 서비스가 다수 등장함에 따라 인터넷 대역폭에 과도한 부담을 주고 있는 상황에서, 시청자 만족도를 기술적으로 높일 수 있는 방안이기 때문입니다. 시청자는 버퍼링 때문에 불편함을 겪게 되고 결국 동영상 시청을 포기하는 상황까지 이르게 되는데, 이를 인공지능을 활용함으로써 스트리밍 동영상의 품질을 높일 수 있기 때문에 궁극적으로 사용자 만족도를 높일 수 있습니다.

사용자가 직접 경험하는 인공지능의 역할도 증대할 것입니다. 영국 BBC는 로시나 사운드(Rosina Sound)와 협력해 아마존 에코와 구글 홈을 겨냥한 인터랙티브 라디오 드라마를 제작했습니다. 사용자의 선택에 의해 스토리 진행이 달라지는 형태인데, 사용자에게 음성으로 스토리를 이야기하고 특정 부분에서 선택하는 방식을 취했습니다. 사용자는 마치 자신이 연극배우가 된 것 같은 기분을 느끼게 함으로써 몰입도를 높일 수 있죠.

인공지능은 풍부한 데이터를 바탕으로 사용자 패턴을 인식함으로써 가장 좋아할 만한 콘텐츠를 찾아 주기 때문에 풍부한 아카이브를 가지고 있는 콘텐츠 제공사에게 유리합니다. 널리 알려지지 않은 영상을 소비할 수 있기 때문에 전형적인 '롱테일 법칙'이 적용될 수 있는 분야로 재탄생할 것입니다. 콘텐츠 사용자가 원하는 콘텐츠를 그때그때 제공할 수만 있다면 사용자 만족도를 높일 수 있을 뿐만 아니라 사용 빈도와 시간을 늘릴 수 있게 되고, 이는 자연스럽게 수익 창출로 이어질 수 있으므로 사업자로서도 가장 기대하는 기술이 됩니다.

⏻ 시나리오부터 편집까지

인공지능이 콘텐츠 제작 전반에 어떻게 적용될 수 있는지, 제작 초기 단계에서 배포 그리고 사용자 분석까지 영상 제작의 예를 통해 알아보겠습니다. 영상 제작 과정은 오랜 기간과 큰 비용을 필요로 하기에 비효율적입니다. 1분짜리 영상을 만들기 위해 12시간 이상을 촬영하는 일은 부지기수이고, 촬영된 영상의 상당 부분은 편집 과정에서 버리게 됩니다. 인공지능 기술이 영상 산업에서도 주류 기술로 활용될 것이라고 기대하는 이유는 바로 영상 산업이 시간과 비용 면에서 가진 비효율성을 극복할 수 있기 때문입니다. 영상을 제작하기

위해서는 시나리오가 필요하고 그에 따라 배우를 섭외해 촬영하며 편집 과정을 거칩니다. 편집 과정에서 다양한 후보정(post-production) 과정을 거치고, 이때 음악과 자막 작업도 함께 진행되죠. 앞에서 이미 영화 〈선스프링〉의 시나리오를 쓴 벤자민의 사례를 들었습니다. 이외에

문학상 예선을 통과한 인공지능이 쓴 〈컴퓨터가 소설을 쓰는 날〉

도 일본에서는 공상과학 소설가를 기리기 위해 만든 '호시 신이치 문학상'에 인공지능이 쓴 작품이 예선을 통과하기도 했고, 시집을 발간하기도 했습니다.

그러나 인공지능이 인간이 마음에 들어 할 글을 쓰기까지는 오랜 시간이 걸릴 것 같습니다. 하나의 단어나 문장이 전하는 감정의 골이 특히 예민한 글쓰기 작업은 조금의 부자연스러움이나 말이 안 되는 내용에 대해서 매우 민감하게 반응할 수 있기 때문입니다. 따라서 인공지능이 쓰는 온전한 하나의 작품보다는 인간의 글쓰기를 돕는, 또는 인간이 인공지능의 글쓰기를 돕는 협력 방식으로 전개될 개연성이 더 큽니다.

시나리오 작업과 달리 편집 작업은 이미 인공지능 기술이 상당

부분 진척됐습니다. 대표적인 예가 컴퓨터 그래

픽 작업입니다. 영상 편집의 대표 사례는 IBM

의 인공지능 왓슨을 들 수 있습니다. 왓슨은

2016년 9월에 공포 영화 〈모건(Morgan)〉의 예

고편을 만들었는데, 기존에 상영된 100여 편의

공포 영화 예고편을 학습한 결과였습니다. 배우

IBM의 인공지능 왓슨이 만든 영화 〈모건〉 예고편

의 표정과 화면 전환 효과 및 속도, 그리고 배경 음악 등의 요소를 각

각 데이터화한 뒤 그 요소들을 조합한 영상을 제작한 후, 전문가의 평

가를 받으면서 완성도가 더욱 높아졌습니다. 후보정과 편집 과정에

드는 막대한 인건비를 절감할 수 있으니 콘텐츠의 확산에 큰 기여를

할 수 있을 것으로 예측됩니다.

또한 스포츠 하이라이트 제작에서도 이미 완성도 높은 결과를

만들어냈습니다. 2017년에는 세계적인 테니스 대회인 US 오픈의 하

이라이트 영상을 편집한 것이 대표적인 예입니다. 다양한 통계 데이터

를 활용하고, 선수의 다이내믹한 움직임과 공이

선을 살짝 비껴가는 순간, 그리고 청중의 응원

모습까지 다양한 영상을 편집한 후에는 이 영상

을 US 오픈의 공식 앱과 페이스북에 자동으로

게재하기도 했습니다. 만일 이 영상을 사람이

만들었다면 아마 적어도 몇 시간은 걸렸을 겁니

다. 편집한 후에 앱이나 페이스북 담당자에게 영

2017년 US 오픈. 게임이 끝나자마자 하이라이트를 만들어 페이스북에 게시한 인공지능 왓슨

상을 넘기는 등 절차도 복잡했을 거고요. 영상 편집부터 유통까지 왓슨 혼자서 단 몇 분 만에 끝냈다는 점에서 영상 편집의 신기원이 열린 것입니다.

광고에도 인공지능의 바람이 불었습니다. 저는 광고, 더 넓혀서 마케팅 분야가 인공지능의 영향을 가장 많이 받을 분야 가운데 하나로 예측합니다. 빅데이터를 바탕으로 타깃 광고를 할 수 있기 때문이죠. 특정인과 특정 그룹에 개인화 콘텐츠를 제작할 수도 있고, 이를 적절하게 노출하는 것이 가능하기 때문에 그 영향력은 대단할 것입니다. 최근에는 인공지능이 만든 광고도 심심치 않게 소개되고 있습니다. 일본의 클로렛츠(Clorets)라는 회사는 2016년에 인간이 만든 광고와 인공지능이 만든 광고 중에 어떤 광고가 더 좋은지 비교하는 재미있는 마케팅을 진행했습니다. 인간 카피라이터와 인공지능 카피라이터가 각각 다르게 광고를 만든 후에 시청자의 평가를 받았는데, 작은 차이로 인간이 만든 광고가 더 좋다는 평가를 받았습니다. 버거킹 광

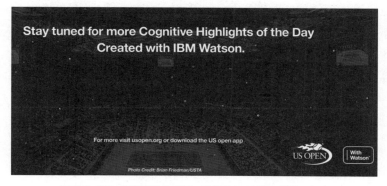

인공지능 왓슨의 작품임을 알려 주는 하이라이트의 일부 내용(그림 43)

고는 우스꽝스러운 대사로 인해 일종의 '병맛 광고'로 많은 관심을 받았고, 렉서스 자동차 광고는 인공지능이 쓴 스토리 라인이 인간과 구별하기 힘들 정도로 훌륭해서 찬사를 받기도 했습니다.

미리 말하지 않았다면, 인공지능이 만든 스토리라는 것을 알아챌 수 있었을까요?

⏻ 목소리도 가짜, 영상도 가짜

인공지능 기술을 활용해서 음성을 기반으로 한 컴퓨터 그래픽 제작을 한 영상이 소개되

네 개의 서로 다른 영상에서 동일한 연설을 하는 오바마 전 대통령. 대체 무엇이 진짜일까요? 음성, 영상, 모션 등 인공지능은 모든 것을 가짜로 만들 수 있습니다.(그림 44)

어 큰 반향을 일으킨 적이 있습니다. 워싱턴 대학교의 연구팀은 인공지능 기술을 통해 음성으로부터 입 모양을 동기화시키는 기술을 소개했습니다(Suwajanakorn, Seitz, & Kemelmacher-Shlizerman, 2017). 그들이 선보인 기술은 동영상을 통해 소개되어 일반인이 전율을 느낄 정도의 놀라움을 선사했는데, 오바마 전 미국 대통령의 특정한 연설을 다양한 오바마의 영상에서도 똑같은 입모습으로 연설하는 것입니다.

가령 이런 식입니다. A라는 영상에서 오바마가 B라는 내용의 말을 했는데, A가 아닌 다른 오바마의 영상에서도 B라는 말을 아주 자연스럽게 입 모양을 동기화시켜 보여 주는 것이죠. 이러한 기술의 활용 가능성은 영상 산업에서 무궁무진합니다. 대표적으로 만화의 경우 입 모

오바마 전 대통령의 연설에 적용한 인공지능 음성 기술

양을 자연스럽게 맞춰 주어 시간과 비용 절감이 가능할 뿐만 아니라 3D 그래픽으로 제공되는 가상현실 환경을 구현하는 데 최적 기술이라고 할 수 있습니다.

인공지능을 이용한 자동 해설 방송과 시각장애인을 위한 정보 제공 방송도 개발에 박차를 가하고 있습니다. 일본TV는 2017년에 인공지능 아나운서 에리카를 채용했고, 자사 프로그램에 투입했습니다. 일본 NHK방송 역시 2018년 평창 동계올림픽에서 생중계를 시연했고, 이어 2020년 도쿄 올림

일본TV가 2017년에 정식 채용한 인공지능 에리카

픽에서 모든 경기에서 인공지능을 이용한 자동 해설 방송을 제공할 계획입니다. 단순히 문자를 음성 데이터로 변환해 들을 수 있는 소리가 아니라 사람의 감정을 표현할 수 있는 코드를 통해 마치 인간이 실제로 해설하는 듯한 효과를 낼 수 있어 별도의 해설자 없이 경기를 설명할 수 있도록 준비 중입니다. 이와 같은 기술을 통해 해설자를 대체할 수 있을 뿐만 아니라 시각장애인은 기존 방식보다 더욱 풍부하면서도 실감 나는 해설을 접할 수 있을 것으로 예상합니다.

음성과 관련된 기술은 이미 오래전부터 인공지능을 활용했습니다. 구글은 '웨이브넷(WaveNet)'을 출시하며 인간의 음성을 생성하는 시스템을 만들었고, 바이두는 '딥스피치(Deep Speech)'를 출시하며 인간의 음성을 문자로 변환시키는 시스템을 만들었습니다. 인간처럼 자연스러우면서도 감정이 담긴 소리를 내는 것은 쉽지 않지만, 인간의 음성을 계속 학습하며 새로운 인간의 목소리를 만들어 내는 기술이 지속적으로 개발되고 있습니다.

이러한 기술이 어느 정도 궤도에 오르면 앞서 소개한 다양한 인공지능 영상 기술과 결합해 영상 제작 편집 과정에서 전문가의 손길을 상당 부분 줄여 줄 것으로 예측합니다. 이밖에 기존 음악을 바탕으로 새로운 음악을 작곡하거나 소리가 제거된 영상에서 소리를 복원하는 기술, 유명 화가의 미술 작품을 따라 그리거나 두 개 이상의 그림을 합성해 만들어 내는 유사한 그림 등 영상 분야에 적용할 수 있는 청각과 시각 인공지능 기술이 지속적으로 소개될 것으로 보입니다.

⏻ 가짜 영상에 대한 두려움

이처럼 인공지능은 콘텐츠 제작 과정 전반에 걸쳐 적용되고 있습니다. 콘텐츠 시장에서 인공지능 기술이 기대되는 이유는 콘텐츠 제작자와 유통업자 그리고 사용자 모두에게 이익이 되기 때문입니다. 앞에서 영상으로 설명한 것처럼, 영상 가운데 중요한 장면을 인식하고 특정 부분을 강조하는 등 시각 정보가 갖는 의미의 중요성을 이해한다는 점에서 해당 기술의 활용도는 매우 높습니다.

지금의 영상 편집은 순전히 편집자의 직관에 의존해서, 정말 그 장면이 시청자에게도 매력적으로 보이는지 알지 못한 채 제작되지만, 인공지능 기술이 적용된다면 시청자가 좋아할 만한 장면을 데이터에 의거해 만들어 낼 수 있기 때문에 만족도 높은 영상을 제작할 수 있을 것입니다.

또한 최소한의 비용과 시간으로 시청자가 원하는 작품을 만들 수 있다면, 그리고 언제 어떤 환경에서 제공될 때 시청자 만족도가 높다는 것을 알 수만 있다면 사용자 경험은 극대화될 것입니다. 또한 인공지능의 사용자 분석도 크게 기대됩니다. 넷플릭스는 동영상 스트리밍 서비스의 선구자로서 그리고 게임 체인저로서 가장 앞선 기업인데, 넷플릭스의 데이터 과학이 인공지능과 결합한다면 더욱 놀랄 만한 서비스를 제공할 수 있을 것입니다.

예를 들어 1억 5,000만 넷플릭스 가입자 중 6,000만 명이 영화를 시청하는 동안에 재생이나 잠시 멈춤, 찾기 같은 행동을 했다면, 한 달에 약 2만 시간 이상의 데이터가 쌓이게 됩니다. 엄청난 양의 데이터의 확보와 사용자 경험에 영향을 줄 수 있는 데이터 이용의 다양한 해결 가능성을 열어 준다고 볼 수 있습니다. 즉 딥러닝으로 쓰기 위한 데이터의 사용 가능성이 높다는 것이죠.

이를 통해 더욱 폭넓고 깊이 있는 데이터 분석이 가능해지게 될 것입니다. 인터넷의 속도와 기기 사양, 네트워크, 기기의 알고리즘과 콘텐츠의 품질 등 다양한 원인을 분석함으로써 국가와 개별 사용자에 적합한 고품질의 경험을 선사할 수 있게 됩니다. 딥러닝이 이와 같은 데이터에 결합할 경우, 시청 시 발생하는 다양한 문제를 사전에 대비할 수 있을 것이고, 시청 전 추천 프로그램의 정교화를 포함해서, 지금은 비록 광고를 하지 않지만 언제 어떤 방식의 광고를 할 경우 시청자 만족도를 극대화할 수 있을지 알 수 있을 것입니다. 이것이 바로 인공지능이 콘텐츠 산업의 주류 기술로 등장할 것이라고 예측되는 이유입니다.

반면 가짜 영상(fake video)에 대한 두려움도 큽니다. 디지털 기술과 소셜미디어의 발달로 발생한 사회적 문제 중 하나가 가짜 뉴스(fake news)인데, 영상 기술이 발달하면 이제 가짜 영상이 활개 칠 날도 멀지 않았습니다. 가령 유명인 A가 10년 전에 전혀 다른 상황에서 한 말을 딥러닝으로 편집한다면, 바로 어제 엉뚱한 장소에서 얘기한 것으로 만들 수 있고 이것이 소셜미디어로 확산된다면 그 영향력은 무시할 수 없을 정도로 크겠죠. 가짜 영상을 만들 수 있는 기술이 의도하지 않게 발생시킬 수 있는 대표적인 부정적 사례입니다.

즐겁고 만족도 높은 콘텐츠를 제공함으로써 인공지능에 대한 긍정적 평가가 주를 이룰지, 아니면 가짜 영상으로 사회에 큰 문제를 일으키는 골칫덩이가 될지 미래가 더욱 궁금합니다.

보이지 않는 기술이
인간에게 행복을 줄 것인가?

〈조선일보〉 1925년 6월 27일자 신문에 "서울 시내 종로경찰서 관내 인력거군(人力車軍) 오륙백 명은 임금인상과 시내에 새로 등장하는 '탁시'에 대한 대책을 토의하기 위한 인력거군 대회를 개최하기로 했다"는 1단짜리 소식이 실렸습니다(김영철, 2011.07.11). 그리고 사흘 뒤인 6월 30일자에는 "시내 '택씨-' 운행 허가를 받은 야야촌(野野村)이 신청한 경성역 구내 택시설치 허가를 불허했다"는 기사가 실렸습니다. 인력거군의 집단 반발에 당국이 '파괴적 혁신 서비스'였던 택시사업을 진행하지 않기로 결정한 것입니다.

기존 산업과 이해관계가 첨예하게 대립되는 혁신은 늘 시끄럽습니다. 공장자동화가 그랬고, 사무자동화가 그랬죠. 기계와 컴퓨터가 저비용, 고효율화를 무기로 사람을 대체하면서 이러한 대립은 늘 있어 왔습니다. 혁신은 인간을 이롭게 하지만, 동시에 생존권을 위협하기도 합니다.

최근 카풀 문제가 시끌시끌합니다. 카풀을 반대하며 2018년 한 해에만 미국 뉴욕시에서 여덟 명의 택시 운전사가 자살했고, 국내에서는 2018년 12월부터 5개월새 네 명의 택시 운전사가 분신했습니다. 카풀을 하자니 30만 택시 종사자를 생각 안 할 수 없고, 그렇다고 택시 종사자를 생각하자니 공유경제라는 시대의 흐름을 막을 수도 없기 때문에 진퇴양난입니다.

그러나 사실 더 큰 문제는 아직 시작도 안 했습니다. 앞으로 다가올 '친환경 자율주행 공유자동차'의 시대가 오면 지금 논의되고 있는 카풀 문제는 문제도 아니었음을 깨닫게 될 것이기 때문입니다. 친환경차는 내연기관을 없애고 부품을 단순화시켜 자동차 부품 산업과 석유 산업을 위기에 빠트릴 것입니다. 자율주행차는 운전자를 없애고, 무사고 시대를 만들어 차량 공업사 및 보험 회사를 파산시킬 것입니다. 또한 공유자동차는 자동차 제조사를 공유자동차 플랫폼의 하청업자로 만들며, 자동차 사용 대수를 줄이고 사용 연한을 늘려 자동차 산업 자체를 흔들 것입니다.

자동차 산업은 2만여 개 부품으로 생산되는 전후방 연관효과가 가장 큰 산업으로, 국내 제조업 총생산의 13.6%, 고용의 11.8% 그리고 부가가치의 12%를 차지합니다(산업통상자원부, 2018.10.24). 당장은 아니지만, 우리나라 산업 가운데 가장 큰 자동차 산업에서 친환경 자율주행 공유자동차의 시대가 온다면 현대, 기아 자동차의 미래는 어떻게 될까요? 그리고 우리나라의 경제는 어떻게 될까요?

글로벌 기업의 놀이터로 전락될 것인가?

우버로 대표되는 4차 산업혁명의 대표적 기업들이 자동차 한 대 없이, 공장 하나 없이 전 세계를 점령하고 있는 것도 놀라운 일이지만, 더욱 놀라운 것은 글로벌 대표 기업이 전 세계 시장을 점령하고 있다는 점입니다. 우리가 이미 잘 알고 있듯이 검색엔진은 구글, 컴퓨팅 클라우드는 아마존과 마이크로소프트, 사무용 소프트웨어는 마이크로소프트, 스마트폰은 애플, 삼성전자, 화웨이 등이 세계 시장의 대부분을 점유하고 있고, 빅데이터와 인공지능 기반의 플랫폼 사업자 역시 부지불식간에 세계 시장의 점유율을 높이고 있습니다.

가령 우버의 예를 든 세계 공유자동차 시장은 한 기업이 좌지우지하고 있습니다. 바로 손정의 회장으로 잘 알려진 소프트뱅크입니다. 소프트뱅크는 2016년에 1,000억 달러(115조 원)의 자금을 조성해 비전펀드(Vision Fund)를 만들었습니다. 사우디 정부계 투자펀드인 '공공투자펀드(PIF)'와 소프트뱅크, 아랍에미리트의 민간주식 벤처 자본인 무바달라(Mubadala) 등이 주요 투자자인 비전펀드는 소프트뱅크의 주도로 우버에 92.5억 달러(지분율 15%), 디디추싱에 100억 달러(17%), 그랩에 30억 달러(30% 이상 추정), 올라에 2.1억 달러(26%) 등을 투자해서 세계 주요 공유자동차 기업의 최대 주주로 이름을 올리고 있습니다.

이뿐만 아닙니다. 소프트뱅크는 전 세계 인공지능에 관련된 기업들을 싹쓸이하고 있습니다. 전 세계 유일의 반도체 설계 회사인 ARM을 2016년에 243억 파운드(35조 원)에 인수했고, GPU를 가상현실과 고성능 컴퓨팅, 인공지능이 교차하는 컴퓨터 두뇌로 진화시킨 미국의 엔비디아(NVIDIA)에 40억 달러(4.6조 원)를 투자했습니다. 곧, 제2차 비전펀드를 만들어 인공지능 기술 개발과 인공지능 기반 서비스에 대한 투자를 더욱 확대할 계획입니다.

우리에게 익숙한 미디어 산업 역시 마찬가지입니다. 글로벌 OTT 사업자는 전 세계 시장을 야금야금 먹어 치우고 있습니다. AT&T는 854억 달러(98조 원) 규모의 타임워너 인수를 2018년 6월에 마무리했고, 월트 디즈니는 2019년 3월에 713억 달러(82조 원)에 21세기폭스의 엔터테이먼트 부문를 인수했습니다. 이를 바탕으로 디즈니와 AT&T는 2019년부터 글로벌 OTT 서비스를 시작합니다. 이렇게 되면 이미 많은 인기를 얻고 있는 유튜브와 넷플릭스에 더해서, 디즈니와 AT&T까지 우리 미디어 시장에 OTT 사업자로 진입하게 됩니다. 국내 방송 프로그램 편당 제작비가 아무리 많아야 5억 원인데 반해, 넷플릭스는 20억 원을 투자하고 있는 상황에서 우리나라 제작사의 지원을 받는 콘텐츠를 해외 제작사의 지원을 받는 콘텐츠보다 더 잘 만들기는 쉽지 않을 것입니다. 그렇다면 KBS, MBC, SBS 등과 같은 지상과 방송사의 미래는 어떻게 되고, 우리나라의 미디어 산업은 어떻게 될까요?

빅데이터와 인공지능이 바꾸는 세상

앞서 말한 기업들은 공통점이 있습니다. 본문에서 반복해서 강조한 데이터와 인공지능을 잘 활용한다는 점입니다. 디지털 트랜스포메이션을 지속적으로 강화한 것입니다. 인공지능이 가능하게 된 것은 하드웨어와 소프트웨어 기술의 발달이 병행되었지만, 무엇보다도 빅데이터를 빼놓을 수 없습니다. 2014년에 번역되어 우리나라에서도 많은 주목을 얻었던 네이트 실버의 책 제목인 《신호와 소음》처럼, 데이터는 활용하지 못하면 소음과 같은 쓰레기로 남게 되고, 잘 활용하면 미래를 예측할 수 있는 유용한 신호로 사용될 수 있습니다(Silver, 2012).

데이터는 서 말 구슬이고, 결국 꿰어야 보배가 되는 것입니다. 그렇다고 해서 빅데이터가 단지 데이터의 양(Volume)만을 의미하는 것은 아닙니다. 빅데이터는 양뿐만 아니라, 텍스트, 오디오, 동영상, 로그파일 등 정형, 비정형, 반정형 데이터 등 다양한 형태(Variety)를 포함합니다. 또한 빠르게 처리해야 하는 속도(Velocity)와 신뢰성을 담보하는 정확성(Veracity), 결과의 의미를 가져야 하는 가치(Value)까지 포함하는 등 그 범위가 넓고 깊습니다. 이러한 5V를 포괄하는 결과물을 산출하기 위해 데이터를 수집해서 분석하는데, 그 과정이 간단하지 않죠. 그래서 빅데이터는 데이터 사이언스라는 이름으로 발전하고 있고, 이를 산업과 연계시키는 방법을 체계화하며, 가장 유망한 분야로 진화하고 있습니다.

이때 중요한 역할을 하는 것이 인공지능입니다. 이제 빅데이터는 인공지능과 결합해서 인간이 만들어 내지 못하는 결과물을 산출할 수 있는 소중한 자산으로 자리 잡았습니다. 엄청난 양의 데이터를 확보하고 있지만, 사용 방안을 몰라 컴퓨터에 잠자고 있는 데이터가 딥러닝을 통해 사용자에게 전해 줄 편의성은 우리의 상상을 뛰어넘을 것입니다. 곳곳에 설치될 센서가 전해 주는 데이터를 어떻게 활용하느냐의 따라, 새로운 서비스의 등장 여부가 결정될 것입니다. 아직까지는 우리의 삶에 깊게 침투하지 못한 빅데이터가 인공지능을 만나 시민과 사회에게 가져올 편익을 고려해 보면 그 가치는 무궁무진하게 될 것입니다.

인공지능이 바꿔 놓을 우리의 삶은 감히 상상할 수가 없습니다. 마치 2016년 3월 알파고와 이세돌 9단의 대국 당시, 대부분의 바둑 기사와 컴퓨터 사이언스 전문가가 이세돌 9단의 우세를 예측한 것처럼, 저는 현재 전문가라 불리는 사람들이 예측하는 미래는 전부 틀릴 것으로 생각합니다. 그 누구도 인공지능이 갖고 있는 그 자체의 영향력을 가늠하기 힘들기 때문이죠. 게다가 인공지능 기술이 사회의 각 분야에 적용됐을 경우, 그 이후 변화할 모습은 인간의 상상력으로 그리는 것은 불가능할 정도로 미지의 세계라고 생각합니다.

간단한 예를 하나 들어 볼까요? 2007년 6월에 아이폰이 처음으로 판매됐습니다. 아이폰을 만든 스티브 잡스는 아이폰으로 인해 우리의 일상생활이 이렇게 변화할 것으로 생각했었을까요? 스마트폰 하나가 갖고 온 일상생활의 변화도 이럴진대, 인공지능 기술이 사회 전 분야에 적용됐을 경우의 파급력에 대해서 인간의 두뇌 수준으로 예측이 가능할까요? 단언컨대, 기술적 특이점이 오는 시대의 삶을 예측하는 것은 불가능합니다.

인공지능, 자비스일까, 울트론일까?

자율주행 공유주행차가 택시 기사를 대체하는 것은 승객에게 좋은 것일까요? 나쁜 것일까요? 사고율을 현저하게 낮춰 주고, 최적 경로와 최적 주행을 통해서 주행거리와 비용을 절감하며, 안락한 승차감을 제공한다면, 승객에게 좋은 것일까요, 나쁜 것일까요? 무인 매장인 '아마존 고'가 편의점이나 대형마트를 대체하는 것은 어떻게 생각하십니까? 계산을 하기 위해 줄을 설 필요도 없고, 내 스마트폰 앱에서 필요한 물품이나 제품명을 입력하면 어디에 있는지 증강현실로 길을 안내하고, 인건비가 들지 않기 때문에 가격은 더 싸진다면, 이것은 소비자에게 좋은 것인가요, 나쁜 것인가요?

이번에는 시점을 더 크게 확대해 볼까요? 인공지능과 로봇이 인간이 해야 할 일을 대체한다면, 이것은 인간에게 좋은 것일까요, 나쁜 것일까요? 인공지능 기술이 발달해서 기술적 특이점이 오는 것은 인류에게 좋은 것일까요, 나쁜 것일까요? 대답하기 힘든 문제입니다. 대답이 문제가 아니라, 등골이 오싹한 느낌이 들 수도 있습니다. 소프트웨어의 세계, 특히 플랫폼 세계는 'all or nothing'이며 'winner takes all', 즉 승자 독식의 세계입니다. 소수 기업이 시장을 독점하고, 수익을 극대화하기 위해 인공지능과 로봇의 활용을 가속화하며, 이에 따라 실업 발생이 가속화되고, 결국 인간의 지능을 뛰어넘는 기술

세계가 온다면 대체 인간은 무엇을 할 수 있을까요?

인공지능이 가져올 영향력은 이제까지 인류사에 소개되어 온 혁명적 차원과 근본이 다릅니다. 4차 산업혁명이란 용어를 전 세계에 널리 알린 클라우스 슈밥은 4차 산업혁명이 진행 중이라는 근거로 기하급적인 속도로 급격하게 변화하고 있고, 개인뿐만 아니라 경제, 사회 등 그 범위와 깊이가 비견될 수 없을 정도로 크고 넓으며, 사회 전체 시스템의 변화를 글로벌 차원에서 갖고 온다는 점에서 시스템 충격이 크다는 점을 강조하고 있습니다(Schwab, 2016).

구글 엔지니어이자 미래학자인 레이 커즈와일은 "인공지능을 두려워할 필요가 없다. 문제는 인공지능이 아니라 인간 사회에 있다"고 말합니다. 반면, 이제는 작고한 천재 물리학자인 스티븐 호킹은 "100년 안에 인류는 인공지능에 종속되고 결국 멸망할 것"이라고 말합니다. 여러분은 누구의 주장에 더 끌립니까?

기술이 우리에게 행복을 가져다줄지, 아니면 인류의 멸망을 가져올지 그 누구도 알 수 없습니다. 다만, 확실한 것 하나는 인공지능이 바꿀 세상은 우리의 상상력을 뛰어넘을 것입니다. 그러나 파괴적 혁신(disruption)의 확산은 단지 기술적 우위로만 이루어지지 않을 것입니다. 그 안에는 정치, 경제, 문화 등 인간을 둘러싼 다양한 사회 요소가 종합적으로 관련돼 있고, 그간 인간의 역사는 기술을 인간의 삶에 최적화할 수 있는 방식으로 진보돼 왔기 때문입니다. 기술이 인간을 추동하는 것이 아닌, 인간을 위한 기술이 선택되는 역사인 것이었죠. 인공지능은 인간의 삶을 바꿀 것입니다. 그러나 언제, 어떤 방식으로 바뀔 것인가는 순전히 우리에게 달려 있습니다. 우리는 어떤 선택을 할까요?

미래는 우리에게 이미 와 있습니다. 단지 모두에게 와 있지 않았을 뿐이죠. 미래를 어떻게 만들 것인가 역시 우리에게 달려 있습니다. 단지 아직까지 알고 있지 못할 뿐입니다. 이 책이 독자 여러분에게 미래를 준비하는 데 작은 도움이 되기를 바랍니다. 고맙습니다.

참고 문헌

프롤로그

De Botton, A. (2008). The architecture of happiness. 정영목(역) (2011). 《행복의 건축》. 청미래.

1. 스마트홈 입주자를 구합니다: 삶의 가치가 반영된 똑똑한 라이프스타일

장하준 (2010). 《그들이 말하지 않는 23가지》. 서울: 부키

Shah, D. (2018). By The Numbers: MOOCs in 2018. 〈Class Centrl〉. URL: https://www.classcentral.com/report/mooc-stats-2018

Lewenhak, S. (1980). *Women and work*. 김주숙 (역) (1995). 《여성 노동의 역사》. 서울: 이화여대출판사

Rifkin, J. (1995). *The end of work: The decline of the global labor force and the dawn of the post-market era*. 이영호 (역) (2005). 《노동의 종말》. 서울: 민음사

2. 나는 스마트하게 산다: 모든 것이 연결된 스마트시티가 온다

Arbib, J., & Seba, T. (2017). Rethinking Transportation 2020-2030. 〈RethinkX〉. URL: https://static1.squarespace.com/static/585c3439be65942f022bbf9b/t/591a2e4be6f2e1c1 3df930c5/1494888038959/RethinkX+Report_051517.pdf

Thompson, B. (2016). Google, Uber, and the Evolution of Transportation-as-a-Service. 〈Stratechery〉. URL: https://stratechery.com/2016/google-uber-and-the-evolution-of-transportation-as-a-service

Rifkin, J. (2001). *The age of access: The new culture of hypercapitalism*. 이희재 (역) (2014). 《소유의 종말》. 서울: 민음사

3. 나는 자동차를 소유하지 않고 공유한다: 친환경, 자율주행, 공유의 삼각편대

김재경 (2017). 〈자동차의 전력화 확산에 대비한 수송용 에너지 가격 및 세제 개편 방향 연구〉 (기본 연구보고서 17-19). 에너지경제연구원

Bonnefon, J. F., Shariff, A., & Rahwan, I. (2016). The social dilemma of autonomous vehicles. *Science, 352*(6293), 1573-1576.

Burkacky, O., Deichmann, J., Doll, D. & Knochenhauer, C (2018). Rethinking car software and electronics architecture. 〈McKinsey & Company〉. URL: https://www.mckinsey.com/industries/automotive-and-assembly/our-insights/rethinking-car-software-andelectronics-architecture

Gershgorn, D. (2017.08.31). German has developed a set of ethical guidelines for self-driving cars. 〈World Economic Forum〉. URL: https://www.weforum.org/agenda/2017/08/germany-has-developed-a-set-of-ethical-guidelines-for-self-driving-cars

Hutson, M. (2017.12.14). People don't trust driverless cars. Researchers are trying to change that. 〈Science〉. URL: www.sciencemag.org/news/2017/12/people-don-t-trust-driverless-cars-researchers-are-trying-change

IEA (2019). Global EV Outlook 2019. 〈IEA〉. URL: https://www.iea.org/publications/reports/globalevoutlook2019

Royal College of Physicians (2018.03.26). Reducing air pollution in the UK: Progress report 2018. 〈 Royal College of Physicians〉. URL: https://www.rcplondon.ac.uk/news/reducing-air-pollution-uk-progress-report-2018

Rozin, P., & Royzman, E. B. (2001). Negativity bias, negativity dominance, and contagion. *Personality and social psychology review, 5*(4), 296-320.

Solomon, R. L., & Corbit, J. D. (1974). An opponent-process theory of motivation: I. Temporal dynamics of affect. *Psychological review, 81*(2), 119-145.

4. 로봇을 때리면 내 마음도 아플까?: 인간보다 더 인간다운 신인류의 등장

Delvaux, D. (2017). Report with recommendations to the Commission on Civil Law Rules on Robotics. 〈European Parliament〉. URL: http://www.europarl.europa.eu/sides/getDoc.do?pubRef=-//EP//TEXT+REPORT+A8-2017-0005+0+DOC+XML+V0//EN

Forrester (2017.04.03). The Future of Jobs, 2027: Working Side By Side With Robots. 〈Forrester〉. URL: https://go.forrester.com/press-newsroom/forrester-predicts-automation-will-displace-24-7-million-jobs-and-add-14-9-million-jobs-by-2027/

International Federation of Robotics (2018). World Robotics 2018 edition. 〈International Federation of Robotics〉. URL: https://ifr.org/free-downloads/

Klein, D. (2018.08.14). Unmanned Systems & Robotics in the FY2019 Defense Budget. 〈AUVSI〉. https://www.auvsi.org/unmanned-systems-and-robotics-fy2019-defense-budget

Market Research Engine (2018.11). Virtual-Reality Pornography Market by Regional Analysis - Global Forecast by 2018-2025. 〈Market Research Engine〉. URL: https://www.marketresearchengine.com/virtual-reality-pornography-market

Mathur, M. B., & Reichling, D. B. (2016). Navigating a social world with robot partners: A quantitative cartography of the Uncanny Valley. *Cognition, 146,* 22-32.

Mori, M. (1970). The uncanny valley. *Energy, 7*(4), 33-35.

Stern, J. (2017.02.21). Alexa, siri, cortana: The problem with all-female digital assistants. 〈Wall Street Journal〉. URL: https://www.wsj.com/articles/alexa-siri-cortana-the-problem-with-all-female-digital-assistants-1487709068

Wakefield, J. (2015.09.14). Intelligent Machines: The jobs robots will steal first. 〈BBC News〉. URL: https://www.bbc.com/news/technology-33327659

Webb, W. (2018.02.19). The U.S. Military Will Have More Robots Than Humans by 2025. 〈MPN News〉. URL: https://www.mintpressnews.com/the-u-s-military-will-have-more-robots-than-humans-by-2025/237725/

World Economic Forum (2016). The Future of Jobs. 〈World Economic Forum〉. URL: www3.weforum.org/docs/WEF_Future_of_Jobs.pdf

Yenireddy, D. (2017.04.13). Breaking Gender Bias In Artificial Intelligence. 〈LinkedIn〉. https://www.linkedin.com/pulse/breaking-gender-bias-artificial-intelligence-deepti-yenireddy/

5. 언제 어디서나 콘텐츠를 골라드립니다: 기술 혁신으로 인한 콘텐츠와 미디어의 변화

강경주 (2019.02.28). '캐릭터의 힘' 카카오 프렌즈 vs 라인 프렌즈 해외시장 맞대결 '후끈'. 〈한국경제신문〉. URL: https://www.hankyung.com/economy/article/201902286485g

김위수 (2019.02.06). 동영상 플랫폼 전쟁… 설 자리 잃은 토종 기업. 〈디지털타임스〉. URL: https://www.dt.co.kr/contents.html?article_no=2019020702100131033001

안지영 (2014.01.02). 한국판 미키마우스 탄생, 왜 어렵나. 〈조선비즈〉. URL: http://biz.chosun.com/site/data/html_dir/2014/01/02/2014010202622.html

영화정책연구원 (2019). 2018년 한국 영화산업 결산 보고서. 〈영화진흥위원회〉. URL: http://portal.kocca.kr/portal/bbs/view/B0000204/1936372.do?menuNo=200372&categorys=4&subcate=62&cateCode=0#

원광연, 박재희 (2001). 감성공학과 가상현실. 〈한국정밀공학회지〉, 18권 2호, 40-45.

Lamoreux, B. (2014.07.13). The Pokemon Company Generates $1.5 Billion Annually. 〈Gamnesia〉. URL: https://www.gamnesia.com/news/the-pokemon-company-generates-1.5-billion-annually

License Global (2018). Top 150 Global Licensors. 〈License Global〉. URL: https://www.licenseglobal.com/sites/default/files/Top150_2018_0.pdf

Licensing International (2019.05.22). Global Revenue from Licensed Goods and Services Grows to US$271.6 Billion. 〈Licensing International〉. https://www.licensing.org/news/global-revenue-from-licensed-goods-and-services-grows-to-us271-6-billion

Mansoor, I. (2019.02.27). Twitch Revenue and Usage Statistics. 〈Business of Apps〉. URL: www.businessofapps.com/data/twitch-statistics

6. 인공지능이 시나리오를 쓸 수 있을까?: 스낵컬처와 무인 제작시대

이선희 (2019.4.30). 〈온라인 동영상 제공 서비스(OTT) 이용 행태 분석〉. 진천: KISDI STAT Report.

한국콘텐츠진흥원 (2015). 〈심층 이슈보고서: 웹콘텐츠〉. 서울: 한국콘텐츠진흥원.

Roettgers, J. (2017.03.16). Netflix Replacing Star Ratings with Thumbs Ups and Thumbs Downs. 〈Variety〉. URL: https://variety.com/2017/digital/news/netflix-thumbs-vs-stars-1202010492

Statista (2019). Netflix - Statistics & Facts. 〈Statista〉. URL: https://www.statista.com/topics/842/netflix

7. 같이 VR 테마마크 갈래?: 가상+현실, 실재보다 더 실감 나는 세상

정동훈 (2017). 《(혼자 공부하는) 가상현실 개념사전: VR도 모르면서 포켓몬을 잡는다고?》. 서울: 21세기북스

Azuma, R. T. (1997). A survey of augmented reality. *Presence: Teleoperators and virtual environments, 6*(4), 355-385.

Milgram, P., & Kishino, F. (1994). A taxonomy of mixed reality visual displays. *IEICE TRANSACTIONS on Information and Systems, 77*(12), 1321-1329.

Dopfner, M. & Welt, D. (2016, 2, 28). Mark Zuckerberg talks about the future of Facebook, virtual reality and artificial intelligence. 〈Business Insider〉. URL: https://www.businessinsider.com.au/mark-zuckerberg-talks-about-the-future-of-facebook-virtual-reality-and-artificial-intelligence-2016-2

8. 도대체 5G가 뭐기에?: 세상을 연결하는 인프라

과학기술정보통신부 (2017). 4차산업혁명 대비 초연결 지능형 네트워크 구축 전략(안). 〈4차산업혁명위원회〉. URL: https://www.4th-ir.go.kr

시스코 (2019). 2017-2022 비주얼 네트워킹 인덱스. 〈시스코〉. URL: https://www.cisco.com/c/dam/global/ko_kr/solutions/service-provider/visual-networking-index-vni/pdfs/white-paper-c11-741490-kr.pdf

Cisco (2019). Cisco Visual Networking Index: Global Mobile Data Traffic Forecast Update, 2017-2022. 〈Cisco〉. URL: https://www.cisco.com/c/en/us/solutions/collateral/service-provider/visual-networking-index-vni/white-paper-c11-738429.pdf

Kharpal, A. (2018.07.06). A major factor behind the US-China trade war is winning at a $12 trillion technology - 5G. 〈CNBC〉. URL: https://www.cnbc.com/2018/07/06/a-major-factor-behind-the-us-china-trade-war-is-winning-in-a-crucial-t.html

Ovum (2018). How 5G Will Transform the Business of Media and Entertainment. 〈Ovum〉. URL: https://newsroom.intel.com/wp-content/uploads/sites/11/2018/10/ovum-intel-5g-ebook.pdf

9. 말하지 않아도 센서는 다 안다?: 생각하고 행동하는 그대로 전해지는 데이터

CCS Insight (2019.03.20). Optimistic Outlook for Wearables. 〈CCS Insight〉. URL: https://www.ccsinsight.com/press/company-news/optimistic-outlook-for-wearables

Roy, A., Memon, N., & Ross, A. (2017). Masterprint: Exploring the vulnerability of partial fingerprint-based authentication systems. *IEEE Transactions on Information Forensics and Security, 12*(9), 2013-2025.

10. 가르치지 않아도 인공지능은 학습한다?: 예측 불가능한 인공지능의 미래

Suwajanakorn, S., Seitz, S. M., & Kemelmacher-Shlizerman, I. (2017). Synthesizing obama: learning lip sync from audio. *ACM Transactions on Graphics (TOG), 36*(4), 1-13.

에필로그

김영철 (2011.07.11). 탁시의 등장으로 인력거군의 금후 운명은 실로 암담…. 〈조선일보〉. URL: http://news.chosun.com/site/data/html_dir/2011/07/10/2011071001242.html

산업통상자원부 (2018.10.24). 자동차 산업 동향. 〈산업통상자원부〉. URL: http://www.

index.go.kr/potal/main/EachDtlPageDetail.do?idx_cd=1150

Schwab, K. (2016). Fourth Industrial Revolution. 송경진(역).《클라우스 슈밥의 제4차 산업혁명》. 새로운 현재.

Silver, N. (2012). The Signal and the Noise: Why So Many Predictions Fail--but Some Don't. 이경식(역).《신호와 소음: 미래는 어떻게 당신 손에 잡히는가》. 더퀘스트.

그림 및 표 출처

그림

1 자체 제작

2 https://www.amazon.com/all-new-amazon-echo-speaker-with-wifi-alexa-dark-charcoal/dp/B06XCM9LJ4/ref=sr_1_1?keywords=echo&qid=1563074300&s=amazon-devices&sr=1-1

   https://clova.ai/ko/ko-product-friends.html

   https://store.google.com/product/google_home

3 https://www.moley.com/

4 https://www.youtube.com/watch?v=9Fh04YrvZRY

5 자체 제작

6 https://youtu.be/Gk5iiXqh7Tg

7 https://www.smartdaegu123.kr/

8 https://www.reddit.com/r/RetroFuturism/comments/7g3aa2/self_driving_cars_of_the_future_circa_1960/

9 자체 제작

10 https://www.youtube.com/watch?v=0U-qVmQER68

11 http://file.mk.co.kr/imss/write/20181112135936__00.pdf

12 https://www.youtube.com/watch?time_continue=11&v=ee6wi1GDLsk

13 https://twitter.com/waymo/status/1050477177299300353

14 https://www.hansonrobotics.com/hanson-robots/

15 http://stoprobotabuse.com/

16 Mori, M., MacDorman, K. F., & Kageki, N. (2012). The uncanny valley [from the field]. *IEEE Robotics & Automation Magazine, 19*(2), 98-100.

17 https://www.kinkysdolls.com/

18 https://www.netflix.com

   https://preview.disneyplus.com/kr

19 Covington, P., Adams, J., & Sargin, E. (2016, September). Deep neural networks for youtube recommendations. In Proceedings of the 10th ACM conference on recommender systems (pp. 191-198). ACM.

20 https://youtu.be/5I2yy6KqnwM

21 https://youtu.be/DhcOMOWRMnA

22 https://youtu.be/g6LYdjTkems

23 https://youtu.be/HAry6A651HQ

24 https://research.netflix.com/

25 이선희 (2019.4.30). 〈온라인 동영상 제공 서비스(OTT) 이용 행태 분석〉. 진천: KISDI STAT Report.

26 https://youtu.be/wglNCdAM43A

27 https://developer.amazon.com/docs/video/understand-the-video-skill-api.html

28 http://www.koreanclick.com/insights/newsletter_view.html?code=topic&id=500&page=1

29 정동훈 (2017). 《(혼자 공부하는) 가상현실 개념사전: VR도 모르면서 포켓몬을 잡는다고?》. 서울: 21세기북스

30 저자 직접 촬영

31 저자 직접 촬영

32 저자 직접 촬영

33 저자 직접 촬영

34 자체 제작

35 https://www.npr.org/templates/story/story.php?storyId=114280698

36 https://www.freepik.com/

37 https://www.cisco.com/c/en/us/solutions/collateral/service-provider/visual-networking-index-vni/white-paper-c11-738429.pdf

38 https://www.apple.com/kr/shop/buy-watch/apple-watch

39 https://youtu.be/nAZDtv6sWls

40 https://youtu.be/uReVvICTrCM

41 https://youtu.be/GiZ7kyrwZGQ

42 http://blogs.nvidia.co.kr/wp-content/uploads/sites/16/2016/08/postfiles8.naver_.png

43 https://www.facebook.com/usopentennis/videos/10154693820907187

44 https://youtu.be/9Yq67CjDqvw

표

1 자체 제작

2 자체 제작

3 자체 제작

4 https://www.licenseglobal.com/sites/default/files/Top150_2018_0.pdf

5 Russell, S. J., & Norvig, P. (2016). Artificial intelligence: a modern approach. 류광(역).
   《인공지능1: 현대적 접근방식》. 제이펍